여성주의 정의론

윤 진 숙

탑북스

서 문

태어난 이후 어린 시절부터 평범한 한 인간으로 살아왔다고 생각했는데, 어느 순간부터 내가 여성이고 여성은 보편적 인간의 범주에 속하면서도, 동시에 특수한 인간에 속하고 있음을 살아가면서 절실하게 깨닫게 되었다. 더 놀라운 점은 여성이라는 생물학적 사실 이외에도 이미 여성이라는 정형화된 상에 맞추어 의식적으로든 무의식적으로든 타자에 의해 교육되어 왔다는 점이다.

학교에 들어가기 전부터, 그리고 학교와 가정에서도 여자는 이래야 한다는 암묵적인 합의 속에서 무의식적으로 적절히 타협하면서 살아왔기 때문에 사회적으로 맞춰진 여성으로서의 정체성의 틀을 나 스스로도 깨고 나오기 힘들었다는 절망적인 경험을 할 수밖에 없었다.

정형화된 여성성에 맞지 않음에 대해 스스로 이상하게 생각하고 책망하던 과정에서 여성주의 정의론에 대한 막연하고도 간절한 열망으로 여성과 정의, 그리고 법철학에 대해 전공하게 되었고 지속적으로 글을 써왔다.

지난 10여년 동안 여성 문제에 대한 법이론적 측면에서 연구해 온 글들을 이 책에 싣으면서 다짐을 하게 되었다. 앞으로도 더 열심히 소외된 여성과 노약자 및 장애인, 사회 각지에서 차별받는 사람들의 인권, 정의, 그리고 법에 대해 다층적으로 연구해서 지면으로 만나고 싶다는 더 뜨거운 꿈과 열정으로 이 글을 마무리한다.

2016년 4월

저자 씀

차례

1. 페미니즘 입장에서 본 정의론에 대한 비판적 고찰

2. 존 스튜어트 밀의 자유주의 이론과 여성의 권리

3. 급진적 페미니즘과 문화적 페미니즘

4. 포스트모던 페미니즘과 법

5. 평등권이론의 발전과 현대적 의의: 여성주의의 관점에서

6. 포르노그라피와 그 문제점: 맥키넌의 이론을 중심으로

7. 낙태법제에 대한 이론적 고찰

9. 동성애자에 대한 사회적·법적 고찰

10. 조선시대 균분상속제도와 그 의미

1.

페미니즘 입장에서 본 정의론에 대한 비판적 고찰

Ⅰ. 들어가며

인간의 평등을 중시하지 않는 사회는 민주적 질서와 정의를 보장하는 사회라고 하기 힘들 것이다. 그 중에 양성의 평등은 모든 인류 평등의 출발점이 되는 것이다. 여성은 통상으로 남성의 영역이라고 여겨져 왔던 정치계와 법조계를 비롯한 다양한 영역에서 활동범위를 넓혀가고 있지만, 전통적으로 여성의 역할로 여겨져 있던 가사노동과 아동 양육에 있어서는 여전히 그 가치를 인정받지 못하고 있다. 공적 영역인 사회에서 뿐만 아니라 사적 영역인 가정 내에서도 여성이 인정받지 못한다면 실질적인 의미에서의 '정의'가 달성되었다고 볼 수 없을 것이다.

정의에 관한 많은 이론과 논의가 있어왔지만, 여성주의의 입장에서 정의론을 논의한 경우는 그리 많지 않았고, '페미니즘'과 '정의'의 문제를 함께 다루어서 새로운 정의의 패러다임을 제시하는 것은 상당히 어려운 일이다. 더욱이 페미니즘 진영 내부에도 여러 경향으로 나누어져 있어서 그들이 강조하는 바가 다르다.

1970년대를 전후한 시기에 가장 활발한 활동을 하였던 자유주의 페미니스트들이 여성의 남성에 대한 동일성을 바탕으로 한 형식적인 평등에 중점을 두었다면, 1980년대의 문화적 페미니스트들은 여성 고유의 특성을 바탕으로 한 여성의 '다른 목소리'를 강조하였다. 문화적 페미니스트와 거의 같은 시기에 등장한 급진적 페미니스트들은 법과 사회에 만연한 남성의 일반적 대표성에 대하여 강하게 비판하였다. 1990년대 포스트모던 페미니스트들은 일반화되고 고정된 이론이나 경향에 비판한다. 이러한 비판 속에서 포스트모던 페미니즘이 말하는 '차이'의 철학이 형성된 것이다.

페미니스트들의 다양한 경향과 조류를 떠나서 페미니즘이 지향하는 바는 사회에서 보편적으로 받아들여져 왔던 남성위주의 사회관이나 철학을 비판적으로 극복하고자 하는 점에서 공통되는 것이다. 새로운 철학의 흐름을 생성하게 된 저

변에는 부당한 현실에 대한 정의감이 존재하지 않았다고 볼 수는 없을 것이다.

그리고 페미니즘의 사회비판적 방법론을 통하여 개별적 여성이 처한 현재 상황에 대한 철저한 분석을 한다면, 이전에는 절대적인 기준과 가치를 가졌다고 여겨져 왔던 정의론의 추상성을 극복하는 계기를 마련해 줄 것이다.

이러한 관점에서 정의의 명제를 논의하기 위해서는 20세기에 대표적으로 논의되었던 롤즈(John Rawls)의 정의론과 그의 정의론에 대한 마추다(Mari J. Matsuda)와 오킨(Susan Moller Okin)의 비판, '정의의 윤리' 대신 '보살핌의 윤리'를 기반으로 주의의무에 관한 기준에 대한 의문을 제기한 벤더(Leslie Bender)의 페미니스트 법이론, 그리고 남성 본위의 정의론과 '보살핌'의 윤리를 통해서 추구하고자 했던 진정한 의미의 페미니즘적 정의론이 무엇인가에 대해서 이 글에서 모색해보기로 한다. 정의론을 비판하고 여성주의 입장에서 대안적인 정의론을 모색해가는 과정 자체가 페미니즘이 목표에 부응한다는 점에서 이 글의 의의가 있는 것이다.

Ⅱ. 롤즈 정의론에 대한 고찰과 비판

1. 롤즈 정의론의 비판의 필요성

롤즈는 자유와 평등이라는 정의론의 두 명제를 체계적으로 형성하였고 광범위한 사람들에게 지지와 동의를 받았다는 점에서 20세기를 대표하는 정의론자라고 말할 수 있다. 아마도 그가 제시한 정의론 만큼 정교한 이론적 체계와 배경을 제시한 사람은 거의 없을 것이다. 하지만 그렇게 높은 권위와 체계를 갖춘 이론 속에서 다수 여성의 입장과 목소리는 주요 고려의 대상이 되지 않았다는 점은 아쉽다.

이러한 문제의식에서 마추다는 롤즈가 정의론에서의 '원초적 입장'과 '무지의 베일'이라는 가정의 지나친 추상성을 비판하였다. 어떤 이론이 지나치게 제한된 상황을 전제로 해서 도출된다고 미리 정해져 있다면, 그 이론이 아무리 표면적으로 훌륭하다 하더라도 정당성을 인정받기 힘들 것이다. 그러므로 정의론의 전제의 문제점은 정의론 자체의 정당성과 별개라는 의견에도 쉽게 수긍할 수 없다.

또한 대부분의 사회생활이 가족이라는 혈연집단을 떠나서 영위된다 할지라도, 지나치게 사적 영역을 떠난 공적 영역만을 대상으로 한 이론은 그 타당성을 인정받기 힘들 것이다. 이러한 맥락에서 오킨은 롤즈가 가정하는 공/사 양분법과 이와 상호 작용하는 젠더화된 사회를 비판하였다.

'정의'는 분명히 우리 사회를 풍요롭게 하는 주요 덕목이다. 그러므로 진정한 의미의 정의론을 정립할 수 있기 위해서는 정의론에 대한 비판 역시 중요한 것이다. 이러한 맥락에서 페미니스트 입장에서 롤즈의 정의론을 비판적으로 고찰한 마추다와 오킨의 의견을 논의하는 것은 보다 인간적인 정의론을 논의하는데 도움이 될 것이다.

2. 롤즈 정의론의 전제와 비판

롤즈는 정의론을 도출하기 위하여 '원초적 입장'과 '무지의 베일'이라는 상황을 전제하였다. 그는 정의를 위한 공정한 절차를 설정하기 위해서 최초의 상황으로 '원초적 입장'(original position)을 가정하고 정의의 제1원칙을 원초적 입장에서의 합의의 대상으로 본다. 원초적 입장은 순전히 가상적인 상황으로 여기에서 도달된 기본적 합의가 공정하다는 것을 보장해주는 최초의 원상(status quo)이라고 할 수 있다. 따라서 이것은 '공정으로서의 정의'라는 명칭이 생기게 된 배경이라고도 볼 수 있다.

롤즈는 정의의 원칙을 이끌어 내는데 있어서 원초적 상황에 놓인 자유롭고 평등한 도덕적 인간이 단순히 '개인'을 뜻하는 것이 아니라, '가족의 대표자'(heads of family or representatives of family)를 뜻한다고 하였다.[1] 그는 이 가족의 대표자가 반드시 남자일 필요는 없다고 하였지만 일반적으로 남자일 경우가 많을 것이다.

이와 같이 원초적 지위에 있는 사람들이 가족의 대표자라면, 가족 내의 정의의 문제는 간과되는 것이다.[2] 롤즈는 아동에 대한 일시적 불평등과 제한된 자유 문제에 대해서는 가부장적인 입장에서 그의 논의를 정당화한다.[3] 롤즈 정의론에서 가족의 대표자가 정의의 원칙을 정하는 당사자이므로 부인이나 가족의 대표자 이외의 가족들은 정의의 원칙을 도출하는데 있어서 완전히 배척된다. 비록 여성이 남성과 같이 가족의 대표자가 될 수 있는 경우를 가정할 수 있기는 하지만,[4] 오킨이 지적하고 있듯이 여전히 롤즈는 가족 내에서나 양성간의 차이에 관한 정당한 배분의 문제에는 무관심하다.[5]

그의 '가족의 대표자'에 대한 가정[6]이 아버지와 자식 사이와 같은 세대간의 정의의 문제를 언급하기 위한 것이었지만, 성차별적 의도를 명백하게 드러내려 한 것은 아닐 것이다. 그럼에도 불구하고 가족 내의 관행적 사고양식과 양성간의 관계는 여전히 사회정의론의 고려대상이 되고 있지 않으며 이는 공적 영역과 사적 영역(public/domestic dichotomy)을 양분하는 사고방식을 벗어나지 못한 것이다.[7]

롤즈는 "정의의 주요 주제는 사회기본구조에 있고, 더욱 정확하게 표현한다면, 주요 사회기관이 기본적 권리와 의무를 분배하고, 사회 협동으로부터 이익의 분배를 결정하는 방법에 관한 것이다."라고 한다. 그리고 사회기본구조는 그 영향력이 크고 누구나 사회초기부터 경험하게 되는 기초가 되므로 정의의 주요 주제가 된다고 한다.[8] 더욱이 롤즈는 일부일처제가 본질적인 자유의 보호, 자유시장경제, 사유재산 등과 함께 주요 사회제도의 한 예라고 하였다.[9] 이와 같이 롤즈가 가족을 사회정의론의 논의대상으로 하고 있음에도 불구하고 단지 가족은 존재한다고 전제할 뿐 활발한 논의대상으로 하지 않은 것은 문제가 있다.

정의의 두 원칙을 이끌어내기 위한 전제로서의 원초적 입장에 대해서 마추다는 최초의 상황이 롤즈 이론 가운데 가장 추상적인 요소라는 점을 지적하고 "원초적 상태로부터 일정한 지식만을 간추려내는 이론은 내부적인 결함을 가지고 있으며 하나의 믿음만을 강요하는 오류를 낳을 수 있다."[10]고 주장한다. 추상적

방법론은 세계를 바라볼 수 있는 다른 가능성을 제한함으로써 사람들의 시각을 가리는 역할을 하게 되고, 정의의 원칙을 도출하는 제약된 상황을 강요하는 결과를 낳는다는 것이다.

롤즈가 "원초적 지위에 있는 사람들에게 자비를 베푸는 것에 의해서는 아무것도 얻어지는 것이 없을 것이다."[11]라고 언급하고 있는 바와 같이, 그는 사랑이나 신뢰의 관점에 대해서는 비중 있게 다루고 있지 않다. 마추다가 롤즈가 "원초적 지위를 고려하는 데 있어서 무엇이 좋은가에 대해 제한된 견해를 채택하기 때문에 재분배에 있어서 한정된 형식을 채택하게 된다. 이것은 소수자만이 가질 수 있는 아주 드물고 좋은 이익이 있다는 것을 아는 공동체주의의 가능성을 무시하는 것이고, 우리는 그렇게 적은 것들이 선택되었을 때 스스로 자축할 수 있다는 사실에 대한 가능성을 무시하는 것이다."[12]라고 주장한 바와 같이 소수자의 목소리가 진정으로 반영될 때 정의론도 그 존재의의를 찾을 수 있다.

롤즈는 정의의 두 원칙을 이끌어 내는 과정에서 경제적인 이익에 큰 관심을 기울였으므로 그 이외의 다양한 인간의 목적들이 간과되었다. 하지만 대다수의 인간이 상호간의 권리와 의무를 통하여 생기는 이익과 부담의 분배에 관심이 있다는 점을 고려한다면 롤즈의 정의론이 정당성을 높이 평가할 수 있다. 만약 롤즈가 인간의 권리, 의무, 분배의 문제들을 보다 확장하여 인간의 사랑이나 신뢰나 공동체주의를 고려하였다면 전혀 다른 정의론이 펼쳐졌을 것이다.

또한 롤즈이론의 원초적 입장에서는 사람들로 하여금 불평의식을 가지게 하는 특정한 우연성의 결과를 무효화시키는 한 가지 조건으로써 무지의 베일(veil of ignorance)을 전제한다. 롤즈는 무지의 베일이라는 가정 하에 있는 사람들은 어떤 특정 사실을 모른다고 하여, 다만 사회가 어떠한 정의의 여건 하에 있다는 특수한 사정만 알고 있으며 인간사회에 대한 일반적인 사실을 알고 있다고 가정한다. 즉, 롤즈는 "각자는 사회에 있어서 자기의 지위나 계층을 모르며 천부적 자산과 능력, 지능과 체력, 기타 등등을 어떻게 타고나는지 자신의 운수를 모른다. 또한 누구든지 선에 대한 자신의 생각, 자신의 합리적 인생계획의 세목을 알지 못하며, 또는 심지어 모험을 몹시 싫어한다든가 비관적, 낙관적인 경향과 같은 자기 심리적 특징까지도 모르고 있다 … (중략) … 그들은 사회적 · 정치적 상황이나 그것이 지금까지 이룩해온 문명이나 문화의 수준을 모르고 있다."[13]는 가설을 들고 있다.

이와 같이 무지의 베일에 가려져 있는 많은 상황들 중 어디에도 양성의 차이가 무지의 베일에 의해서 고려된다는 점은 나타나 있지 않다.[14]

당사자들은 사회가 정의의 여건 하에 있다는 것을 안다고 가정되지만 롤즈는 이와 더불어 당사자들이 인간사회에 대한 일반적인 사실들, 즉 정치현상, 사회조직의 기초, 인간 심리의 법칙들, 정의의 원칙들을 선택하는데 영향을 줄 모든 일반적인 사실들을 안다고 가정한다.[15]

오킨은 이러한 일반적 사실의 가정은 정의론의 주체가 되는 더 나아가 전제하는 것은, 정의론의 주체가 되는 당사자들이 관습이나 법에 의해 젠더화된 사회를 이미 가정하고 있는 것이라고 한다.[16]

롤즈는 무지의 베일의 이론이 이론의 간결성이라는 점에서 필요하며 일반적 지식에 기초를 두고 있으므로 모든 사람에게 이해되기 쉽다는 점에서 이론의 명료성을 강조한다.

그러나 무지의 베일 이론이 갖는 간결성과 분명성에도 불구하고 원초적 상태에서 전제하는 무지의 베일이라는 조건은 가능한 모든 지식에 비추어 정의의 원칙들이 선택되어야 한다는 반론을 야기할 수 있다. 우선 분명한 것은 당사자들이 인간사회의 일반적인 사실은 알고 있다고 가정되지만 상대방의 사회적인 지위나 심리적인 특징 등의 차이를 알고 있지 못하는, 모두가 똑같이 합리적이고 비슷한 처지를 상정하게 된다. 따라서 롤즈가 말하는 원초적 입장에서의 합의는 어느 정도의 숙고만 하면 누구나 특정한 어떤 정의관을 택하는 경우에는 모든 사람이 그것을 택할 것이고 따라서 만장일치의 합의와 다름이 없게 된다.[17]

마추다는 롤즈의 무지의 베일이론은 전통적으로 추상화된 이론 정립으로서 베일의 이미지화는 그 자체로 의문의 여지가 있다고 지적하는데,[18] 가부장적인 담론이나 섹슈얼리티의 문제점에 대해서 롤즈는 선명한 입장을 보여주지는 않고 있다. 즉, 롤즈의 베일이론에는 여성에 대한 구체적 고려가 이루어지지 않고 있다.

무지의 베일 이면의 실제 세계에서 사람들이 단순히 자기 이해관계에 의해서가 아니라 사랑이나 친밀감 혹은 타자에 대한 보살핌 등과 같이 상호이해를 통해서 영속적인 상태에 이를 수 있는 또 다른 '정의론'을 상정해 볼 수 있다.

롤즈는 가족과 사회연합체를 논의하기 시작할 때 이러한 가능성을 배제하지는 않았지만 개인적으로 이익이 된다는 점에서 사람들이 사회연합체를 형성하게 된다고 가정한다. 마추다가 주장하듯이 페미니스트의 경험은 개인적인 이익 이상의 무언가를 제시해주며 자연적이며 즐겁고 타인에 대한 보호를 가정하는 집단주의적 사고방식을 가정한다.[19] 이러한 페미니스트적 가정은 롤즈가 제기하는 사회공동체에 대한 개인의 이익을 위한 치열한 투쟁과는 다소 구분된다. 거기에는 단순히 자신의 이익에 대한 고려만이 있을 뿐이다.

정의론을 도출하기 위한 또 다른 가정으로서 롤즈는 원초적 입장에 있는 당사자들이 합리적이라고 가정하였다. 그는 일반적으로 합리적인 인간은 그에게 주어진 선택대상에 대한 일관된 선호의 체계를 갖는다고 생각한다고 하며, 자신의 욕구를 보다 많이 만족시켜주고 보다 성공적으로 실현시켜 줄 가능성이 큰 계획을 추구하게 된다고 전제한다.[20] 그리고 합리적 인간이란 시기심, 수치심, 굴욕감 같은 다른 감정에 영향을 받지 않는다고 한다. 더 나아가, 롤즈는 당사자들의 상호 무관심한 합리성(mutually disinterested rationality)을 가정하여 사람들이 타인에 대한 승리보다는 원초적 입장에 있는 사람들이 가능한 한 자신들의 목적 체계를 증진시켜주는 원칙들을 받아들이고자 한다고 한다.[21]

이와 같이 롤즈는 자신의 이익의 추구와 상대방에 대한 무관심을 가정하여 원초적 상태에서는 어느 누구도 그들의 장래 이익이나 계획을 확실하게 알지는 못하지만 그들은 그들의 이익을 극대화시키기 원한다는 것을 안다고 한다. 동시에 그들은 상대방의 상대적인 불이익에 대해서 걱정하지 않을 것이라는 사실과 재화와 이익의 희소성이 있다는 것을 안다.

인간의 본성에 대한 이러한 롤즈의 가정에 대해 여성의 '보살핌'의 특징에 대해 논의한 길리건이나 '타자'로서의 여성에 대해서 말한 보봐르(Simone de Beauvoir)의 예를 굳이 들지 않더라도, 당사자의 상대방에 대한 무관심과 합리성을 가정하는 것은 형식성의 한계로 빠져드는 것이 아닐까 하는 의구심이 든다. 여성뿐만 아니라 일반적인 사람들이 합리성 이외에도 인간적인 감정에 의해 행동할 경우가 많은 것을 고려한다면 롤즈의 '상대방에 대한 무관심'의 전제는 지나치게 단순한 가정이라 여겨진다. 또한 롤즈는 경제적인 관점을 중심으로 사회적 비수혜자를 위한 배분적 정의 원칙을 적용하므로 여성과 같이 사회적으로 소외된 계층을 위한 배분적 정의의 원칙에 대하여는 큰 관심을 기울이지 않는다. 이와 같이 표면적으로는 당연하게 여겨지는 '합리성'의 가정도 많은 문제점을 내포하게 되는 것이다.

하지만 당사자의 합리성의 가정 등을 포함한 정의론의 전제를 떠나서라도, 여성주의의 관점에서 정의론을 고찰하였을 때는 많은 문제점이 있다.

3. 정의의 두 원칙에 대한 고찰과 비판

정의론 제1편에서 롤즈는 정의의 원칙의 전제로서 원초적 입장, 무지의 베일, 당사자의 합리성을 가정하고 이러한 상태에서 채택되리라고 생각되는 정의의 두 원칙을 도출하였다. 정의의 두 원칙으로 롤즈는 '평등한 자유의 원칙'과 '공정한 기회균등의 원칙' 및 결합한 '차등의 원칙'을 들고 있는데 평등의 진정한 의미는 추상적인 평등원칙의 선언에 있는 것이 아니라 억압된 자의 실제 삶에 스며들 수 있는가에 달려있는 것이다. 그리고 정의의 두 원칙이 공적인 영역만을 주요 대상으로 하고 사적인 영역을 제외시킨다면 보편적인 정의론이라 할 수 없을 것이다. 이러한 점을 염두에 두고 정의의 두 원칙과 페미니스트 입장에서의 비판을 고찰하고자 한다.

롤즈는 다음과 같은 정의의 두 원칙을 제시하였다.

첫째, 각자는 다른 사람들의 유사한 자유의 체계와 양립할 수 있는 평등한 기본적 자유의 가장 광범위한 체계에 대하여 평등한 권리를 가져야 한다.

둘째, 사회적 · 경제적 불평등은 다음과 같은 두 조건을 만족시키도록, 즉 (a)

모든 사람들의 이익이 되리라는 것이 합당하게 기대되고, (b) 모든 사람들에게 개방된 직위와 직책이 결부되게끔 편성되어야 한다.[22]

이와 같은 원칙의 적용에 있어서 롤즈는 정의론의 목적에 의거하여 사회구조를 두 가지 상이한 부분으로 분류한다. 제1원칙을 평등한 기본적 자유를 규정하고 보장하는 사회체제의 측면에 적용하고 제2원칙은 사회・경제적 불평등을 규정하고 확립하는 사회체제의 측면에 적용되는 것이라고 전제한다. 그리고 기본적 자유들은 이런 자유들에 대한 세부 목록으로 주어진다.

롤즈의 제1원칙은 '평등한 자유의 원칙'이라 불리고 제2원칙은 '차등의 원칙'과 '공정한 기회균등의 원칙'으로 나뉜다. 제1원칙에서 전제하는 기본적 자유들은 어느 것도 절대적이지는 않지만 다른 기본적 자유들과 상충할 때에는 내부에 중심적인 적용범위가 있어서 그에 따라 제한 가능하며 그 내부에서 제한되며 조정될 수 있는 중심적인 적용범위를 지니고 있다. 이 자유들 중 어느 것도 절대적인 효력을 가지는 기본적 자유는 없으며 모든 이에게 동일한 것이어야 한다.

롤즈는 제1원칙이 제2원칙보다 우선해야 한다고 주장한다. 다시 말해 서열식으로 순서가 배열되어야 한다는 것이다. 이렇게 순위를 매김으로써 제1원칙이 요구하는 평등한 기본적 자유가 제2원칙에서 요구하는 사회・경제적 이득에 우선하여 적용된다는 것을 말하고 이는 곧 '자유의 우선성의 원칙'이라고도 불린다. 롤즈는 '자유의 우선성의 원칙'과 함께 최소 수혜자를 위해서는 모든 불평등이 정당화될 수 있다고 말한다.

정의의 제1원칙인 평등한 자유의 원칙 중 평등의 개념에 대해서 마추다는 '평등'이 동등한 가치에 대한 동등한 지급이라고 재정의해 왔다고 예시하면서, '평등'이라는 추상적 조건이 페미니스트들에게 어느 정도의 가치는 있으며 "평등한 권리의 추구는 그들의 일상적인 삶, 가령 투표나 재산의 소유권, 평등한 지급 등에 있어서 구체적인 표현을 위한 투쟁으로서 발전해왔다."[23]는 점에도 동의하였다. 하지만 페미니스트 학자들이 실제적인 삶을 중요시는 경향은 강간, 구타, 양육, 고용, 여성 범죄자들에 대한 형법상의 보호에 주력하는 것으로 나타나게 되는데, 이러한 구체적인 현실에 대한 관련성은 여성으로 하여금 추상적인 평등에 내재해 있는 모순과 착취의 여지를 인식하게 한다. 형식적인 평등에 대한 모순은 가부장제에 대한 투쟁이나 가정 내 폭력에 대한 비판을 통한 페미니스트 관점에서의 새로운 선(the good) 개념의 정립에도 기여할 것이다.

롤즈는 정의의 제2원칙을 정의하면서 "사회・경제적 불평등은 다음과 같은 두 조건을 만족시키도록, 즉 (a) 모든 사람들의 이익이 되리라는 것이 합당하게 기대되고, (b) 모든 사람들에게 개방된 직위와 직책이 결부되게끔 편성되어야 한다."[24]고 규정하였다. 제2원칙에서 "모든 사람들의 이익"과 "모든 사람에게 평등하게 개방된"이라는 구절은 애매한 것이기 때문에 자연히 두 가지 의미를 갖게 된다고 하는데, '모든 사람들의 이익'이라는 원칙은 효율성의 원칙과 차등의 원칙으로 나뉘고 '모든 사람에게 평등하게 개방된'이라는 구절은 '재능이 있으면 출세할 수 있다는 식의 평등'과 '공정한 기회균등으로서의 평등'으로 나뉜다고 한다.

롤즈는 "이 정의의 원칙들은 권리와 의무의 할당과 사회와 경제적 이익의 배분을 규제하기 위한 것이다."[25]라고 밝히고 있으며 이러한 정의의 원칙들은 사회의 기본구조에 적용되기 위한 것이었다.

정의론 제2편에서 롤즈는 정의의 원칙들이 사회의 모든 기본구조에 적용된다고 가정하고 논의를 전개하고 있다. 양심의 자유와 사상의 자유는 민주주의 헌법제도와 절차에 의해 보호된다고 한다.[26]

그러나 다양한 논의가 전개되었음에도 불구하고 전통적인 가족제도가 정당한 사회기관(social institution)인가의 문제가 제기되고 있지는 않다. 이러한 점은 롤즈는 "정의의 두 원칙이 적용될 사회기관에 대한 개요가 완성되었다."고 밝힌 점에서도 확인할 수 있다.[27] 오킨(Okin)이 지적하고 있듯이 그는 전혀 가족 내의 정의에 관해서는 고려하고 있지 않은 것이다.[28]

더 나아가 롤즈는 어떠한 문제제기도 없이 가족이 정당한 제도(institution)라고 명시적으로 가정하고 있다.[29] 롤즈의 공정으로서의 정의는 기관의 구성원들이 그들이 어떠한 위치에 놓일지 모른다는 입장에서 가설적으로 사회구조와 규칙들에 관해 합의할 것이라고 여겨지는 제도들을 기술하였다. 그리고 정의의 두 원칙은 그러한 가설적인 상황에 놓인 개인이 동의하리라고 여겨지는 원칙들이다.

그러나 오킨이 지적하고 있듯이 정의론에서 정당한 제도들을 형성하는 당사자들이 전통적인 가족제도 내의 남성인 대표자를 가정하므로, 가족이나 양성간의 정당한 분배문제는 전혀 고려되고 있지 않다.[30] 이와 같이 중립적이지 않은 '가족의 대표자'라는 가정 하에서 도출된 정의의 원칙이 인류의 절반인 여성의 삶에까지 포괄적인 효과를 미치기는 어려울 것이다.

부의 분배문제에 있어서도, 원초적 지위에 있는 모든 당사자들이 무지의 베일이 제거된다면 유급노동시장에 참여하게 될 것이라고 가정하였다. 하지만 부의 분배는 어떤 한 '가정'의 수입이라는 관점에서 논의되었으며, '개인'과 '가족'의 이득이나 복지 사이에 전혀 차이가 없는 것처럼 논의되고 있다.[31]

오킨은 이러한 개인과 가족의 분명하지 않은 구분이 고용된 노동자에게만 임금이 지불되고 젠더화된 사회에서 많은 여성들이 무급노동에 종사하면서도 노동으로 인식조차 되지 않은 상황에 놓여있다는 점을 간과하는 것이라고 한다.[32] 이러한 점은 가정 내에서 경제적으로 의존적인 상황에서 가사노동에 종사하는 여성의 입장을 전혀 고려하지 않은 것이다.

또한 정의론 제3편에서 일정한 형태의 가족을 정의로운 것으로 가정하고 다른 대안에 대해 제시하고 있지는 않다. 더 나아가 롤즈는 전통적인 젠더화된 가족체계를 전제하는 듯한 진술을 한다.[33] 그가 말하는 가족은 이미 위계질서 속에서 젠더화된 가족을 전제하는 것이다.[34]

정의론 제3편에서 롤즈는 "잘 정돈된 사회(well-ordered society)의 기본구조는 일정한 형태의 가족을 포함한다고 가정하지만 광범위한 의미에서는 가족제도가 의문시 될 수 있고 다른 대안이 선호될 수 있다."[35]고 한다. 하지만 오킨은 이러한 가족제도에 대한 롤즈의 일관성없는 태도에 대하여 "비록 개인은 젠더화된 구조를 가진 가족과 결혼을 할 것인가에 대한 제한된 자유를 가지고 선택을 할 수는 있지만, 어느 누구도 그러한 구조를 가진 가정에 태어나는 것에는 선택할 수 없다"[36]고 하여 가족이 교회나 대학과 같이 자율적으로 선택하고 다른 사람들과의 관계가 상황에 따라서 달라질 수 있는 집단이 아니라는 점을 강조한다.

롤즈가 개인들은 그들의 최종목적과 이해관계, 자신과 삶에 대한 태도 등을 주어진 것으로 전제해서는 안된다고 하지만 오킨이 주장한 바와 같이 여성이 아이를 전담하여 양육하는 등의 젠더화된 가족은 차별적 사회화의 주요한 원천이 되는 것이다.[37]

롤즈가 만약 정의의 원칙들을 가족 내에까지 적용한다고 전제하였다면 아마 정의론의 지평이 더욱 넓어졌을 것이다. 또한 가족 내 남성대표자가 아닌 모든 개인이 정의의 원칙들을 정하는 과정에 참석할 수 있다고 가정하였다면, 가족 사이에도 정의의 원칙이 적용될 수밖에 없었을 것이다.[38] 가족은 개인의 삶에 깊이 영향을 미치는 제도이기 때문에 정의의 두 원칙이 적용되는 것이 당연하지만, 롤즈는 가족 내부에 정의원칙의 적용가능성을 고려하고 있지 않기 때문에 문제가 되는 것이다.

공정한 기회균등의 원칙에 대해서 롤즈는 순수절차적 정의인 개인의 목적에 대한 개인의 최대한의 추구(maximum individual pursuit if individual ends)를 허용하는 절차적 원칙들(procedural principles)을 강조하면서, 목적론적인 측면을 소홀히 다루고 있다. 마추다는 롤즈가 페미니스트적인 유토피아에 대하여 무관심할 뿐 아니라 옳음과 좋은 것에 대한 예비적인 논의를 피하려고 한다는 점에 대해서 비판한다. 하지만 어떠한 가능성을 제한하지 않고는 다른 사람들의 확신을 이끌어 내는 것은 불가능하다면 그 이론은 보편적 타당성을 결여한다고 할 수 있다.

롤즈의 이론에 의한다면 제약된 현실을 가정하고 목적론적인 판단을 회피함으로서 사람들의 판단을 제약하는 결과를 낳게 된다. 그러므로 여성을 포함한 모든 인류를 위한 정의론이 되기 위해서는 소수자를 포함한 유토피아 달성이라는 목표의식이 기반이 되어야 하는 것이다.

Ⅲ. 정의의 윤리와 보살핌의 윤리

1. 정의의 윤리와 보살핌의 윤리

롤즈의 정의론은 인문사회분야의 다양한 분야에 영향을 미쳤는데, 심리학자인 콜버그(Lawrence Kohlberg)도 롤즈의 정의의 원리를 바탕으로 발달심리학을 정립하였다. 도덕적 성숙도를 판단하는데 있어서 정의의 원리가 주요 기준이 된다는 주장은 한편으로는 타당하게 여겨진다. 하지만 개인의 도덕적 성숙도가 다른 사람에 대한 배려와 같이 다른 심리적 요소에 의해 판단될 수도 있다는 점을 생각한다면 정의의 윤리뿐만 아니라 보살핌의 윤리를 동시에 고려하여 개별적인 인간에게 도움을 줄 수 있는 이론으로 한 걸음 더 나아가는 것이 필요하다. 그리고 모든 인간에 대한 긍정적인 이해를 바탕으로 한 이론은 어려움에 처한 사람의 권리와 의무 및 책임을 판단하는 데에도 도움이 될 것이다. 그러한 점에서 콜버그의 정의원리를 기준으로 한 도덕원리와 이에 대한 비판을 바탕으로 전개된 길리건의 보살핌의 윤리를 연구할 필요가 있다.

발달심리학에서 '정의의 원리를 자신의 도덕원리로 채택하는 사람이 도덕적으로 성숙한 행위자라는 가설'[39]이 오랜 관찰을 통해 콜버그에 의해서 주장되었으며 이 가설은 정설로 여겨져 왔다. 1970년대에 콜버그가 이 이론을 정립하는 과정에서 그 당시 관례에 따라 남자들만이 연구대상으로 선정되었다.[40] 그리고 남자들만을 연구대상으로 하여 발표된 이론을 일반이론으로 여기는 것을 그 당시에는 그다지 이상하게 생각하지 않았다. 당연히 그의 이론은 남자들의 도덕적 성숙도를 평가하는데 보다 유용하였고 콜버그의 도덕발달기준(Kohlberg's moral development scale)에 의하면 남자들이 여자들보다 높은 점수를 받았다.

콜버그의 '정의의 윤리'에 대응해서 길리건은 인간이 상호 의존적이라는 점을 기반으로 '보살핌의 윤리'를 판단기준으로 제시하였다.[41] 이러한 관점이 필요한 것은 어떠한 행위들이 도덕적으로 바람직하며 누가 도덕적으로 성숙한 행위자인

지에 대한 평가가 '정의', '권리', '독립성', '자율성'만이 아닌 이와 다른 기준들이 요구되기 때문이다.[42]

물론 '정의'와 '보살핌' 중 어느 하나의 기준으로 도덕적 발달과정을 평가하는 것이 또 다른 폭력성의 위험을 완전히 배제할 수는 없지만, 길리건이 제시한 보살핌의 윤리는 기존에 당연하게 여겨왔던 도덕이론에 의문을 제기한 것이다. 또한 간과되었던 '보살핌'이라는 도덕적 관점을 제시함으로써 여성이 도덕적 발달단계에서 결코 열등하지 않다는 이론을 펼치게 되었다는 점에 그 의의가 크다고 할 수 있다.[43] 그리하여 정의의 윤리와 보살핌의 윤리 등이 조화되어 한 인간의 성숙도를 결정하는 기준으로 작용하는 것이 가장 바람직할 것이다.[44]

한편 오킨은 여성이 도덕 판단에 있어서 관계를 중시하고 보편주의(universalism)와는 거리가 멀다는 명확한 증거가 없다고 주장하며, 이러한 잘못된 판단은 여성과 남성의 다른 활동영역에 대한 전통적 편견을 부활시키는 역할을 한다고 한다.[45]

젠더화된 가정과 사회에서 여성과 남성은 다른 방식으로 사회화되기 때문에, 보살핌의 윤리는 오킨이 지적한 바와 같이 명확한 증거가 없이 여성과 남성의 사고방식을 구분지어서 생각할 위험성이 없는 것은 아니다.[46] 그렇지만 양성의 구분을 떠나서 인간 모두에게 내재할 수 있는 '보살핌'이라는 덕목을 중요시하는 것은 큰 의미가 있을 것이다.

2. 보살핌의 윤리가 의미하는 법적 함의

정의의 원리뿐만 아니라 보살핌의 윤리가 법적 책임을 판단하는 기준에 포함된다면 억울한 처지에 놓인 사람에 대하여 보다 광범위한 보호기반을 제공해 줄 수 있을 것이다. 법이 사회의 모든 사람을 도와줄 수는 없다 하더라도 법적 보호영역을 정하는 데 있어서 '구조의무' 여부와 같은 보다 실질적인 요소를 고려하도록 법적 입장을 보다 명확하는 것은 반드시 필요하다. 그러므로 '보살핌'의 윤리와 가장 큰 관련성이 있다고 여겨지는 불법행위법에 대한 고찰이 필요하다.

"어느 누구도 상처입지 않아야 한다."는 길리건의 보살핌의 윤리가 가장 잘 적용될 수 있는 미국법 분야는 불법행위법(Torts) 분야일 것이다. 보살핌의 기준을 불법행위법에 적용하여 책임범위를 정할 때 동일하거나 비슷한 상황 아래에 놓인 '합리적'인 사람들이라면 어떻게 행동하였을 것인가라는 기준보다는 "동일하거나 비슷한 위치에 놓인 상황 하에서 책임 있는 이웃에 대한 '의식적인' 관심"이 있는 사람이라면 어떻게 하였을 것인가라는 기준으로 전환하여 판단할 것이다.[47]

우리가 모두 상호 의존적이고 연결되어 있다는 인식과 우리 모두가 타인과 상호 작용하는 사회적 존재라는 인식은 판사가 판결 과정에서 타자의 안전, 복지, 건강에 대한 책임감 있는 보살핌과 관심에 대해서 더 고려하게 만드는 결과를 낳는다.

미국 불법행위법은 오랫동안 영미법상 보통법(common law)의 영향을 받아서 형성되었고 상대방의 책임범위를 정하는 데는 남성본위의 기준이 일반적으로 받아들여져 왔다. '합리적인 사람'이라는 기준 역시 남성의 시각을 반영하여 결정되었다.[48] 그런 의미에서 여성의 목소리를 반영하는 '보살핌'의 윤리를 불법행위법에 적용하는 것은 법의 남성성을 해체할 수 있는 기반을 제공해주는 것이다.

그런 맥락에서 살펴볼 때 불법행위법은 권리보다는 책임, 분리보다는 상호연관성, 이익이나 효율성보다는 안전을 우선시하여야 한다. 권리, 자율성, 추상화라는 남성적인 목소리는 효율성과 이익을 보호하는 기준을 강화하게 한다.[49] 이러한 기준은 인간관계를 보다 각박하게 만들 것이다. 이에 반해서, 여성의 목소리는 타인의 안전에 대하여 염려하고 다른 사람의 필요나 상처에 책임을 지는 행위를 뒷받침하는 새로운 불법행위법의 체계를 만들 수 있다.

벤더(Leslie Bender) 교수는 주의의무의 문제가 발생할 수 있는 가장 어려운 분야로 "구제할 의무가 없는"(no duty to rescue) 사건의 경우를 드는 것은 아마도 기존의 불법행위법의 남성성에 의문을 제기하기 때문일 것이다. 이러한

문제점은 '물에 빠진 이방인'의 가설과 Yania v. Bigan 사건[50]에서 예시된 바 있다.[51]

물에 빠진 사람이 있을 경우, 그에 대하여 아무런 관련성이 없는 사람이 물에 빠진 사람을 구할 의무가 있는가라는 물음에 대하여 논란의 여지가 있어왔다. 이와 유사한 사례가 야니아(Yania) 사건이다. 야니아(Yania)는 비건(Bigan)과 사업상 경쟁관계에 있는 사람이었는데, 비건의 토지에 대한 이야기를 나누기 위하여 방문한 적이 있다. 두 사람은 노천채광을 하였고 비건이 부분적으로 물로 채워져 있는 깊은 도랑에서 일하고 있었다. 아마도 비건은 야니아에게 움푹 팬 곳으로 점프하도록 부추긴 후 웅덩이로 뛰어 든 것으로 보인다. 야니아는 비건에게 그의 능력을 과시하기 위해서 웅덩이로 뛰어 들었을 가능성이 크다. 그 후 비건의 미망인이 야니아를 고소했는데 펜실베니아 대법원은 한 당사자에게 다른 사람을 적극적으로 구조할 의무를 부인하는 판결을 내렸다.

그리고 이와 유사한 예로 공장에 허가 없이 들어간 어린아이가 공장 내의 기계로 인해 상처를 입음에도 불구하고 구제할 의무가 없다는 이유로 아무런 조치를 취하지 않은 공장주에게 책임을 물을 수 있는가의 문제를 들 수 있다.[52]

벤더 교수는 불법행위법 수업을 할 때 학생들의 대부분이 "물에 빠진 이방인"을 구조할 의무가 없다는 점에 대해서 의아해 하는 점을 발견하였다. 이러한 문제점에 관한 법적 논리를 설명한 후에야 학생들은 자율성과 자유에 관한 자유주의의 주된 관점인 객관적인 입장을 수용하게 되고 그들이 처음에는 그릇되었다고 여겼던 법규범을 받아들이게 된다고 하였다.[53] 이와 같이 보통사람들이 자연스럽게 받아들이기 힘든 기준을 불법행위법이 상정하고 있다면 그러한 법은 문제가 있는 것이다.

불법행위법이 제시한 논거를 배운 후에라야 학생들은 오랫동안 익숙하게 받아들였던 감정, 본능, 윤리를 거부하고 추상적으로 사건을 파악하게 되며 합리적인 원칙에 의한 보편적 원칙들을 적용하게 될 정도로 비상식적인 법 대신에, 벤더 교수가 제안한 '보살핌'의 윤리가 이러한 어색한 추론과정을 해결해 주는 타당성 있는 논거가 될 수 있는 것이다.

보살핌, 책임, 상호관련성, 협동의 개념에 기반을 둔 페미니스트 윤리의 영향을 받은 새로운 법률적 관점을 적용한다면, 물에 빠진 이방인의 사례는 다르게 해석되고 적용될 수 있을 것이다. 그리고 페미니스트적 관점은 추상적인 논증의 문제점을 재발견하는 계기를 마련해 줄 것이다.

벤더 교수는 불법행위법에서 책임이나 의무의 관점에서 사건을 분석할 때 주된 쟁점은 한 사람이 물에 빠졌고 어떠한 적극적인 조치가 없는 가운데 사망하리라는 점이라고 지적한다.[54] 이러한 관점은 개인에게 적극적인 의무를 부과하는 것이 개인의 자율성에 대해 일어날 수 있는 침해보다 더 긴급해 보이고 중요하게 여겨지게 한다.

물에 빠진 이방인을 잠시 동안만이라도 살아 있는 한 인간으로서 생각한다면, 한 인간의 생명을 구하는 데 있어 이해관계나 특정한 관련성을 일일이 말할 수 없는 상태에서 적극적인 의무를 부과함으로써 개인의 자율성에 가해질 수 있는 침해를 비교 평가하는 것은 단순히 권리와 의무의 비교형량보다 더 많은 점들을 고려해야 할 여지가 있다는 사실을 간과하게 하는 것이다.[55]

보살핌의 윤리의 기준에서 본다면 물에 빠진 이방인은 다른 사람들로부터 동떨어진 사람이 아니라 그와 관련된 다른 사람들과 연관되어 있는 사람으로 여겨지게 된다. 그는 부모, 배우자, 자식, 친구, 동료들과 같이 그와 관련된 사람이 있으며, 종교, 사회, 문화, 정치, 교육, 직장과 같이 그가 참여하는 일련의 그룹들이 있으며, 그를 감정적으로나 경제적인 후원을 위해서 그에게 의존하는 사람들도 있을 것이다.[56] 즉, 그 역시 다른 사람들과 상호 연관되어 있다.

이러한 개인의 상호 연관성을 고려한다면 이방인이 물에 빠졌을 때 자신과도 관련된 사람들이 해를 입을 수 있다는 사실을 가정하고 행동하게 될 것이다. 사람 사이의 이해관계는 고립된 이해관계가 아니라 상호 연관되어 있다. 만약 우리가 법률체계를 '물에 빠진 이방인'의 상황이 서로가 친밀한 두 사람 사이에도 충분히 일어날 수 있는 사건으로 이해한다면 보다 책임감을 가지고 상대방을 대하게 된다.

불법행위법에 관련된 사건에 관하여 논의할 때 흔히 잊기 쉬운 사실은 그들이 인간의 목숨과 심각한 신체적 해악의 상황에 대하여 논의하고 있다는 사실을 망각하고 있으며, 이러한 상황을 한 사람의 일시적인 부작위의 자유와 동일시하는 결과를 낳을 수 있다는 점이다. 사람들은 이러한 분석에 있어서 구체적 상황과 분리된 관점을 취하지만, 어느 누구도 관련성이 없는 삶을 사는 사람들은 없다. 만약 타인의 안전에 대한 보살핌과 같은 정도의 작위의 의무를 다른 사람에게 부과한다면, 우리는 행위자에게 구제가 실패할 경우의 결과를 고려할 것을 요구할 것이다.[57]

적절한 상황 아래에서 타자의 안전에 대하여 보살필 것을 요구하는 의무는 타자에 대한 해악을 방지하거나 그를 보호하기 위한 적극적인 의무를 포함할 것이며 어떠한 특정한 관계 속에서 형성될 것이다. 이때 한 사람의 타인을 도울 능력이나 타인에 대한 필요의 근접성도 관련 있는 고려사항이다. 어떤 사람이 의무를 충족시켰느냐의 여부는 "합리적인 사람이라면 특정한 상황에서 어떻게 행동하였을까"라는 요건이 아니라 그 사람이 이웃이나 친구에게 행하는 정도의 세심한 배려와 관심으로 타자에 대하여 안전, 건강, 복지에 입각해서 행동하는 요건에 의하여 결정되어야 한다. 겉으로 보기에는 이러한 작은 변화가 불법행위법의 핵심을 인간적이고 책임감 있는 체계로 변화시킨다.[58]

과실책임을 정하는 데 있어서 구조할 의무에 대한 벤더 교수의 분석에 관해 포스너(Richard A. Posner) 판사는 불법행위 책임범위의 확장에 대하여 우려를 표시하였다. 그는 약간의 규제가 가해진 시장경제의 형식 속에서 여성이 남성과 동등한 정치적, 법적, 사회적, 경제적 평등을 누릴 자격이 있다는 사고를 '보수적 페미니즘'이라 정의하고 과실 책임에 있어서 보살핌이라는 요소를 포함하는 것을 다음과 같이 비판하였다.[59]

"모든 이웃들이 다 배려심이 있는 것은 아니며 대부분의 사고 피해자는 이웃들이 아니다. 배려심이 있는 이웃이라면 취하였을 만한 보살핌(care)의 행동을 취하지 않은 행동에 대해 결과적으로 일어난 상해에 대하여 책임이 있는 것으로 결정한다고 해서 인간의 본성이 변화하는 것은 아니다."라고 한다. 더 나아가 "벤더 교수의 의견을 채택하는 유일한 효과는 무과실 책임(strict liability)[60]의 방향으로 과실 책임의 범위를 옮기는 것뿐이며 그녀의 '배려심 있는 이웃'이라는 가정은 불필요한 단계이라면서 책임범위의 확장에 대해 비판하였다. 벤더 교수 또한 무과실 책임이 과실 책임보다 더 이타주의적인 제도라고 주장할지도 모른다. 즉, 무과실 책임원칙이 더 많은 책임을 가해자에게 부과한다는 점에서 피해자에게 도움이 된다고 할 수 있다"[61]고 하여 가해자에 대한 책임의 범위를 확대하는 것에 대해 우려하였다.

즉, 포스너 판사는 무과실 책임의 원칙은 보다 많은 사고 피해자에게 많은 배상을 제공할지도 모른다는 주장에는 결함이 있다고 한다. 왜냐하면 무과실 책임의 원칙으로 인해 누군가가 값비싼 대가를 치러야 할 가능성이 있으며 그 책임부담이 소비자의 몫으로 돌아가는 경우가 생길 수도 있기 때문이다.[62]

만약 무과실 책임으로 인한 부담의 문제점들이 간과된다면 페미니스트들은 법적 보상을 보다 강조하는 경향이 생길 것이다. 명백히 벤더 교수는 이타주의를 여성과 연결시켜 생각하였는데 무과실 책임은 보다 규칙과 기준에 근접하며 개별적인 관계적 성격이 약하고 전체보다는 부분에 덜 민감하다고 하는 점에서 조화되기 어려운 측면이 있다.[63] 그러한 점에 있어서 포스너 판사는 무과실 책임의 원칙은 보다 더 남성적인 기준이라는 비판[64]이 타당성이 있을지도 모른다.

하지만 구조할 의무의 원칙을 분석한 바와 같이 무과실 책임이 남성적인가 여성적인가에 대한 논란을 떠나서 보살핌의 원칙은 불법행위책임을 결정하는데 있어서 큰 도움이 된다고 할 수 있다. '주의의무' 여부와 같은 획일적인 기준으로 법적 책임을 결정하는 것은 법이 지향하는 이념 중 하나인 '정의'의 정신과도 결과적으로는 부합하지 않기 때문이다. 그러므로 '정의의 윤리'와 '보살핌의 윤리'를 함께 법적 책임을 정하는 고려요소로 정하는 것이 바람직할 것이다.

Ⅳ. 페미니스트적 정의관에 대한 모색

1. 정의론의 남성성에 대한 비판

젠더와 가족의 입장과 정의론을 연결시켜서 논의한 오킨(Susan Moller Okin)은 롤즈가 '가족'의 개념을 전제하기는 하지만 가족 내에서 노동의 분리나 권력, 책임과 특권의 재분배 문제에 대해서는 논의의 정도가 빈약하다고 비판하였다.[65] 롤즈뿐만 아니라 대부분의 정의론에 관한 저서들[66]이 가족 내의 정의 추구에 대해서는 비중 있게 다루지 않은 것은 문제가 있다.

정의론에서 남자(men, mankind, he, and his)를 사람을 대표하는 용어 내지 개인이나 도덕적인 인간(moral person)으로서의 젠더 중립적 용어(gender-neutral terms)로 널리 예시하는 점에서 여성을 정의론에서 제외하는 듯한 인상을 주는 것 역시 문제가 있다.[67] 만약, 롤즈가 젠더 사이의 '정의'나 젠더화된 가족의 문제를 다루고 있지 않다면 이러한 용어 사용은 부적절할 것이다. 정의론 이후의 저서[68]에서 롤즈는 이러한 용어상의 문제를 수정하여 더 이상 남성을 중립적인 용어의 대표로 쓰고 있지 않은 것으로 보인다. 하지만 남성을 중립적인 대표로 표현하지 않는다고 하여 그의 이론이 남성과 여성의 입장을 모두 고려한 이론이라고 보기는 어렵다. 오킨이 남성적 용어에 대하여 비판한 것은 동시에 롤즈의 남성적 정의론을 비판한 것이기도 하기 때문이다.

이 정도의 롤즈의 정의론 비판은 아주 지엽적이고 단편적일지도 모른지만 대안적 정의론를 위한 작은 출발점은 될 수 있다. 그렇다면 페미니스트들이 베일의 이면에 펼쳐지는 현실 속에서 어떤 정의론을 모색하는지를 연구해 보기로 한다.

자유주의에 대한 신칸트주의적 방어로 기능한 롤즈의 '정의론'이 페미니스트 학자들에 의해 공격받는 이유 중 하나는 롤즈의 정의론이 칸트(Immanuel Kant)의 전통을 이어받음으로써 '추상화'(abstraction)의 방법론으로 적용시키고 그 과정에서 그것이 실패했다는 이론을 전개한다. 마추다는 롤즈가 채택한 방법론으로서의 추상화는 사회생활의 전망이 그것의 구체적인 고려나 검증 없이 구성된다고 지적한다. 따라서 롤즈의 정의론은 대안적인 정의의 가능성을 선택할 수 있는 방법을 무시하게 하는 핵심적인 동기가 된다고 한다.[69]

재화의 분배라는 측면에 있어서도 롤즈는 자기존중(self-respect)의 개념에 의해 자신의 목적을 추구하기 때문에 독립적으로 이루는 계획이나 성취, 탁월함을 선호하는 데 비해서 마추다는 의식 고양을 통해서 도출된 페미니스트적인 사고가 유머와 겸손함, 대화와 자발성, 게으름이나 다른 사람들의 재능의 차이에 대한 호감 등에 이르기까지 다양한 가능성을 고려한다[70]고 주장한다.

롤즈가 한정된 재화를 가정하고 개인의 부와 재산을 위한 욕망을 가정하고 있는 데 대하여 마추다는 부와 재산에 대한 욕망은 잘못된 사고와 소비주의자, 가부장적인 전통의 산물일 수 있다는 점을 지적한다. 그러면서 사람들이 재화를 더 이상 가지고 싶지 않다고 결정함으로써 행복을 달성할 수 있다는 점에 대해 재화를 위한 사람들의 경쟁이 결코 절대적인 것은 아니라고 주장했다.[71] 롤즈가 전제하는 재화의 희소성은 환상일 수 있으며, 모든 인간이 부와 재산을 추구하는 것은 아니라는 점에서 그의 이론에는 편협성이 있는 것이다

롤즈가 원초적 지위와 무지의 베일에서 사용되는 추상화의 방법론을 통해서 인간의 삶을 연구했지만 그 베일의 뒤로 들어가서 다양한 인간의 다양한 가능성을 탐구하는 것도 가치 있을 것이다. 그리고 보다 공평하게 이끌어진 인간의 본성에 관한 일반적인 사실에 대한 이론을 다시 연구하는 것도 가치 있다. 무지의 베일의 다른 측면을 탐험하고 난 후에는 이론도출을 위해서 추상적 사실을 가정할 필요는 없는 것이다.

2. 페미니스트 정의관의 모색

정의와 여성의 연관성을 논의함에 있어서 어디에서 '정의'가 문제되기 시작하고 재생산되는 지를 고려해보는 것도 의미가 있을 것이다. 이러한 의미에서 가족은 여러 세대동안 남성과 여성의 사회성을 교육시키고 재생산하는 최초의 장

소이기도 하기 때문에, 가족 내부에서 평등과 정의가 달성되지 않으면 공정한 사회정의도 달성되기 어려운 것이다.

여성 및 자식들은 가정 내에서 정당한 대우를 받지 못하고 있다. 여성은 그들이 2세의 주요 양육자가 될 것이라는 기대 하에서 삶의 계획을 정하기 때문에 보다 취약한 지위에 놓이게 되며, 결혼 중에 외부에서 직업을 가지고 임금을 받는다 하더라도 취약한 지위에 놓이기는 마찬가지이다.[72] 더욱이 이미 경제적으로 의존적으로 된 후 이혼하는 경우에는 아이들과 이혼한 상당수 여자들은 전남편으로부터 계속적인 경제적 지원을 받기는 어렵기 때문에 어려운 처지에 놓이게 된다.

오킨은 여성이 직면하는 결혼과 육아에서의 취약성을 극복하기 위해서 여성과 남성에게 지급노동이나 비지급 노동, 생산적 노동이나 재생산적인 노동의 구분이 없는 평등한 분배가 이루어져야 한다고 주장한다. 그리고 정의가 존재하기 위한 미래는 젠더의 구분을 없앰으로써 가능하다고 하였다.[73] 즉, 양성의 구분이 인종이나 외모의 차이와 다름없는 것으로 인식되어서 육아나 양육의 문제 등과 같은 모든 가정 내의 생활에서 동등하게 취급되는 것이 바람직하다는 것이다. 오킨의 견해는 양성의 차이뿐만 아니라 젠더 및 젠더로부터 야기되는 노동과 책임의 차이를 희석시킴으로써 공적인 영역뿐만 아니라 사적인 영역에서도 '정의'롭기를 기원했다는 점에서 세상의 절반인 여성의 삶을 고려할 것을 주장한 마추다의 정의론과 일맥상통한다.[74]

정의란 무엇이고 정의로운 사회는 무엇인지에 대한 철학적인 물음은 근본적으로 인간의 행복에 기원을 둔다. 롤즈의 정의론과 이에 대한 비판적 모색을 통해 구축된 페미니스트들의 정의론 역시 그것이 남성이든, 여성이든 본질적으로 인간의 행복 추구를 위한 성찰적인 고민의 산물이다. 이 장에서 살펴본 정의론이 비록 남성과 여성이라는 이원적인 구분을 완전히 벗어나지는 못했다고 하더라도 플라톤 이래로 인류가 꿈꾸어온 정의에 대해 보다 비판적 모색을 통해서 이상적인 인간—물론 남성과 여성을 모두 포함한—의 '정의'에 더욱 가까이 다가섰음에는 틀림없다.

마추다는 페미니스트의 방법론으로 크게 두 가지를 들고 있다. 첫째, 주류 학문에 있어서 남성 중심주의의 비난, 즉 전통적인 학문적 논의가 여성의 삶과 목소리를 대체로 무시한다는 비난과 둘째, 이원론(dualism)에 대한 비난이 그것이다.[75] 먼저 후자의 이원론은 페미니스트들에 의하면 가부장제 속에 내재해 있는 이중성을 의미한다. 이는 구체적으로 문화와 자연, 공적 영역과 사적 영역, 논리와 직관, 이성과 감정 등으로 구분하는 것을 의미하며 남성을 공적인 영역인 정치나 법, 임금 노동자의 위치에 놓고 여성을 사적인 영역인 가정과 법률이 존재하지 않는 곳 그리고 임금을 지불받지 않는 노동의 영역에 위치시킨다.[76]

또한 마추다는 페미니스트들의 관점에서 주류 학문에 대하여 두 측면을 지적했다. 첫 번째는 개인적인 것이 정치적인 것이라는 것이다.[77] 이것은 매일의 일상에서 일어나는 사실들이 우리가 일상적으로 정치나 경제라고 부르는 것과 같은 정도의 정치성이 있다는 것이다. 즉, 일상생활의 사소한 경험도 사회에서의 부와 권력의 재분배와 관련이 있다고 할 수 있다. 두 번째는 실제 삶의 경험에 있어서의 특수성에 집합적으로 중점을 두는 '의식 고양'(consciousness raising)도 진실의 추구에 있어서 중요하다는 점을 든다.[78]

굳이 어느 페미니스트적인 관점을 도입하지 않더라도 인간의 유토피아는 부당한 위계질서가 없는 장소이며 어린 아이들이 보호되고 그들이 특별하다고 말해지는 사회이며 인간과 자연이 조화되는 곳이며 다른 사람의 대가를 요구하는 것이 이상한 것으로 여겨지는 사회일 것이다. 그리고 사랑이 가능한 곳이며 인간의 삶의 일상적인 비극이 다른 사람에 대한 보호와 근심에 의해서 뒷받침되는 곳이다.[79]

마추다가 말하듯이 아무리 그것이 조잡하다고 할지라도 우리는 실제의 삶으로 돌아가서 우리의 세계를 보고, 가능성을 생각해 보고 베일의 이 편에 서서 그것과 싸울 필요가 있는 것이다.[80] 롤즈와 같이 인간의 본성에 대해서 대안적인 시각을 무시하거나 가능성의 영역을 제한하는 황폐한 이론보다는 베일의 실제 생활의 측면에서 사람들이 단순히 자기 이해관계(self-interest)에 의해 움직이지 않고 사랑이나 친밀감이나 타자에 대한 보살핌에 의해서 움직여지는 영속성이 있는 상태[81]가 정의로운 사회일 수도 있는 것이다.

가족관계를 제외하고 개인적으로는 이익이 될 때에만 협동을 한다는 롤즈의 이론을 넘어서서 개인적인 이익 이상의 무언가가 있고 자연적이고 즐겁게 타인에 대한 보호를 중시한다는 정의론은 또 다른 소중한 가치를 제시한다. 물론 이러한 가정에도 이해관계의 요소가 개입되어 있기는 하지만 그것이 롤즈가 제기하는 사회공동체(social union)에서의 개인의 이익을 위한 각박한 투쟁과는 분명히 다른 것이다.[82]

인간이 이론을 만들었고 실제현실 속에서 삶을 영위하고 있는 사람들이 이론에 영향을 받는 세상에서 그들이 살아가고 있다는 점을 기억할 때에만 이론은 가치가 있다. 그리고 세상의 절반은 여성이고 여성의 경험도 정의에 기여한다는 점은 반드시 고려되어야 할 것이다.

Ⅴ. 나가며

양성에 고정된 인식을 토대로 차별이 엄연히 존재하는(gender-structured) 현대사회를 정의로운 사회라고 하기 힘들 것이다. 하지만 지금까지 현대정의론을 대표하는 학자로 여겨져 왔던 롤즈는 정의론이 어떻게 일반적으로 적용하여야 하는가에 대한 문제의식을 거의 제시하지 않고 있다. 이에 대하여 오킨과 마추다와 같은 페미니스트 학자들은 젠더를 고려한 정의가 존재할 수 있는가에 대한 의문을 제기하였다.

무지의 베일이나 원초적 입장에 놓인 한정된 조건을 가진 사람들로부터 만들어진 추상적인 정의론은 보편적 타당성이 없다고 할 수 있다. 인간의 일상생활 모두가 정치적인 것이다라는 점과 이러한 정치성이 여성의 억압을 교묘히 정당화하고 있다는 사실을 정확하게 인식한 다음에야 올바른 정의론이 제시될 수 있을 것이다.

정의론을 도출하기 위해 가정한 '무지의 베일' 뒤의 구체적인 현실들이 고려되고 '원초적 지위'에 있는 사람들이 '가족의 대표자'가 아니라 개개인 모두 참여할 수 있다고 한다면 '정의'가 무엇인가에 대한 입장은 완전히 달라질 것이다. 그리고 롤즈가 정의의 두 원칙이 가족관계를 비롯하여 여성과 아동들에게 공정하고 엄격하게 적용될 수 있다고 진술하였다면 정의론이 양성을 모두 아우르는 '인간적인 정의론'(a humanist justice)[83]이 될 수 있었을 것이다. 또한 '무지의 베일'이 여성의 젠더와 처해진 상황 등을 고려하지 않게 함으로써 여성에 대한 차별을 줄일 수 있는 계기가 될 수 있다면 여성주의의 입장에서 긍정적으로 해석될 수도 있을 것이다.

그러므로 롤즈 정의론에 대한 비판과 페미니스트 입장에서의 재구성이 여성과 남성을 포함한 모든 인류에 공헌하는 바가 지대하리라 생각한다.

2.

존 스튜어트 밀의 자유주의 이론과 여성의 권리

Ⅰ. 들어가며

인간은 사회적 동물이기에 다른 사람들과 공동체를 이루면서 살아간다. 사회 속에서 생기는 권력으로부터 스스로를 지킬 수 있는 방법 중 하나는 침해할 수 없는 신성불가침의 영역을 상정하는 것이다.

자유와 권리를 보장하는 현대적 의미의 법치주의 사회는 존 스튜어트 밀의 자유주의와 같은 진보적 이론 등을 통해 오랜 투쟁 끝에 도달하고 확립되었다. 그러나 자유와 권리, 법의 지배는 남성에게 우선적으로 적용되어 남성의 권리보장에 기여하였고, 여성은 근대사회 이후에도 법적 권리를 남성과 동등하게 향유할 수 없었다. 근대 이후 정착된 합리적이고 객관적인 세계관에 대한 신뢰에도 불구하고, 여성에게는 차별적인 관습과 비합리적인 종속이 강요되었다.

여성의 권리가 동양보다 더 일찍 보장되었던 서구, 특히 미국에서도 근대 이후에서야 비로소 남성들이 당연하게 누리던 권리를 인정받게 되었다. 1919년 발의되고 1920년 비준된 미국 수정헌법 제19조 제1항은 "합중국 시민의 투표권은 성별에 따라 합중국이나 주에 의해 거부 또는 제한되지 아니 한다."고 하여 여성의 투표권을 뒤늦게 헌법에 규정하였다. 미국 헌법상 여성의 투표권은 흑인의 투표권보다 50년이나 늦게 인정된 것이었다. 자유주의의 전통에 기초하여 세워진 미국의 헌정사에서도 여성은 그 권리를 쉽게 인정받을 수 없었다.[1)]

흑백차별이 심했던 미국에서도 여자보다 먼저 흑인남자가 헌법상의 정치적 권리를 인정받게 된 계기는 무엇일까? 여성이라는 성은 인종보다도 더 큰 차별의 원인이었다고 해석할 수도 있을 것이다. 이 장에서는 서구 자유주의의 이론을 살펴보고, 자유주의가 미친 여성의 권리향상에 기여한 바에 대해 연구하고자 한다.

Ⅱ. 서구 자유주의의 근대적 기원

밀(John Stuart Mill)은 19세기 영국의 대표적인 진보적 자유주의자로 사회적, 정치적 의미의 자유에 대해 가장 명확하게 정의내린 근대의 사상가다.[2] 그는 그의 저서 『자유론』에서 인간의 개별성을 강조하고 개인의 자유보장을 주장하였다.[3] 밀은 수직적인 권력으로부터의 침해에 대한 견제뿐만 아니라 여론이라는 이름의 다수의 압력으로부터의 '개별성'을 지키려는 노력 및 다수의 압력으로부터 지킬 수 있는 개인의 자유를 강조하였다. 이와 함께 자신의 의견과 다른 타인의 의견을 존중할 수 있는 관용이 있는 사회를 추구하였다.

밀은 자유론의 기초로서 자유에 관한 대표적인 원리인 '해악의 원리'를 제시하였다. 이 원리에서 공동체 속에서 개인이 살아가면서 사회가 법이나 여론을 통해 도덕적 강제를 할 수 있는 한계가 어디까지인가에 대한 원칙을 다음과 같이 규정하고 있다.

> 인간사회에서는 개인이든 집단이든 상관없이 모두 다른 사람의 행동의 자유를 침해할 수 있는 경우는 오직 단 한 가지, 자기 보호를 위해 필요할 때 뿐이다. 다른 사람에게 해(harm)를 끼치는 것을 막기 위한 목적이라면, 당사자의 의지에 반해 권력이 사용되는 것도 정당하다고 할 수 있다. 이 유일한 경우를 제외하고는, 문명사회에서 구성원의 자유를 침해하는 그 어떤 권력의 행사도 정당화될 수 없다. 본인 자신의 물리적 또는 도덕적 이익(good)을 위한다는 명목 아래 간섭하는 것도 일절 허용되지 않는다. 당사자에게 더 좋은 결과를 가져다주거나 더 행복하게 만든다고, 또는 다른 사람이 볼 때 그렇게 하는 것이 현명하거나 옳은 일이라는 이유에서, 본인의 의사와 관계없이 무슨 일을 시키거나 금지시켜서는 안 된다. 이런 선한 목적에서라면 그 사람에게 충고하거나 논리적으로 따지고 설득하고, 그것도 아니면 간청할 수 있다.
>
> 그러나 누군가가 말을 듣지 않는다고 위협을 가해서는 안 된다. 그

> 런 행동을 억지로라도 막지 않으면 다른 사람에게 나쁜 일을 할 것이라는 분명한 근거가 없는 한, 결코 개인의 자유를 침해해서는 안 되는 것이다. 사회는 다른 사람에게 영향을 주는 행위에 한해서만 간섭할 수 있다. 이에 반해 당사자에게만 영향을 미치는 행위에 대해서는 개인이 당연히 절대적인 자유를 누려야 한다. 자기 자신, 즉 자신의 몸이나 정신에 대해서는 각자가 주권자인 것이다.[4)]

자유의 권리는 모든 사람이 예외 없이 누릴 수 있는 것이 아니라, 충분한 합리성을 결여한 미성년자나 야만인에게는 제한된다고 한다. 즉, 밀은 자신의 행위에 대해 생각하고 판단할 수 있는 성숙한 성인들이 자유를 누릴 수 있는 주체라고 전제하고 있는 것이다.[5)] 이러한 합리적 인간형의 설정은 그의 공리주의 이론과도 상통하는 점이 있다.[6)]

밀은 생각과 토론의 자유에 있어서도 소수자의 목소리를 무시하지 않아야 한다고 한다.[7)] 어느 사회에나 지속적인 소수자가 있기 마련인데, 이러한 소수자의 목소리가 다수에게 전달되도록 해야 한다는 것이다. 그리고 지도자는 소수의견에 귀 기울일 권한과 의무가 있다고 한다. 그에 의하면 생각과 토론의 자유가 모든 사람에게 보장되고 특히 소수자에게 보장되어서 소수자의 권리를 보장하도록 하여야 한다. 절대적인 진리를 믿지 않는 것이 아니라 토론을 통해 검증된 개인의 생각을 존중하는 것을 밀은 지향했다.[8)] 이러한 과정이 최대한 진리에 가깝게 개인의 의견을 정립할 수 있다는 점을 그는 믿었던 것이다. 행복한 삶을 위한 중요한 요소로서 밀은 개별성을 강조한다. 개별성에 대하여 “각자의 개별성에 맞게 능력을 발전시키기 위해서 모든 사람이 끊임없이 노력을 기울여야” 하고,[9)] 이를 위해서 ‘자유 및 상황의 다양성’을 충족시켜야 한다는 훔볼트(Wilhelm von Humboldt)의 견해에 밀은 큰 영향을 받았다.[10)] 다양한 자유 및 상황의 가능성들이 결합하여 ‘개별적 활력과 고도의 다양성’이 생기고 이것이 곧 독창성의 기초가 된다는 것이다.

그는 관습의 획일성을 비판하면서 관습에 반하는 행동이라도 최대한 자유롭게 할 수 있어야 한다고 주장한다.[11)] 인간은 정형화된 삶을 살아야 하는 것이 아니

며 자기 나름대로의 방식대로 살아가는 것이 바람직하기 때문이라는 것이다.[12)]

사람의 행위를 의식적으로든 무의식적으로든 획일화하는 관습은 개인의 자유를 부당하게 억압할 수 있다. 관습에 의해 획일화된 사회는 다양성과 개별성을 상실하게 하여 사회발전을 저하시킬 수 있다는 점을 밀은 지적하고 비판한다. 다수 대중이 용인하는 생활방식에만 '관용'의 정신이 적용된다면 진정한 관용이 아닐 것이다.[13)]

각자에게 보장되는 절대적인 자유를 누리되 타인의 자유를 침해해서는 안 된다는 자유의 원칙은 법적 권리에도 적용된다. 밀은 명시적으로 규정된 타인의 법적 권리를 자신의 권리행사를 위해서 침해할 수 없고, 개인은 사회를 방어하거나 타인을 괴롭히지 않기 위하여 평등의 원리에 따라 결정되는 의무를 감당할 것을 주장한다.[14)]

법적 개입 가능성에 대한 기준에 대해서 밀은 "어떤 행동이 다른 개인이나 공공에게 명백하게 해를 끼치거나 아니면 해를 가할 위험성이 분명할 때, 그 행동은 자유의 영역에서 벗어나 도덕과 법률의 적용대상이 된다."고 주장한다.[15)]

개인은 자유와 권리를 누릴 수 있는 동시에 법적 의무를 무시할 수 없다는 주장은 이성적이면서 합리적이며 책임감 있는 인간을 전제로 한다. 그렇다면 여성도 이러한 자유의 원칙인 남에게 해악을 주지 않는 한 자신의 생각과 행동의 자유를 누릴 수 있어야 할 것이다.

밀은 모든 인간의 자유와 평등을 강조하면서 주체적이고 개별적인 한 인간으로서 대우를 받지 못했던 여성도 남성과 동등한 자유와 권리를 누려야 한다고 밀은 강력히 주장했다.[16)] 이러한 사상은 그 당시로는 상당히 급진적인 것이었다. 이러한 까닭에, 밀은 근대 진보적 자유론의 대표자로 인정받는 동시에 현대 자유주의 페미니즘의 대표자로 평가받고 있다.[17)]

Ⅲ. 자유주의와 페미니즘

밀의 『여성의 종속』[18]은 19세기 영국에 진보적 개혁이론으로 큰 반향을 일으켰다. 그는 여성이 남성에게 법적, 사회적으로 종속되어 있는 상태와 논리는 잘못된 것이고 사회발전에 장애가 되므로, '완전 평등의 원리'의 실현을 주장한다.[19] 결혼제도에 대해서도 우정과 협력이 공존하는 관계를 이상적인 결혼으로 보고 밀은 가족제도의 과감한 개혁을 주장했다. 또한 남녀 불평등을 도덕이 아니라 정치적 권력관계의 측면에서 분석하였다.[20]

밀은 남녀평등의 타당성, 가정 안에서 부부관계를 중심으로 한 남녀평등,[21] 사회에서 여성의 참여에 대한 남녀평등으로 나타나는 이점 등을 피력하며, 여성이 평등한 권리를 누려서 법적으로나 사회적으로 남성에 종속되지 않아야만 인간사회가 발전한다고 주장하였다.

『여성의 종속』 제1장에서 밀은 자유와 평등은 선험적으로 자명한 원리이고 여성도 이러한 권리를 누릴 수 있어야 한다고 선언한다.[22] 여성은 남성에 비해 그 자체로 열등한 것이 아니라 편견, 불리한 환경과 관습 등 때문에 종속화된다고 한다.[23] 특히 어린 시절부터 자율성과 자유의지보다 복종하고 남의 명령에 따르는 것이 더 낫다는 교육을 통해 여성은 남성에 대한 종속을 습득하게 된다.

더구나 사람들은 보편적으로 여성의 자유와 권리에 대해 부정적인 인식을 가지고 있고, 그러한 고정관념으로부터 벗어나려는 시도를 하지 않는다고 한다. 역사적으로도 여성에 대한 차별은 관습적으로 굳어졌을 뿐만 아니라 당연하게 여겨왔고 어떠한 문제의식도 사회적 영향을 미칠 수 없었다. 특히 여성에 대한 사람들의 차별적인 사고는 그 어떤 장애물보다도 싸우기 힘들다고 밀은 비판한다.

밀은 양성의 차이로서 신체적 차이가 유일하다고 주장한다. 신체의 특징상 육체적 힘은 남성보다는 대체로 약하지만 다른 능력은 타고나면서 근본적으로 다르지 않다는 점을 역설한다.[24] 여성은 본성적으로 남성과 다르지 않으며, 교육과 환경에 의해 인위적으로 달라진다는 것이다. 자유롭게 여성이 할 수 있는 일을 하고 자신의 능력을 발휘할 수 있다면 여성 자신뿐만 아니라 사회전체가 발전할 수 있게 될 것이고, 그러기 위해서는 법적, 사회적 차별이 철폐되어야 함을 밀은 강조한다.

서구에서 대부분의 여성은 19세기 후반까지 재산을 소유할 수 없었다.[25] 역사적으로 오랜 동안 여성에게는 재산을 소유할 수 있는 권리가 없었고 자신의 부모로부터 재산을 상속받더라도 이는 남편의 재산으로 귀속되었다.[26] 이렇게 여성이 재산관계에서 법적인 권리를 누리지 못하는 차별은 너무나 당연하게 여겨졌고, 혼인 이후에는 남편에게 종속하여 정당한 대우를 받지 못하였다.[27]

19세기 영국은 의회민주주의와 자본주의라는 현대적 사회체계가 최초로 태동된 국가였는데도 여성에 대한 차별은 지속되었다.『여성의 종속』에서 밀은 빅토리아 시대의 억압적 혼인법의 존속과 남성과 가정에 종속된 여성들의 상황에 대해서 여성이 실질적으로는 노예와 같은 지위에 놓여있다고 강력히 비판한다.[28] 또한 가정에서의 차별은 자유와 평등을 지향하는 법의 지배에도 부합하지 않는 것이라고 주장한다.[29] 이와 같이 가정에서의 종속과 법적인 차별을 지적하면서 자신의 능력을 마음껏 발휘할 수 있는 평등한 사회를 옹호한다. 나아가 가정 내에서의 평등은 사회 속에서도 남녀평등을 이룰 수 있는 기초가 됨을 역설한다.[30]

여성이 사회에서 평등하게 직업을 가질 수 있게 된다고 해서 가정이 파괴되리라 우려하지 않아도 된다고 하는데, 그 이유로 직장과 가정 중 가정을 선택하는 여성이 많을 것이기 때문이라고 밀은 추측하였다. 물론 이러한 예상은 인간의 자율성과 선택을 강조하는 그의 기본적인 원리에 위배된다는 비판을 받기도 한다.[31] 그러나 19세기에 남녀평등을 주장하면서, 실제로는 그 평등을 여성이 누리지 않을 것을 선택하리라는 추측은 당시의 사고방식에 부합시키기 위한 임시방편적 언급일 수도 있을 것이고, 한편으로는 임신과 육아에 차지하는 여성의 역할이 지대하다는 점을 지적한 내용일 수도 있다.

근본적으로는 인류의 절반인 여성이 평등한 사회적, 법적 권리를 보장받는다면, 사회의 진보와 사회 전체의 이익 증진에도 기여한다고 밀은 주장한다.[32] 즉, 사회 전체의 역량 증대, 해방된 여성이 누리는 행복의 증대, 인류 전체의 자유로운 삶의 향유 등, 남녀평등으로 인해서 두 배로 인류 전체가 행복을 누릴 것이라고 한다.[33]

밀의 자유주의 이론은 자유주의 페미니즘에도 큰 영향을 미쳤다. 20세기 후반부터 본격적으로 전개되기 시작한 자유주의 페미니즘(liberal feminism)은 서구 자유주의의 전통에 뿌리를 둔 여성주의 이론으로, 개인의 자율성(autonomy)과 평등을 중시하는 이론이다. 밀은 남성뿐만 아니라 여성에게도 자율성이 보장되어야 한다고 하며 이에 따른 여성의 평등한 권리보장을 주장하였다. 여성은 한 인간으로서 남성과 동등하므로,[34] 남성과 같은 권리를 누려야 한다는 것이다. 이에 자유주의 페미니스트들은 여성과 남성이 동등한 법적・사회적 권리를 누려야 한다고 강력하게 주장하였다.

평등한 권리보장을 위한 가장 효과적인 방법은 입법을 통한 법적 개혁이었다.[35] 헌법에 형식적인 평등의 원칙이 규정되어 있더라도 사회규범을 이유로 여성에 대한 차별적인 대우가 행해지는 경우가 많았다. 여성차별적인 실정법의 개혁을 통해서 평등권을 보장받는 것이 20세기 초 중반 페미니스트의 주된 목적이었다. 그리고 그들은 실제로도 실정법 제정과 개정에 큰 영향을 미쳤고 여성의 권리 신장에도 기여한 것으로 평가된다.

자유주의 페미니즘 법이론에서 젠더의 '중립성'을 근거로 강조하는 형식적 평등은 양성평등을 위해 우선적으로 보장되어야 하는 중요한 내용이다. 형식적 평등 보장을 위해서는 평등한 법의 제정이 우선되어야 하고, 그 다음으로 법해석과 법적용의 단계에서 평등이 보장되어야 한다. 그러나 실제로 법을 해석하고 적용함에 있어서 사회적으로 우월한 지위에 있는 남성의 시각이 반영될 여지가 많다. 이러한 문제점을 보완하기 위해서는 평등의 원칙을 반영한 법에 충실해야 하고 차별적인 관습과 의식에 반대하는 사회의식 개혁이 따라야 할 것이다. 이러한 맥락에서 우선 법적 차별의 문제점을 미국의 판례를 통해서 살펴보기로 한다.

Ⅳ. 자유주의 페미니즘과 여성의 권리 : 미국의 판례를 중심으로

1. 여성의 권리를 인정하지 않은 사례

미국에서는 20세기 초까지 여성에 대해 차별적인 법해석을 하였고, 이를 기초로 한 대표적인 판결들도 있었다. Goesart v. Cleary 사건[36]은 바텐더가 될 수 있는 자격을 원칙적으로 남자에게만 허용하고, 예외적으로 남자의 부인이거나 딸에게만 바텐더로 일할 수 있도록 하는 차별적인 법에 관한 것이다. 이 사건은 미국 헌법 역사상 대표적인 여성에 대한 차별 사례로 다루어지고 있다.

미시건주 법은 인구가 5만 명 내지 그 이상인 도시에서는, 주점을 열 수 있는 자격을 가진 남자의 부인이거나 딸이 아니라면 여성은 바텐더 자격을 얻을 수 없다고 규정하고 있었다.[37] 이에 대해 연방대법원은 여성이 웨이트리스로 주점에서 일하는 것을 이 법은 허용하기 때문에 미국 수정헌법 제14조의 평등조항을 위반하지 않는다고 판결하였다.

일반여성과 주점 주인의 부인과 딸을 구분하여 차별하는 미시건주 법이 수정헌법 제14조의 평등보호조항의 위반 여부는 답하기 어려운 사건 중 하나라고 하면서도, 프랑크푸르트(Frankfurter) 대법관은 이 법의 합법성에 대해 다음과 같은 의견을 표명하였다.

> 역사적으로 여성은 주점 안주인으로서 활발하게 사회생활을 할 수 있었고 미국 수정헌법 제14조는 역사를 부정하면서 제정되지 않았고, 주점에 관한 규정은 가장 오래되고 독자적인 법규 중 하나에 속한다. 미시건주는 모든 여성을 주점에서 일하는 것을 금지할 수 있었음에도 불구하고 그렇게 하지 않았다. 여성이 이제 남성과 동등한 권리를 누릴 수 있고 남자들이 하던 일을 계속할 수 있게 되었다고 하더라도 각 주가 주류에 관한 일에 대하여 성별을 구분하여 규정하는 것을 막을 수는 없다.[38] 헌법은 사회학적 고찰이나 변화하는 사회기준, 최신 과학

> 수준 이상을 법적으로 요구하지 않는다.
>
> 미시건주는 모든 여성이 바텐더를 금지할 수 있었음에도 불구하고, 특정 여성들에게 아무런 근거 없이 우선권을 주지는 않았다. 헌법은 각 주가 사람들에게 비합리적인 차별을 하는 것을 금지하고 있다. 그렇지만 헌법은 '그들이 같음에도 불구하고 실제로 다른 경우에도 동등하게 취급하는' 상황을 요구하지는 않는다.[39] 여성 바텐더는 (사전에 미리 방지할 수도 있는) 도덕적, 사회적 문제에 연관될 수 있기 때문에, 법은 특정한 그룹의 여성이 도덕적 사회적 문제에 감소시키기 위해서 자격을 취득할 수 있는 권리를 절대적으로 금지하지 않을 수 있다. 미시건주는 여성 바텐더의 남편이나 아버지가 주점에서 생길 수 있는 위험을 줄일 수 있다는 믿음을 가지고 있다. 미시건주의 법은 문제가 없으며, 평등조항을 위배하지 않았다고 생각한다...
>
> 또한 여성에게 바텐더 자격을 주지 않는 미시건주 법은 여성이 바텐더로 일하지 못하더라도 웨이트리스로 일할 수 있도록 허용하기 때문에 위헌이 아니다. 원심에서 왜 주점주인이 통제권이 없는 상황에 있는 여성에게 바텐더 자격을 줄 수 없는지 충분히 설명했고, 다른 사항에 대해서는 부연할 필요가 없다.

이 사건의 주요논지는 주점에서 도덕적, 사회적으로 여성에게 위험한 일이 생길 수 있기 때문에 남성 보호자가 있는 여성만이 바텐더의 자격을 받을 수 있다는 것이다. 무엇보다 주점에 관한 규정은 오랜 역사를 통해 독자성을 인정받으므로, 헌법상 평등조항이 있다 하더라고 그 고유의 역사를 부정할 수 없다. 따라서 남녀에게 동등한 권리를 인정하지 않는 법이라 할지라도 위헌이 아니라는 논리이다.[40]

2. 여성의 권리를 인정한 사례

1971년 미국 연방대법원은 성에 따라 차별적으로 규정한 법에 대해서 Reed v. Reed 사건[41]에서 수정헌법 제14조의 평등조항에 위배된다고 판결하였다. 이 사건의 당사자인 리드(Reed) 부부는 별거한 후 이미 사망한 아들 재산에 대한 유산관리인이 누가 될 수 있는지에 대한 갈등을 겪었고 이로서 사건이 시작되었다. 아이다호주에는 유산관리인이 될 수 있는 사람과 그 순위에 대해서 사망자와 동일한 관계에 있는 사람이 다수일 때에는 남성을 우선한다고 하는 법이 있었다.[42] 보통 남성이 사회적 경험이 많기 때문에 유산관리인으로 우선적으로 지정되는 것이 합리적이라는 이유가 그 근거였다. 이 사건에서 아들의 어머니는 여성의 권리 프로젝트(Women's Rights Project)를 주장하면서 이 법이 헌법상 평등에 위반하다고 소송을 제기하였다. 이에 대해 연방대법원은 미국 수정헌법 제14조의 평등조항(the equal protection clause)[43]에 의거하여 양성을 차별하는 아이다호주 법은 위헌이라고 판결하였다. 버거(Burger) 대법관은 이 사건에서 다음과 같은 의견을 제시하였다.

> 각 성에 대해 차별적인 강행적인 법규는 미국 수정헌법 제14조의 평등조항에 위배된 자의적인 법이다. 그리고 가족 사이의 분쟁을 피하기 위해서라는 어떠한 긍정적인 가치들도, 이 사안에서는 오로지 다른 성이라는 이유로 다르게 취급하는 것은 타당하지 않다.

이 판결은 양성을 차별하여 규정하던 법을 처음으로 위헌이라고 선언하였다는 점에서 의미가 있다.

1976년 Craig v. Borean 사건[44]은 당시 18세 이상 21세 이하였던 크레이그(Craig)와 주류판매자가 오클라호마주의 법이 헌법상 평등조항 위반임을 주장하면서 제소한 사건이다. 이 법에서 남성은 21세일 경우 맥주를 구입할 수 있고 여성은 18세 이상일 경우 맥주를 구입할 수 있다고 규정하고 있었다. 오클라호마주의 법원은 젊은 남성의 음주운전 체포와 교통사고로 인한 상해에 관한 통계자료를 증거로 제출하면서 남성에 대해 차별적인 법은 도로의 교통안전을 위한 목적과 실질적으로 연관되어 있다는 주장을 받아들인다고 판결하였다.

그러나 이 법이 수정헌법 제14조에 반하는 위헌적 법률인지에 대해서 연방대법원의 브레넌(Brennan) 대법관은 “통계를 기초로 성별에 따라 구별하여 정한 오클라호마주 법은 법과 그 법으로 인해 얻을 수 있는 이익의 실질적 관련성을 보여주기에 충분하지 않으므로 위헌이다”[45]라고 판결하였다.

그리고 18세에서 20세 사이의 남성 중 2%가 음주운전으로 체포된 반면에 여성 중 0.18%가 음주운전으로 체포되었다는 통계, 교통사고로 죽는 17세와 21세 사이의 젊은이 중 남자들이 여자들의 수를 초과한다는 통계, 젊은 남자가 술을 마시고 운전할 가능성이 여성보다 많다는 통계는 남성에 대한 차별적인 법을 정당화할 수 없다고 한다.[46]

연방대법원은 괴사르(Goesart) 사건에서 주류제조 및 판매에 관해 여성을 부당하게 차별한 법이 위헌이 아니라고 판결하였지만, 이 사건에서는 주류구입과 관련해서 남성을 부당하게 차별하는 법이 위헌이라고 판결하였다. 비슷한 사건에 대해 시간이 흐른 후 정반대의 판결을 하고 있고 그 근거가 평등의 원칙에 기초하고 있다는 점에서 이 사건이 시사하는 바는 크다.

1975년 Stanton v. Stanton 사건[47]에서 이혼한 아버지가 18세가 된 딸의 양육비 지불을 정지하자, 딸의 어머니가 딸과 아들 모두 21살이 될 때까지 양육비를 줄 것을 법원에 청구한 사건이다. 유타(Utah)주 법원에서는 어머니에게 불리하게 판결했고, 유타주 대법원은 이 사례에서는 '합리적 근거'에 의해 딸과 아들을 구분하여 취급한다고 판결하였다.

여자는 빨리 성숙해지고 보다 젊을 때 결혼하는 반면, 남자들은 교육기간이 더 길어야 할 필요가 있기 때문이라는 것이다. 따라서 유타주 법원은 이러한 법이 남녀에 대한 오랜 관념을 반영했을지라도 위헌이 아니라고 판결했다.

이 사건에 대해 연방대법원은 성년의 시기를 여자는 18세로 하고 남자는 21세로 규정하여 부모의 이혼 시 남자에게만 더 오랜 양육비를 주도록 하는 유타주의 법은 불합리한 차별이며 위헌이라고 판결하였다. 블랙먼(Blackmun) 대법관이 쓴 다수의견에서는 관습상 여자들이 일찍 결혼하여 교육을 더 받지 못하는 상황은 남녀차별을 당연시하게 하고 지속시키게 된다고 하였다. 블랙먼 대법관은 다음과 같이 판결하였다.

> 남자아이든 여자아이든 모두 어린아이일 뿐이다... 여자가 가정에 머물면서 가족을 보살피는 운명이고, 남자만이 외부세계에서 일할 수 있다는 생각은 더 이상 타당하지 않다. 미성년자인 남자가 교육을 위해서 부모의 경제적 지원이 필요한 연령이 특정할 수 있다면, 미성년자인 여자에게도 똑같은 연령이 적용되어야 한다.

스탠튼(Stanton) 사건은 사회의 고정관념이 남성과 여성을 달리 취급하는 공식적인 법적 근거가 될 수 없다고 선언하였다는 점에서 주목할 필요가 있다.

이와 같이 위에서 언급한 각각의 사건과 판결을 통해서, 리드(Reed) 사건과 스탠튼 사건, 크레이그(Craig) 사건을 통해서, 남성들의 형식적 평등뿐만 아니라 여성들의 형식적 평등의 중요성, 양성에 대한 차별 없는 인간의 보편적 평등의 중요성을 살펴보았다. 남성과 여성이라는 성의 차이에 기초하여 차별하는 리드 사건을 통해서 사회적 편견의 부당함을 알 수 있었다. 그리고 스탠튼 사건에서 또한 법적 평등의 중요성을 확인할 수 있었다. 크레이그 사건에서도 형식적 평등이 남성에게도 도움이 될 수 있으며, 남성도 통계와 편견의 부당한 희생자가 될 수 있고 법을 통해서 그들의 권리를 보장할 수 있음을 알 수 있었다.

투표권과 같은 정치적 권리, 가족법에서 동등한 권리를 누릴 수 있는 자격, 사회에서 동등한 직업을 얻을 수 있는 권리 등과 같이 여성이 보편적으로 겪는 사회적 관행과 법적 개혁 과정에 자유주의 페미니즘은 지대한 공헌을 하였다.

Ⅴ. 자유주의와 여성의 권리

위에서 살펴본 바와 같이 가장 대표적인 진보적 자유주의자였던 밀은 개인의 생각과 행동에 대한 자유를 보장할 것을 주장하였고, 이를 위해서 인간의 개별성을 강조하였다. 또한 다수의 여론이 소수를 억압하는 것을 경계하고, 획일적인 관습이 인간의 자유를 억압해서는 안 된다고 역설하였다.

밀은 개인의 자유를 보장하되 절대적인 자유가 아니라 다른 사람에게 해를 끼치지 않는다는 한계를 설정한 자유의 원칙을 '해악의 원칙'으로 구체화하였다. 그리고 개인이 타인에게 해를 끼치는 경우에는 법적인 제약도 가능하다고 하여 법적인 개입의 가능성을 설정하였다. 그리고 성숙하고 합리적인 인간이 자유를 누릴 수 있다고 하여, 자유를 누릴 수 있는 사람의 범위를 무제한으로 인정하지 않는다. 이러한 전제 하에서 모든 인간의 자유는 사회의 진보와 행복에도 도움이 된다고 한다.[48)]

자유주의는 19세기 서구 사회권력의 주축이었던 남성뿐만 아니라 여성에게도 영향을 미치게 되었다. 밀은 『여성의 종속』에서 법적, 사회적으로 노예와 같은 여성의 지위를 개탄하면서, 구시대적인 가정과 가부장적인 관행, 가정과 가부장제를 비판하고 여성을 억압하고 종속을 강요하는 관습은 부당하며, 이를 개혁해야 한다고 말한다. 그러나 사회 속에서 여성에 대한 차별적 관습이나 원리를 바꾸는 일은 무엇보다도 어렵다고 하면서 그들을 설득하고자 하는 방안을 고민하기도 하였다.[49)]

여성의 권리에 대한 그의 주장은 근대 자본주의사회가 태동된 19세기 영국에서도 쉽게 받아들여지지 않았던 급진적인 사상이었다. 그러나 오늘날에는 인습타파를 주장할 뿐 구체적인 개혁의 방법을 제시하지 못한 추상적인 이론이라는 비판을 받기도 한다.[50)]

그럼에도 평등한 여성의 권리를 보장하기 위한 그의 이론적 주장은 사회변혁의 큰 견인차가 되었다. 특히 기혼여성재산권법(Married Women's Property Act)이 영국에서 1870년 제정되었고, 여성운동을 가속화시키는 이론들 중 하나를 밀이 제시해 주었다는 점에서 의미가 있다. 그러나 영국과 미국을 비롯하여 여성의 평등을 보장하는 법이 제정된 후에도, 밀의 이론이 관련된 실정법과 법원에서의 판결에 적용되기까지 지난한 과정을 겪어야 했다.

위에서 살펴보았던 미국의 판례를 통해서도 평등한 법의 제정과 법해석이 쉽지 않았다는 사실을 알 수 있다. 괴사르(Goesart) 사건에서 보듯이 미국 수정헌법 제14조의 평등조항에도 불구하고 남녀차별이 합헌이라고 판결하였다. 이러한 판결은 여성의 신체적 열악함을 제외하고는 여성이 남성과 같은 능력을 가졌다고 하는 밀의 주장과도 부합하지 않는다. 여성이 도덕적, 사회적으로 위험한 바텐더 직에 종사할 수 없다고 하면서, 아버지나 남편이 있는 여성에게 자격증을 주는 것은 여성들 사이의 평등의 원칙에도 부합하지 않는다는 의견이 지배적이었다. 이 판결에서 소수의견이 주장하듯이 여성 보호를 위해서 아버지나 남편이 항상 해당 장소에 상주하는 것도 아니고, 남자 경호원을 고용하는 방법도 생각해 볼 수 있을 것이다. 그리고 아버지나 남편이 있다고 하더라도 항상 여성을 보호하기 위해 상주하는 것은 아닐 것이다. 이러한 차별적인 법이 수정헌법 제14조의 평등조항에도 불구하고 합헌으로 해석되었다는 점은 법적 개혁이 실제로는 상당히 어렵다는 것을 보여주는 예일 것이다.

밀의 자유주의에 기초한 자유주의 페미니즘은 법이라는 형식을 통하여 형식적 평등의 입장을 강조하였고, 차별적인 법을 폐지하고 개혁하는 판결의 과정에서 중요한 역할을 하였다. 모든 인간에게 동등한 권리를 인정한 자유주의 이론과 자유주의 페미니즘은 여성에게 동등한 권리인정이라는 이상을 실현시켰고, 더 나아가서 남성에 대한 편견 때문에 남성에게 불리했던 법의 폐지에도 도움이 되었다. 이는 자유주의 페미니즘의 의도된 개혁이라기보다는, 모든 인간에 대한 평등한 권리 보장이라는 자유주의 이론 자체의 성과라고 할 수 있다. 원래의 의도가 여성에 대한 평등보장이었다면, 사회의 기득권층인 남성이 평등조항의 수혜를 받아 그들의 특권을 공고히 하는 것은 애초의 평등원칙이 의도하지 않은 결과이다.

자유주의 페미니즘이 주장하는 '형식적 평등'의 원칙이 임신과 같이 때로는 신체적 차이로 인해 근본적으로 차이가 생기는 경우까지 획일적으로 적용되는 것은 아니다. 그러나 자유주의와 인류 전체의 진보를 기초로 한 '남녀평등의 원칙'이라는 시대를 앞서갔던 밀의 주장이 오늘날 자유주의 페미니스트 이론의 기초가 된 것은 현대 법사상사에서도 중대한 의미를 가진다.

Ⅵ. 나가며

위에서 살펴본 자유주의 이론은 19세기 이후 서구사회에 큰 영향을 미쳤다. 하지만 자유주의 전통 위에 세워진 미국의 헌정사에서도 여성에 대한 자유와 권리 보장하기까지 오랜 시간이 걸렸다. 헌법상 평등조항에도 불구하고 다수의 법에 양성차별적인 조항이 있었고, 이러한 법은 개별적인 소송을 통해서 위헌으로 인정받는 과정을 거쳐서 무효화되었다. 그러나 위에서 살펴본 바와 같이 위헌적인 법이라 할지라도 실제로 위헌이라는 판결을 받기는 쉽지 않았다.

한국의 주요 법률체계 역시 꾸준히 개선되었음에도 불구하고 양성 차별적 규정은 여전히 남아 있었다. 형법상의 강간죄(297조)나 음행매개죄(242조)는 비록 2012년에 행위의 객체를 '부녀'에서 '인간'으로 변경하였지만 이중적인 성윤리를 반영하고 있었다. 그리고 2005년 민법개정으로 호주제 등 여성에 대한 차별적 규정들이 상당부분 폐지되었지만, 주요쟁점이었던 호주제를 대체한 새로운 신분등록제에서도 등록기준지 선정에 있어서 기존의 호적법의 본적지를 우선시하는 등, 여전히 여성에 대하여 간접적인 차별 요소들은 완전히 사라지지 않았다.

가장 바람직한 법은 양성의 자유와 평등한 권리를 모든 인간에게 보장하는 법일 것이다. 먼저 양성에 대한 법적 평등이 보장된다면, 이후에는 법체계가 남녀 평등을 넘어서서 여성 개개인의 차이까지 고려하는 단계로 나아갈 수 있을 것이다.

그리고 법적인 평등인 형식적 평등이 완전히 보장된 후 페미니스트 법이론이 더욱 타당성 있는 여성주의 이론을 현실 속에 구현할 수 있게 된다면, 남성만을 위한 사회정의뿐만 아니라 여성을 위한 사회정의, 그리고 남성과 여성 모두가 공감하는 사회정의가 달성될 수 있을 것이다.

3.

급진적 페미니즘과 문화적 페미니즘

Ⅰ. 들어가며

'차이'(difference)를 강조한 1980년대의 페미니스트 이론으로 문화적 페미니즘(cultural feminism)과 급진적 페미니즘(radical feminism)을 들 수 있는데 이들 두 학파는 남성과 여성의 차이를 접근하는 방법을 달리하고 있다.

문화적 페미니즘은 '평등'(equality) 개념을 중요하게 인식하지 않은 것은 아니지만, 여성과 남성이 같지 않다는 사실을 인식하고 이러한 차이가 여성의 평등을 다루는데 있어서 제대로 반영되어야 한다고 주장했다.

이에 반해 급진적 페미니즘은 법의 남성성을 비판하며, 특히 성적 차이로 인한 남성의 지배에 대해 강하게 비판한다.

Ⅱ. 급진적 페미니즘과 문화적 페미니즘

1. 급진적 페미니즘

1970년대의 페미니즘 이론은 형식적 평등(formal equality)에의 열망 때문에 임신, 육아, 성적인 학대, 가정 폭력, 포르노그래피와 같은 다른 중요한 이슈에 대해 관심을 기울일 시야를 확보하지 못하였다.

1980년대에 이르자 이러한 형식적으로 평등한 권리라는 측면이 완벽하지는 않지만 하나씩 실현되기 시작하면서 진정한 의미에서의 평등이 무엇인가에 대한 의문을 가진 페미니스트들이 등장하게 되었다. 예컨대 여성이 실제적인 삶을 영위함에 있어서 경험하게 되는 임신이나 육아, 성폭력 등과 같은 쟁점에 대한 법적인 보호에 대한 관심이 증가하게 되었다.

맥키넌(Catharine A. MacKinnon)은 여성과 남성 간의 권력 차이와 법적인 영역에서나 일반적인 인간의 삶에 있어서의 여성에 대한 남성의 지배(dominance)를 지적하는 등 여성과 남성의 '차이'를 다른 관점에서 조명하였는데 이를 급진적 페미니즘(radical feminism)이라고 한다. 급진적 페미니즘은 여성과 남성의 차이를 인식하고 있으나 주로 법의 기본적 기능이 여성을 '지배'(dominance)한다는 측면에서 접근하는데 이는 정치학적 시각에서 보았을 때 법의 기본적 기능은 남성이 여성을 지배하는데 있다는 것을 반영하고 있다.

법에 있어서 남성적 규범에 대한 명백한 폭로는 1980년대의 페미니스트 학자들에 의해 더욱 강화되었다. 평등을 중시하는 페미니스트와 급진적 페미니즘은 상당한 대조를 보인다. 현대의 가장 영향력 있는 페미니스트 법학자인 맥키넌은 "수정되지 않은 페미니즘"(Feminism Unmodified)[1)]에서 어떻게 법적인 시스템이 여성의 이해관계에 반하는지 논증하려고 하였고, 남성의 지배를 존속시키려 하였는지를 논증하려고 했다.

미국 내에서 널리 알려진 정치학자이자 법률가인 맥키넌은 여성의 법적인 지위에 관한 문제점을 국가와의 관계 속에서 접근하였다. 초기 에세이인 "페미니즘, 마르크시즘, 방법론, 그리고 국가"에 대한 관계[2)]에서 페미니스트이론을 마르크시즘과 연관지어서 남성에 의한 여성의 섹슈얼리티 착취(appropriation)에 중점을 두었다. 그녀는 남성 지배적 국가는 페미니스트 학자들에게 핵심적이라고 말하면서 남성에 의한 여성의 섹슈얼리티 착취가 마르크시즘에 있어서 자본가에 의한 노동계급의 착취에 상당한다고 주장한다.[3)] 샤말라스(Marcha Chamallas)는 맥키넌의 섹슈얼리티에 대한 강조는 자유주의 페미니스트와 구분되는 다른 것이라고 지적하였다.[4)]

맥키넌의 저서는 주로 여성의 성적 측면에 있어서의 '지배'라는 면을 중심으로 하여 강간, 성희롱과 포르노그라피에 집중되어 있는데, 여성에 대한 성적 이용과 학대가 여성의 종속이 영속되는 주된 메커니즘이라고 보았기 때문이다.

맥키넌의 이러한 시각은 자유주의 페미니스트들이 경제적인 관점에 보다 관심을 기울이면서 간과한 점을 지적한 것이기도 하다. 오래 전부터 오로지 남성만이 강간을 범할 수 있고 성관계에 있어서 남자가 여자보다 더 공격적이라고 여겨져 왔다. 이처럼 남성과 여성 사이의 성적인 행동에서의 차이는 생물학적인 면에서 일차적인 원인을 찾을 수 있다. "생물학이 운명이다"라는 철학(biology is destiny)이 그것인데, 자유주의 페미니스트은 이러한 생물학적 측면의 차이로 인해 법적인 영역에서 여성에 대한 차별적인 취급이 다시 행해질 수 있다는 점을 경계하였다.

맥키넌은 섹슈얼리티를 양성을 구분하는 생물학적인 것으로 규정하는 것을 반대하였다. 그녀는 섹슈얼리티는 사회적으로 구성된 것이며 사회적 관행과 이데올로기에 의해서 규정된 것으로 보았다. 시몬느 드 보봐르(Simone de Beauvoir)가 "여성은 태어나는 것이 아니라 만들어지는 것이다."[5]라고 말한 것과 같이, 맥키넌도 남성 중심적 사회에서 남성의 지배적 구조로 만들어진 법들은 여성을 남자들이 이용하기 위한 성적인 객체로 만들었다고 주장하였다.

그녀는 "여성이라는 의미는 여성적인 특징을 나타내는 것으로 남성에게 있어서는 성적인 매력을 의미하고, 남성의 시각에서 보았을 때 성적으로 이용할 수 있는 것을 의미한다. 남성의 시각으로 보았을 때 성적으로 매력적인 여자는 착한 여자로 불리고, 반면에 반항적인 여자는 나쁜 여자로 불린다. 이러한 젠더 사회화(gender socialization)는 여성을 성적인 존재(sexual beings)로 인식하고, 남성을 위하여 존재하는 것으로 간주되는 것을 의미한다."[6]라고 하여 여성의 종속성에 대한 지적을 하였다. 그녀의 지적에 따르면 여성이 섹슈얼리티로서 간주되는 것은 남성 지배의 산물이며 여성의 진정한 욕망은 아니라는 사실이다. 더군다나 성의 차이로 여겨지던 것은 보다 정확히 말하면 지배의 표현으로 여겨진다.

맥키넌의 지배이론(dominance theory)은 직장생활에도 적용됨으로써 성적인 학대를 근거로 한 소송제기를 가능하게 하였다. 왜냐하면 1970년대 이전에는 성희롱(sexual harassment)을 일컫는 어떠한 말도 없었다. 현재 성희롱이라 여겨지는 행동이 예전에는 큰 해악으로서 취급되지는 않았다. 따라서 희롱하는 행위는 해가 없는 것으로 판단되어 소가 각하되었으며, 양성(兩性)이 공존하는 직장에서는 필수불가결한 부산물이라고 간주되었다. 성희롱을 해로운 것으로 인식하는데 오랜 시간이 걸린 또 하나의 이유는 남자들은 성희롱에 해당하는 어떠한 경험도 없었다는 점이었다. 승진의 거절, 임금의 차별, 차별적인 해고 등 남자들이 다른 형태로 겪는 모든 차별과는 달리, 성희롱의 희생자는 대부분 여자였기 때문이다.

1979년의 저서에서[7] 성희롱은 여성의 시민권(civil rights)을 위반하는 것으로 성희롱에 대한 여성의 경험은 법적인 논증과 함께 논의되었다. 그녀는 직장에서의 여성의 열등한 지위가 여성의 섹슈얼리티의 의미에 의해 강화되었다고 주장한다. 전통적으로 여성이 종사하는 직업에서 피고용자는 성희롱의 상황에 놓이게 된다. 종종 여성 직업의 일부는 상사를 즐겁게 하는 것이며 상사는 그들의 외관에 대해 공격적인 말을 일삼으면서 언어적, 육체적 희롱을 한다고 하였다. 따라서 성희롱은 여성의 열등한 지위를 영속시키는데 있어서 핵심적인 요소이기 때문에 이것은 성차별이라고 간주되어야 한다고 한다.

그녀의 논증은 이처럼 직설적이고 강력하다. 비록 법원이 맥키넌의 지배이론을 완전히 채택하지는 않았지만 맥키넌의 성희롱에 관한 연구는 이후 법조계에 큰 영향을 미쳤다. 성희롱에 관한 두개의 카테고리인 '대상'과 '적대적 근무환경' 이론은 이후에 연방평등고용기회위원회(Equal Employment Opportunity Commission)에 의해서 포용되었으며 이 분야에 있어서 소송을 제기하는 데 있어서 기본적인 이론적 근거를 제공하였다.

섹슈얼리티와 지배에 관한 그녀의 이론을 강간에 관한 법에 적용하면, '동의'는 여성의 자유로운 의사표현이 아니라 실제에 있어서 남성지배를 용이하게 하는 수단으로 보았다.[8] 자유주의 법이론에서의 동의의 개념은 합법적인 성관계를 위법한 성관계(강간)로부터 분리하는 기능을 가지기 때문에 중요한 의미를 가진다. 따라서 1970년대 후반부터 페미니스트들은 강간죄의 기소에 있어 동의의 개념을 여자가 육체적으로 저항하지 않았다면 성행위에 동의한 것으로 판단하는 법해석에 반대하였다. 왜냐하면 여자가 너무 두려운 나머지 저항하지 않았거나 다른 이유로 육체적인 저항을 하지 않았다면 여자가 동의한 것으로 간주되어 남자들에게 강간죄가 성립되지 않았기 때문이다.

맥키넌은 '육체적 저항의 부재'와 '동의'를 같은 선상에 놓고 해석하게 되면 성관계의 외형적인 객관적 사실과는 다르게 법은 강제를 동반한 성관계를 관대하게 바라보게 된다. 즉, 법은 강제적인 성관계를 허용될 수 없는 것으로 보기보다는 오히려 허용될 수 있는 강제력을 사용하는 것은 통상적인 남자들의 성적인 행동 이상으로 규정하고 있었다. 동의의 개념에 대한 중립적인 개념화는 남성의 편견을 포함하고 있다.

맥키넌은 여성은 강제당하는 것에 대한 욕망을 가지고 있기 때문에 남성에 의한 강제적인 성관계가 허용되는 것으로 판단하였다. 여성의 섹슈얼리티에 관한 이러한 사회적 구성으로 인하여 동의의 개념에 대하여 편벽된 견해를 가지게 됨으로서 백인 남자에 의한 데이트 강간이나 아는 사람에 의한 강간 등 수많은 강간에 대하여 면죄부가 주어지게 되었다.

맥키넌은 성폭행이 만연하는 것에 대하여 많은 관심을 가졌으나 낙태권을 인정한 획기적인 판례인 Roe v. Wade 사건[9] 이후에도 여성의 낙태권 취득에는 성폭행의 만연에 비하여 상대적으로 큰 관심을 보이지 않았다. 그 주된 이유로는 대부분의 여성은 성관계에 대한 지배력을 가지고 있지 못하고, 여성의 성적인 능력에 대한 사회적 의미로 인하여 피임하기를 두려워하는데 있다고 보았다. 여성들의 성관계를 지배하는 권한이 미약함으로 인하여 여성이 억압된 상태에서 임신을 하게되면 낙태여부를 결정할 수 있는 권한이 있다고 하더라도 이를 행사한다는 것이 어려울 것이라고 보았다. 따라서 맥키넌은 낙태를 여성의 섹슈얼리티 측면에서 고찰하는 것에 대해서는 거부감을 보였다.

맥키넌은 로(Roe) 사건의 개인적인 생활에 관한 이론이 "낙태 허용은 여성에게 남아있는 성관계를 거부할 수 있는 또 하나의 중요한 권리를 제거하였다."[10]고 보았기 때문에 결국 남성의 견해를 포용한 것으로 판단하였다.

맥키넌은 '동의'와 같은 개인적인 자유 이외에 다른 자유주의의 주요 요소인 객관성(objectivity)의 개념을 공격하였다. 그녀는 법의 객관성은 어떤 평가나 판단에 있어서 특정한 견해를 표명하지 않은 것과 관련된다. 다시 말해 객관성은 어떠한 견해도 없는 것으로 평가되는 것으로 보았다. 예를 들어, 불법행위법

(tort law)에서 객관적이거나 통상인의 기준(the objective, reasonable person standard)은 피고나 원고의 어떠한 견해와도 연관되어 있지 않으며 배심원으로 하여금 어떠한 당파적 영향력으로부터 자유롭게 하는 것이라고 하였다.

많은 페미니스트 이론과 포스트모던 학자들의 주장들과 마찬가지로 맥키넌은 '객관성'이라는 개념에 대하여 의문을 표하였다. 그녀는 객관적인 분석으로 여겨지는 견해의 대부분은 지배집단의 견해로써 이들이 진실로 받아 들이도록 하는 권력을 가지고 있기 때문에 객관적으로 여겨지는 것으로 보았다. 예컨대, 강간에 있어 법은 여성이 거부하거나 성적 욕망을 결여할 때조차도 '동의'가 있었는지 여부를 판단함으로서 상당부분 남성적 시각을 수용한다.

또한 맥키넌은 '동의'의 객관적 개념에 여성이 폭력이나 상해에 대하여 느끼는 점이 포함되지 않았다고 비판하였다. 객관성에 대한 페미니스트적인 비판은 자유주의 페미니즘을 다시 판단하게 되는 계기가 되었다. 또한 법이 중립적이며 양성(兩性)의 차이를 강조하기 보다는 오히려 최소화시키려 한다는 기존의 법의 중립성에 의문을 제기하는 계기가 되었다.

맥키넌은 전통적인 평등보호조항을 거론하면서 법원이 '차이'를 강조하는 것은 문제점이 있다는 것을 지적하고, 평등은 '같은 것은 같게'하는 것으로 오로지 비슷한 위치에 있는 사람들을 평등하게 취급하여야 한다고 해석하여 헌법상의 평등한 보호에 대한 새로운 관점을 제시하였다. 남자와 여자의 차이를 강조하는 것은 성차별을 합법화하는 경향을 낳게 한 원인으로 간주하였다. 그 이유는 섹슈얼리티와 출산과 같이 중요한 많은 부분들에 있어서 여성은 남성과 다르다는데 있다.

샤말라스는 맥기넌이 헌법적 이슈를 분석함에 있어 '차이'(difference)가 있다는 사실보다는 오히려 '지배'가 존재한다는 측면을 강조하였고 이는 평등보호원칙에 관한 완전히 새로운 방식의 접근이라고 분석하였다.

맥키넌이 남성의 기원에서 언급한 바와 같이 차이가 존재하는 것은 종종 지배의 징후로 여겨져 왔다. 남성의 기원에서 맥키넌은 차이의 존재를 먼저 폭력에 의한 지배가 이루어지고 난 다음 동일한 동일선상에 있든 자들 간에 차이가 발생하고 이후에 차이가 사회체계 속에서 확립되기 시작한 것으로 판단하였다. 사실 이익과 착취에 관한 체계적인 차별적 구조는 누군가가 차이를 만들어 내었다고 하더라도 이를 시정할 것을 요구하지 않았기 때문에 발생한 것이다. 그렇기 때문에 남자들이 여성에 대하여 차이를 적용한다고 하더라도 사회적으로 이를 시정할 것을 요구하지 않음으로서 남성으로서의 우월적 지위를 그대로 향유할 수 있었든 것으로 볼 수 있다.[11)]

샤말라스는 맥키넌의 지배에 입각한 차이의 접근방법이 헌법을 분석하는데 사용된 최근의 이론들을 상당 부분 변화시키는 기능을 행한 것으로 평가하였다. 또한 최근의 평등에 입각한 분석이론이 양성(兩性)의 차이에 입각하여 여성을 다르게 취급하는 경우에는 헌법적으로 문제 삼을 수 있다고 주장한다.

더불어 맥키넌은 법이 여성의 종속(subordination)을 영속시키는지 여부에 많은 관심을 기울였다. 그래서 그녀는 정치적인 측면에서 여성의 열등한 지위를 해소하기 위하여 직접적으로 대면하였고 여성을 취급함에 있어 남성의 경험과 필요를 기준으로 판단하지 않도록 노력하였다. 이러한 점에서 맥키넌 이론에 따른 접근방식은 남성과 여성을 동등하게 취급하는 것을 원하지 않았다는 비판을 받을 가능성이 존재한다.

이에 샤말라스는 '지배'라는 관점에 중점을 둔 접근방식은 불평등한 지위에 있는 사람들을 동등하게 취급하는 것은 결과적으로 부정의를 초래할 수 있으므로 형식적 평등(formal inequality)보다는 실질적인 평등(substantial inequality)과 밀접한 관련성이 있는 것으로 평가하였다.

맥키넌의 페미니스트적 비판과 지배 이론은 포르노그라피에 관한 캠페인에서 안드레아 드워킨(Andrea Dworkin)과 함께 공동작업을 하면서 이들은 포르노그라피가 성적인 종속에 있어 유해요소이므로 이에 대한 문제점을 제기하는 것으로써 점차 가열되기 시작하였다.

평등을 중시한 초기의 페미니스트 학자들은 영화나 책에서의 성적인 표현들이 어떤 구체적인 해악을 끼치지 않는다는 자유주의적인 시각을 바탕으로 하고 있었기 때문에 포르노그라피에 관용적이었다.

> 맥키넌과 드워킨이 미네아폴리스(Minneapolis)와 인디아나폴리스(Indianapolis)에서 포르노그래피를 이유로 소송을 제기할 수 있는 시민권를 부여하는 반포르노법(anti-pornography ordinance)[12)]을 제정하기 이전에는 포르노그라피를 여성의 문제로 인식하는 견해는 거의 없었다. 단지 외설을 규제하는 법은 도덕적인 품위, 공격성, 언론의 자유와 같은 담론에 집중되어 있었고 양성의 평등이나 차이에 관련한 논쟁은 없었다. 포르노그라피가 남성의 주된 지배수단이라는 점을 많은 사람들이 간과하였지만 엄연한 사실이기도 하다는 점을 맥키넌과 드워킨의 작업을 통해서 크게 부각되었다.

이와 같이 급진적 페미니즘은 남성의 여성에 대한 지배가 사회적으로 형성되었고 법과 국가는 남성의 편에 서서 여성의 종속성을 영속화시키는 데 기여하였고 남성들이 포르노그라피를 통해서 여성에 대한 지배를 형성하고 재확인하는 작업을 하는 것으로 비판하였다.

결과론적으로 맥키넌의 지배와 차이에 대한 논쟁은 그동안 중립적이며 객관적일 것이라고 여겨져 왔던 법과 국가의 정치성에 대한 경각심을 일으키는 데 기여했다. 그리고 이러한 비판은 끊임없는 법과 국가의 꾸준한 개혁을 통해서 여성의 평등과 인권을 보호하는 데 큰 도움이 될 것이다. 더불어 모든 남성에게 해당하지는 않겠지만 맥키넌이 주장하는 포르노그라피를 통한 남성의 여성에 대한 지배는 설득력을 지닌다. 보다 자유롭고 평등한 양성간의 교제가 가능할 때 맥키넌이 비판한 음울한 현실을 자신 있게 탈피할 수 있다.

2. 문화적 페미니즘

1) 문화적 페미니즘의 형성과 적용

섹슈얼리티와 지배에 관한 맥키넌의 중요 논문이 출판되는 시점과 거의 같은 시기에 길리건을 비롯한 문화적 페미니스트들은 섹슈얼리티와 지배의 법담론에 영향을 미치기 시작하였다. 도덕적 발달을 연구하는 발전심리학자인 길리건(Carol Gilligan)은 저작인 『다른 목소리로』(*In a Different Voice*)[13]에 상당수의 페미니스트 학자들이 관심을 보이면서 논평을 했고 많은 추종자와 비평가를 낳았다. 이 저서는 "다른 목소리"의 페미니즘문화, 문화적 페미니즘(cultural feminism) 내지 관계를 중시하는 페미니즘(relational feminism)이라고도 일컬어진다.

길리건은 남성과 여성이 어떻게 도덕적으로 성장하고 도덕적인 딜레마를 해결해 나가는 지에 대하여 연구하였는데 인간의 도덕적 발전의 단계에 관한 중추적 연구는 하버드대학의 콜버그(Lawrence Kohlberg)에 의해서 행하여 졌다.

콜버그의 연구결과는 남성이 여성보다 높은 점수를 받는데 이는 여섯 단계의 연구평가상 도덕발전에 관한 3단계인 여성들이 도덕성을 대인 관계나 다른 사람에 대한 배려를 넘어서지 못하였다. 따라서 그는 1970년대 이전의 많은 학자들과 마찬가지로 자신의 연구결과가 남성들의 도덕적 발전을 묘사하는 데 유리하다고 명시하지는 않았다. 그래서 많은 사람들이 콜버그의 연구가 단순히 일반적인 인간의 도덕적 발전을 묘사하는데 불과한 것으로 여겼을 것이다

콜버그의 연구결과에 대하여 길리건은 콜버그가 사용한 남성적 기준을 반대하면서 "거대한 기획의 결함"(enormous design flaw)[14]을 지적하였다. 따라서 길리건은 연구과정에서 여성을 포함하였고, 여성의 언어선택을 포함한 도덕적 결정과정에 깊은 관심을 보였다. 이 연구에서 여자와 남자로 대표되는 11살의 에이미(Amy)와 제이크(Jake)에 대한 연구는 콜버그의 표준적인 도덕적 딜레마들 중의 한쪽을 대표하였다. 예를 들다면, 하인즈(Heinz)의 딜레마는 하인즈가 죽어가는 부인을 구하기 위해 약을 살만한 능력이 없다는 전제와 약사는 더 낮은 가격에 팔지 않겠다는 경우를 상정하고 여성응답자와 남성응답자에게 하인즈가 약을 훔쳐서라도 부인을 구하여야 하는지에 대한 질문을 던지는 방식이었다.

이에 제이크는 하인즈가 약을 훔쳐야 한다고 확신하였다. 제이크는 이러한 딜레마를 "인간에 대한 수학적 문제"로 판단하였고, "인간의 생명은 돈보다 소중하다."라는 추상적인 믿음을 기초로 결론을 이끌어 내었다. 에이미의 반응은 제

이크의 반응에 비하여 보다 양면적이었는데, 하인즈가 약을 훔치기 보다는, 다른 사람으로부터 돈을 빌린다든지 대출을 받는 방법 등 다른 길이 있으리라는 애매모호한 태도를 취하면서도 그렇다고 하여 하인즈 부인이 죽어야 한다고는 하지 않았다. 더불어 에이미는 만약 하인즈가 약을 훔친다면 부인을 구할 수는 있지만, 감옥에 갈지도 모르고 그 결과 부인은 이전보다 더 많이 아파질 수도 있으며, 부인의 심화된 병세를 감당하기 위해 더 많은 약을 사야하는 좋지 않은 결과가 나올지도 모른다고 염려하면서 절도의 결과를 걱정하는 반응을 보였다. 이러한 에이미의 반응을 두고 어떤 학자들은 에이미가 마치 가설과 싸우는 것처럼 묘사되었다고 한다.[15)]

길리건은 제이크와 에이미의 반응을 두 개의 독특한 목소리 내지 추론과정이라고 평가하였다. 제이크는 권리의 언어로 말하면서 대인관계에서의 도덕적 문제들을 추론해 내었다. 그에 따르면 어떤 결론에 이르기 위해서는 "재산에 비해서 우월한 생명"과 같은 위계질서로서 권리를 조화시키는 것과 같은 방식으로 대인관계에서의 도덕적 문제들을 추론하였다.

길리건은 법적인 정의의 추론과정에 대응하여 제이크의 목소리를 정의의 윤리(ethic of justice)라고 명명하였다. 이러한 정의의 윤리로 명명된 제이크의 목소리는 보편적인 도덕원칙의 논리를 사용하기 때문에 콜버그의 기준에서 높은 점수를 받을 수 있었다.

그러나 에이미의 반응은 심리이론에서 본다면 제이크의 반응에 비하여 성숙하지 못하였고 일관성이 없어서 심리이론으로 분석하는 데에는 상당한 난점이 있었다. 하지만 길리건은 에이미의 반응은 관계(relationship)에 보다 더 큰 비중을 둔 것으로 판단하였다. 그 근거로는 에이미의 관심사는 다양한 당사자들의 권리보다는 모든 사람에게 끼칠 손실을 고려함으로써 해결책을 찾았다는데 있다. 에이미는 하인즈의 딜레마를 관계적인 측면에서 접근하였고, 하인즈와 약사가 동시에 만족할 수 있는 측면을 고려하는 등 사안을 분석함에 있어 하나의 카테고리로부터 추상화해서 문제를 해결하기 보다는 개별적인 상황에 놓인 대인관계를 고려하였다. 이처럼 길리건은 콜버그의 가설을 토대로 한 도덕적 추론과정에서 제이크와 대조되는 에이미의 반응을 '보살핌의 윤리'(the ethic of care)라고 명명하였다. 길리건은 상호관련성을 중요시하는 에이미의 태도가 거미집(web)의 이미지를 연상시키는 반면에 제이크의 권위적인 경향에 대해서는 사다리(ladder)의 이미지를 연상시킨다고 하였다.

이러한 길리건의 연구결과에 대하여 학계나 언론계의 많은 사람들은 '보살핌의 윤리'를 여성과 연계하여 생각하였고 '정의의 윤리'(the ethic of justice)를 남성과 연계하여 생각하면서 여성의 목소리를 "다른 목소리"(in a different voice)로 구분하였다.

사실 길리건의 반응은 좀 더 복잡한데 이는 대부분의 남성과 여성이 문제를 해결하고 정의하는데 두 가지의 목소리와 경향을 함께 사용하는데 있다. 그럼에도 불구하고 여전히 60명 중의 57명인 95%의 남성 조사대상자들이 정의의 목소리에 중점을 두는 반면에 60%인 상당수의 여성이 보호의 목소리를 강조한다.[16] 길리건은 여자 아이들이 성장하면서 자신의 생각을 말하도록 유도하지 않으면 목소리를 절제하는 경향이 있다고 하였다. 그러면서 종종 '정의'라는 언어 속에는 여자 아이들의 반응을 억압하는 경향이 공존하는 것으로 보았다.

이러한 문화적 페미니즘은 여성과 남성의 신체적인 차이에 기반하고 있다. 그러나 다양한 측면에서 젠더상 차이를 정당화하려는 시도를 보였기 때문에 잔인한 길리건니즘(cruel Gilliganism)[17]이라는 비난을 받기도 하였다. 그럼에도 불구하고 젠더의 기원을 설명하는 데 있어서, 길리건은 젠더상 차이 형성을 분석하는 데 있어서 낸시 초도로우(Nancy Chodorow) 연구와 관련된 여성의 심리를 고려하였다. 초도로우는 젠더상 차이를 남성과 여성의 해부학적인 차이에서 찾기보다는 일반적으로 여성이 육아에 보다 많은 관심을 가진다는 점에서 찾으려 하였다. 이 이론은 여자 아이가 어머니와 자신을 동일시하는 경향이 있고, 애정과 동정과 관계에 기반을 둔 여성적인 특성을 형성하는 경향 때문에 여성고유의 젠더적 성격을 드러낸다고 주장한다. 이에 반하여 남자 아이들은 어렸을 때부터 그들을 보살펴 주는 사람과 분리감을 느끼며 친밀감과는 거리가 먼 남성적인 젠더의 정체성을 발전시키는 경향이 있다고 한다. 이러한 심리분석 모델이 제시하는 중요한 시사점은 남성이 유아들과 어린 아이들을 보살피는 데에 보다 광범위하게 참여할 수 있다면 젠더적 정체성이 변화할 수도 있다는 점에 있다.

이러한 문화적 페미니즘은 여성과 남성의 신체적인 차이에 기반으로 다양한 측면에서 젠더상 차이를 정당화하려는 시도를 하였기 때문에 잔인한 길리건니즘[18]이라는 비난을 받기도 하였다. 또한 젠더의 기원을 설명하면서 초도로우 연구에서의 여성심리를 고려하여 젠더상의 차이를 형성하는 것을 분석하는데 사용하였다. 초도로우는 젠더상 차이를 남성과 여성의 해부학적인 차이에서 찾는 것이 아니라 일반적으로 여성은 육아에 보다 많은 관심을 가진다는 점에서 찾았다. 초도로우는 여자 아이는 어머니와 자신을 동일시하는 경향을 가지며, 애정과 동정 관계에 기반을 둔 여성적인 특성을 형성하는 경향을 가지고 있기 때문에 여성고유의 젠더적 성격을 드러낸다고 한다. 이에 반하여 남자 아이들은 어렸을 때부터 그들을 보살펴 주는 사람과 분리감을 느끼며 친밀감과는 거리가 먼 남성적인 젠더의 정체성을 발전시키는 경향이 있다고 하였다. 초도로우의 심리분석 모델이 제시하는 중요한 시사점은 남성이 유아들과 어린 아이들을 보살피는 데에 보다 광범위하게 참여할 수 있다면 젠더적 정체성이 변화할 수도 있다는 점에 있다.

샤말라스는 "다른 목소리"가 여성에게 지나치게 의존하는 경향을 보인다 하더라도 길리건이 의미하는 여성의 다른 목소리에 대한 명백한 존중이 문화적 페미니즘으로 지칭되는 이유이기도 하다고 한다. 문화적 페미니즘은 여성이 사회에 미치는 독특한 공헌에 대해서 높이 평가한다. 예를 들어 양육이나 감정이입, 관계 등을 중요시하는 것을 여성의 특징으로 들고 있다. 이와 같이 여성적 문화에 대한 긍정적인 측면은 남성과의 차이를 넘어서 여성과 여성성에 관련된 행동과 특성에 대한 재평가를 요구하기에 이른다. 도덕이론의 구성에 있어서 길리건의 목적이 "다른 목소리"가 심리학자에 의해 고려되지 않았다는 사실을 보이려고 한 것이 아니었다는 사실은 이 점을 증명한다.

샤말리아스는 자유주의 페미니즘이나 급진적 페미니즘은 젠더의 불평등과 해악을 기초로 여성을 '성적인 종속자'의 이미지에 사로잡혀 있는 것으로 간주하였으나, 문화적 페미니즘은 '어머니'로서의 모습을 여성의 핵심적인 이미지나 원형으로서 묘사하여[19] 여성적인 특징을 강조함으로써 남성과 사회를 변화시키는 것을 목표로 한다는데 주목하였다.

페미니스트 법학자들은 다른 목소리의 페미니즘을 법적인 영역에도 적극적으로 적용시켰다. 제이크가 문제를 해결하는 방식에서 권위적인 성향과 법담론과의 유사성으로 인해서, 길리건은 법에 대하여 효과적으로 비판을 할 수 있었고 대안적인 분석과 해결책을 찾을 수 있었다. 이러한 과정은 페미니스트 이론으로 하여금 전통적으로 여성에게 관심을 기울이지 않은 것으로 여겨졌던 법을 젠더화함으로써 그동안 젠더화되지 않았던 법적 영역을 확장하는 계기를 마련하게 되었다.

예를 들어 레슬리 벤더(Leslie Bender)는 불법행위법(tort law)을 재평가하면서 이방인에게 도움을 주지 않은 것으로부터 발생하는 손해의 범위를 페미니즘의 관점에서 '구조할 의무 부재'(no duty to rescue) 이론을 재검토 할 수 있다[20]는 점을 발견하였다. 벤더의 견해에 의하면 이방인도 다른 사람들과 관련성을 가지며, 다른 사람의 복지에 심각한 영향을 끼치게 된다. 그러나 벤더의 견해에 의하면 제이크의 행동방식과 유사한 '구조할 의무 부재'원칙은 개인의 자율성에 추상적인 가치를 부여하여 관련 손해를 무시하는 경향이 있다.

벤더는 길리건의 이론을 증거법의 영역으로 끌어들이면서 증거법상의 특권을 페미니즘으로 수정하는 것이 보다 덜 권위적이라고 보았다. 가령 의사와 환자간의 증거법상의 특권을 간호사나 강간 상담자 등 고객의 사적인 비밀을 폭로하도록 도와주는 전문가로 확장할 수 있게 된다.[21]

길리건과 다른 페미니스트들로부터 고무된 레스닉(Judith Resnik)은 판례의 결정과정에 공평성과 추상성에 의문을 표명하였다. 그는 판사들이 판결을 내리는 과정에서 겪는 고통을 포함한 판사들의 판결과정을 구체적으로 묘사하고자 하였다.[22]

2) 문화적 페미니즘의 한계

페미니스트 비평가들은 '다른 목소리'식 접근방식의 위험성을 지적하기 시작하였는데 이는 문화적 페미니스트들이 법에 관심을 기울이는 또 하나의 계기가 되었다. 샤말라스는 문화적 페미니즘의 여성에 대한 묘사를 가장 많이 비판하였다. 문화적 페미니스트들은 여성을 감수성이 풍부하고 가정적이며 양육을 전담하는 여성으로 스테레오 타입화된 19세기의 여성과 밀접한 관련이 있는 것으로 파악하였다.

조안 윌리엄스(Joan Williams)는 관계를 중시하는 페미니즘(relational feminism)이 "빅토리아 시대의 젠더 이데올로기의 모욕을 반대하는 대신에 그 장점을 찬양하는 새로운 이데올로기로 변경되었다."[23]고 하였다. 그녀는 20세기의 문화적 페미니즘이 여성을 수동적이고 의존적인 이미지로 묘사하는 데에는 반대하였지만 그들은 보살핌과 육아라는 모성의 미덕에 여전히 의존하고 있다고 하였다. 윌리엄스는 길리건과 그의 추종자들은 남성과 여성이 어떠한가라는 시각에서 접근하기 보다는 여성성(feminity)과 가정적 성격(domesticity)의 고전적인 문화적 이미지를 복구시키는 과정을 장려하고 한편으로는 공적이고 경제적인 영역에 여성이 참여하는 데 있어서는 기존의 장애물들을 재생시키는 역할을 한다고 비판하였다.

샤말라스는 길리건에 대한 대부분의 비판가들이 여성의 다른 목소리의 신뢰성을 지지하지 않았다고 한다. 대표적으로 맥키넌은 다른 목소리를 '희생자의 목소리'로 해석하고 젠더에 기반한 복종 상황에서 여성은 그들의 목소리나 지위, 견해를 발전시킬만한 자유가 없는 것으로 간주했다.[24] 이들의 견해에 의하면 길리건이 밝힌 여성에 대한 견해는 원칙적으로 남성의 지배적 상황에 대한 하나의 적응형태라고 할 수 있다. 다시 말해 다른 목소리에 대한 변형은 육아에 대한 관심과 감수성을 중시하는 태도를 영속시킨다. 그런데 이러한 영속성은 실제 그들의 개인적인 정체성 때문이 아니라 "그들의 삶에 있어서 중요한 남자들에 의해 그들이 여전히 보살핌을 당하고 있는 것"[25]에서 비롯된 것이다. 따라서 이들은 다른 목소리를 축복하기 보다는 비판한다. 길리건에 대한 페미니스트 비평가들은 '차이'의 기원에 대한 토의를 재개하면서, 먼저 지배(dominance)의 영향력을 분석하는 것 이외에 '차이'에 대해서 주장하는 것에 대해서는 회의적으로 보았다. 이것은 남성의 여성에 대한 지배적 상황에 대한 철저한 인식이 없다면 여성의 모성적 측면의 찬양를 기초로 세계를 변혁시키려는 노력은 실효성이 없을 가능성이 많기 때문이다.

문화적 페미니즘에 대한 위험성을 지적하는 예로 대표적인 것은, EEOC v. Sears, Roebuck Co. 사건[26]이다. 이 사건은 미국 내에서 가장 큰 소매업자 중 하나인 회사에 대한 Title Ⅶ의 집단소송을 다룬 사건이다. 연방평등고용기회위원회가 여자 피고용인과 원고를 대신하여 소를 제기하였는데 시어스(Sears)사가 여성을 위탁판매인(commission sales representative) 직에서 제외시킴으로써 여성을 차별했다고 주장하였다. 여성은 비위탁판매인의 75%에 달하는 반면에 위탁판매인의 경우 27%에 불과하였다. 이러한 불균형은 중대한 의미를 가지는데 그 이유는 위탁판매인의 평균수입이 비위탁판매인의 평균수입보다 두 배나 더 높았기 때문이다. 이처럼 시어스사는 정형화된 직업분리와 계층화의 패턴에 관한 문제를 다시 한번 더 논의하게 하는 계기를 제공하였다.

이러한 부분에 대해서 연방평등고용기회위원회 측은 시어스사가 비위탁판매직에 있는 여성 중에서 더 많은 여성을 모집했어야 한다고 주장하였다. 시어스사는 노동인력에서의 젠더의 불균형은 차별의 결과라기보다는 여성들 자신의 선택의 결과로 보았다. 시어스사는 위탁판매직과 판매할 물건의 성격이 여성과는 맞지 않기 때문에 다른 방법을 찾을 수 없다고 방어하였다. 시어스사는 위탁판매를 남성의 입장에서 설명하였는데, 그에 의하면 여성은 일을 하는데 있어 따르는 압력과 위험, 냉혹한 경쟁을 두려워하며 좋아하지 않는다는 것이다. 시어스사는 자동차 부품, 전기 화로, 울타리 재료, 지붕 재료들과 같이 위탁의 형식으로 판매되는 물건 중에서도 팔기 쉬운 물건이 아닌 물건을 팔 때는 여성판매인에게 불편할 것이라고 주장하였다. 이와 반대로 시어스사는 비위탁판매인의 이미지를 보다 더 여성적인 것이라고 주장하고, 여성이 여성적인 이미지를 가진 비위탁판매와 같은 종류의 일을 우선시한다고 하였다. 왜냐하면 이러한 직업이 보다 친숙하고, 보다 적은 압박감과 적은 위험부담을 가지고 있기 때문이라는 것이다. 시어스측의 증인들은 여성이 작은 표나 위탁의 형식으로는 팔리지 않는 화장품, 어린아이의 옷, 린넨류와 같이 물건을 판매하는 것을 선호한다고 증언하였다.

시어스측은 특히 젠더의 차이(gender difference)에 대한 주장을 지지하기 위하여 여성 역사학자인 로젠버그(Rosalind Rosenberg)의 증언을 채택하였다. 이들은 길리건과 다른 학자들의 견해를 인용하면서 역사적으로 여성이 일에 관해서 남성과는 다른 이해관계와 동기가 있다는 로젠버그의 의견을 강조했다. 그녀에 의하면 여성은 가족의 필요에 자발적으로 복종하는 것으로 묘사되고 여성이 남성보다 더 "관계 중심적"이며 직업의 사회적 측면에 있어서도 남성보다 더 협동적인 면을 중시하는 한편 경쟁에서도 남성보다 완화된 관계를 추구하는 것으로 간주된다.[27] 전문가 증언(expert testimony)에서의 여성노동자에 관한 로젠버그의 일반화는 사회와 가정을 분리시키고 가정에서의 고정된 여성의 이미지에 대한 새로운 이론적 기반을 제공하는데 기여했다. 뿐만 아니라 문화적 페미니즘이 제기한 동등한 노동의 기회(equal employment opportunity)에 대한 여성의 주장을 좌절시키는 역할을 했다. 연방평등고용기회위원회는 이러한 로젠버그의 여성에 대한 이해를 해리스(Alice Kessler-Harris)는 역사학자인 전문가 증언을 내세워서 반박하였다. 그녀는 여성들도 남성의 영역이라고 여겨져 왔던 일들도 얼마든지 하려고 한다는 점을 강조하였다. 그러나 판사는 여성의 독특한 이해관계에 대한 보수적인 측면이 보다 신뢰성이 있다고 판단하여 시어스편에게 유리한 판결을 내렸다.

샤말라스는 많은 페미니스트 학자들에게 시어스 판결은 젠더의 차이에 관한 문화적 페미니즘의 견해가 부당한 현실을 옹호하는 데 적합할 뿐만 아니라 여성의 활동과 여성적인 특질에 부여된 가치에 도전하는 데 있어서도 효과를 지니지 못하는 것으로 여겨졌다는 점을 지적하였다. 이는 길리건에 의해 확인된 여성의 미묘한 다른 목소리와 페미니스트 역사학자들에 의해 묘사된 여성 문화에 대한 풍부한 다양성이 로젠버그의 증언에는 간과되어 있기 때문이다. 이처럼 복잡다단하고 중층적인 여성에 대한 담론에서 도출된 여성상은 승자와 패자라는 이원론적 세계를 선언하는 것이 목표인 소송절차(adversarial proceeding)상에는 충분히 고려되지 않았으며 고려될 여지도 없었다는 것이다. 이러한 문화적 페미니즘에 대한 부당한 공격에 대하여 자유주의 페미니즘, 급진적 페미니즘, 문화적 페미니즘이 혼합된 페미니즘(cross-fertilization and blended feminist theories)의 가능성을 제시하는 것은 하나의 방법이 될 수 있는 것이다.[28]

Ⅲ. 나가며

여성의 법적 권리보장을 위해 양성평등을 강조하여 법적 평등보장이라는 가시적인 성취를 이루어 왔던 자유주의 페미니즘의 기초 위에 급진적 페미니즘은 남성의 '지배' 현실에 대한 냉혹한 고찰과 이에 대한 변혁을 추구해 왔다. 그리고 문화적 페미니즘은 여성 고유의 심리적 특징에 기반한 새로운 정의의 윤리를 조명하고 여성의 심리적 특성에 대한 긍정적 인식의 전환을 불어넣었다. 이 모든 페미니즘 이론들은 그 강조하는 바는 다르지만 공통된 목적은 사회적 약자인 여성이 정의로운 사회에서 자유, 평등, 행복한 삶을 보장하는 것일 것이다. 이 장에서 살펴본 급진적 페미니즘과 문화적 페미니즘은 정의로운 사회를 향해 다가가는 과정을 위한 이론으로서 중요한 의미를 가진다.

4. 포스트모던 페미니즘과 법

Ⅰ. 들어가며

포스트모던 페미니즘의 주된 테마는 남성과의 차이, 여성과 여성 간의 계급이나 성향에 따른 차이와 여성 내부에서의 인종 간의 차이 등 다양성에 대한 '차이'의 강조이다.

기존의 페미니즘 조류와는 달리 포스트모던 페미니즘은 기존의 획일적인 평등과 차별에 관한 논쟁에서 더 나아가서 개인이 처한 상황에 대한 차이를 중심으로 여성의 문제를 고찰하고자 한다.[1)]

페미니즘의 조류를 어떠한 방식으로 분류하는가를 떠나서, 모든 페미니즘은 공통적으로 양성의 평등과 차이의 문제를 고민하면서 발전해 왔다고 할 수 있다. 양성의 평등은 여성이 남성과 평등한 대우를 받을 수 있어야 한다는 입장에서 문제되며, 차이문제는 여성의 독자적인 능력과 잠재적 특성과 같은 차이를 이유로 여성이 국가와 법에 의해 특별한 대우를 받아야만 하는가에서 문제된다. 양성평등은 '정의'와 인권의 입장에서 보더라도 보장되어야 하며 양성의 차이에 따른 고려 역시 국가와 사회 각 분야에서 충분히 재고되어야 한다.

여성과 남성에 대한 평등보장이 꾸준히 행해지고 있는 상황에서 차이와 다양성을 강조하는 포스트모던 페미니즘 법담론을 논하는 것이 시기상조인지도 모른다. 하지만 21세기 현대사회에서 형식적 평등을 뛰어넘은 '실질적 평등'이 포스트모던 페미니즘 법담론을 통해서 발전될 수 있을 가능성도 있으리라 여겨진다.

Ⅱ. 포스트모던 페미니즘의 형성과 전개

1. 포스트모더니즘의 형성

포스트모더니즘이 모더니즘의 지류인지 아니면 모더니즘에 대한 비판인지에 대한 논의는 수없이 있어왔다. 이 자리에서 두 가지 견해에 대한 양자택일을 굳이 강요하지 않더라도 포스트모더니즘이 현대사회에 끼친 의미를 가늠해 보기에는 충분하다고 생각한다. 더욱이 여성 개개인의 삶을 조명한다는 측면에서는 포스트모더니즘이 가장 적합한 이론일 수도 있을 것이다. 페미니스트들에게 있어 형식적 평등이나 남성 지배에 대한 비판도 중요하지만 현재를 살아가는 여성들에게 있어 자신의 존재에 대한 회의와 새로운 인식적 근거가 절실하게 요구되기 때문이다.

이러한 존재의 의미에 대한 성찰이나 존재론적 근거에 대한 물음은 전통적인 관습에 대한 회의와 의심에서 비롯되어 기원에 대한 고찰로 이어진다. 따라서 포스트모더니즘의 다양성과 이질성의 강조는 여성의 삶 자체가 다원적이고 미시적임을 되돌아보는 계기가 되었다. 이러한 맥락에서 포스트모던 페미니즘에 대한 생성 배경과 그 의의 살펴보고자 한다.

포스트모더니즘에 관한 연구는 음악, 미술, 문학 등의 예술분야나 건축과 같은 다양한 분야에 걸쳐 발전되어 왔다. 문화계에서의 이러한 새로운 경향은 모더니즘과의 연장 내지 비판적 극복을 의미하는 동시에, 다양한 관점을 반영하는 방향으로 발전되는 경향을 보였다. 따라서 포스트모더니즘에 대한 연구를 위해서는 모더니즘에 관한 논의가 필수적일 수밖에 없다. 모더니즘은 16세기에서 17세기에 나타나기 시작하였는데 일반적으로 전통과 진보를 구별하려고 하는 태도에서 비롯되었다고 할 수 있다.

모더니즘의 특징으로 세 가지 정도를 들 수 있는데 자율성과 진보(이분법과 위계질서를 형성할 수도 있는 진보에 대한 개념을 의미한다), 변화에 대한 인식(예컨대, 역사와 시간)이 그것이다.[2] 이는 모더니즘이 이성의 절대성과 보편성을 맹신한 나머지 인간의 '자율성'에 대한 신뢰와, 식민지화 이후의 산업사회를 겪으면서 '진보'와 '변화'에 대한 인식을 전적으로 받아들인 데서 비롯한다.

모더니즘 시대에는 이성의 보편성과 일반성을 강조함으로써 계몽과 이성에 대한 믿음을 중시한데 비해서, 현재까지 지배적일지도 모르는 모던적 유산인 이성에 대한 비판을 포스트모더니즘의 주된 대상으로 여긴다. 특히 포스트모던 페미니스트인 제인 프랙스(Jane Flax)는 이성으로부터 얻어진 지식의 객관성, 철학의 객관성, 이성의 보편성, 이성의 법칙에 따른 자율성과 자유를 통한 자신의 존재감 확인, 이성을 기초로 한 지식이나 권력, 진리의 정당성에 대한 믿음, 이성을 기반으로 발전한 과학의 중립성 등을 포함해 사회를 풍미한 믿음들에 대하여 근본적인 의심을 던지는 것이 포스트모던 철학자들의 주된 의도라고 주장한다.[3)]

모더니즘이 공적 영역과 사적 영역은 명백하여, 이성이 지배하는 공적 영역에서만 자유주의 국가의 규칙과 현대적 의미의 권리 존중을 지지한 데 비해서,[4)] 포스트모더니즘의 입장에서는 공적 영역과 사적 영역의 양분보다는 사적 영역이 곧 정치적이라고 해석할 정도로 사적 영역과 공적 영역의 연계성 내지 혼재를 주장하였다.

이와 같이 포스트모더니즘은 모더니즘에 대한 의심과 비판의 시각을 통해 발전하였다고 볼 수 있다. 그러나 한편으로 포스트모더니즘을 모더니즘의 연장으로서 모더니즘을 계승하여 발전하는 면을 부각하는 시각에서는 포스트모더니즘을 모더니즘의 '후기'(late-modernism)라고 번역되어야 한다고 주장하기도 한다.[5)] 단순히 포스트모더니즘이 모더니즘의 연장인가 아니면 비판적 극복인가,[6)] 혹은 모더니즘의 형식을 유지하면서 내용적인 면에서 모더니즘의 한계를 극복하려는 시도[7)]인가에 대하여는 여전히 논란의 여지가 있다. 그러나 그러한 논란에도 불구하고 포스트모더니즘에 관한 논의는 모더니즘의 한계에 도전하는 이론이라는 점에서 공통된다.

이러한 포스트모더니즘은 페미니즘의 기존 남성중심사회에 대한 비판과 연관될 수 있으며 구체적인 법적 분쟁에 있어서도 피해자의 인권구제에 큰 도움이 될 것이다.

2. 포스트모더니즘과 페미니즘의 결합

페미니즘과 포스트모더니즘은 가장 중요한 정치 · 문화의 한 조류로 여겨지고 있지만 지금까지 이들 관계에 대한 논의는 미진하다.

포스트모더니스트들은 철학적인 입장에서 근본주의(foundationalism)와 본질주의(essentialism)에 관한 설득력 있는 비판을 제공했지만 그들의 사회비판에 있어서는 강한 이론적 기반을 제공하지는 못하는 반면, 페미니스트들은 사회비판과 밀접하게 연관되어 비판적인 정치적 관점을 부각시키는 동시에 현실적인 문제에 관심을 가지고 발전해왔다.

포스트모더니즘과 페미니즘은 각각의 강조점과 지향의 차이로 인해서 복합적인 장점과 약점을 내재한다. 페미니스트들은 사회비판적 성격이 강하기는 하지만 이러한 사회비판성을 효과적으로 부각시키기 위해서 그들은 근본주의 내지 본질주의에 의존하는 경향이 있기도 하다.[8] 따라서 페미니즘의 사회비판적 성격과 본질주의의 보수성은 서로에 대하여 몇 가지 중요한 시사점을 제시해준다.

즉, 포스트모더니즘 이론에 페미니즘을 반영한다면 남성중심 사회에 대한 일반적인 비판이라는 본질주의의 흔적이 남는데 반해서, 페미니스트 이론에 포스트모더니즘을 반영한다면 포스트모더니즘의 문제점으로 지적되어온 온건주의와 정치적인 나약함을 드러내게 되는 결과를 초래할 수 있다. 이와 같이 페미니즘과 포스트모더니즘과의 만남은 상호간의 문제점을 내포하기도 하지만 장기적으로는 보다 나은 발전적 방향을 제시할 수 있다. 그러므로 페미니즘과 포스트모더니즘의 상호 보완적인 결합은 서로의 약점을 제거하는 동시에 상호간의 장점을 통합시킬 수 있는 새로운 전망을 제시하는 것으로 간주된다.

포스트모더니즘의 모더니즘에 대한 비판을 페미니즘이 지적하는 남성의 지배와 여성의 종속의 관점과 연관될 수 있다. 즉, 포스트모더니스트들처럼 페미니스트들도 계몽주의 이래로 설정된 모든 선험적인 개념과 주장이 몇몇 사람들에 의해서 이루어진 것이며 그들의 대부분은 서구의 백인 남성이라는 점을 깨닫기 시작했다. 서구 백인 남성 지식인들의 경험이 여성의 경험이 아닌 것이다. 계몽주의자들이 사회를 지배하는 사람들의 중요한 경험적 측면들을 반영하기 때문에 시대를 초월한 그들의 주장이 부분적으로는 그럴듯해 보일 수도 있지만 부분이 전체를 대변할 수 없듯이 소수자를 배제시킨 그들의 이론은 재고의 여지가 있다.

법이론과 관련하여서는 여성과 사회, 여성과 남성과의 관련성이 주된 연구대상이 되어 왔다. 전통적인 사회에서 여성은 주로 지배의 대상이 되어 왔기 때문에 지배의 관점에서 여성을 연구할 필요가 대두되었던 것이다. 그러나 여성이 남성과의 관계에서 종속되었고 종속될 수 있다고 해서 그것이 여성 개개인의 타자와의 관련성을 무시해도 된다는 것을 의미하지는 않는다. 사실상 여성이 타자와의 관계에서 보다 영향을 받지 않는 고립된 위치에 있을 수 있으며, 어떤 여성은 다른 사람들 속에서 권력관계를 형성할 수도 있다. 또한 인종 간, 계급 간, 성적 취향, 나이 등의 다양한 특권의 차이도 고려될 수 있다.[9]

비록 많은 여성법 학자들이 여성을 비특권 계층으로 구분하기는 했지만, 포스트모더니즘을 비판적으로 연구한 학자들은 '관계'를 중시하는 관점에서 사회의 또 다른 측면을 제시하는 관점을 채택하였다. 이들에 의하면 어떠한 여성도 다른 여성을 대변할 수 없다.[10] 왜냐하면 어떠한 사람도 타자의 특이한 상황에 대해서나 사람과 사람과의 관계에 관해서 헤아려 말할 수 없기 때문이다.

포스트모던 이론을 채택한 페미니즘은 사회의 질서와 구조를 고려하기는 하지만 다양성을 보다 강조한다. 그러므로 여성과 남성을 인간관계의 다양성이라는 측면에서 연구하는 것이 포스트모더니즘의 이론적 작업에 보다 가까이 접근하는 방법이 될 수 있다. 더욱이 포스트모더니즘의 관점에서 여성법 이론을 연구하는 것은 다양한 억압의 상황에 처한 여성 인권향상에 큰 도움이 될 것이다.

3. 법의 영역에서의 포스트모던 페미니즘

모더니즘을 비판적으로 극복하려는 시도가 포스트모더니즘이라 할 때 모던적인 법이론의 문제점들을 비판하는 시도는 포스트모던 법이론이라 명명할 수 있을 것이다. 앞에서도 언급한 바 있듯이 포스트모더니즘은 본질주의와 근본주의적 시각과 일정한 대상에 대한 객관적인 시각에 반대한다. 따라서 포스트모던 법이론 역시 마찬가지로 객관적이고 중립적이라 여겨왔던 기존 법의 주관성과 편파성을 지적하는 방향으로 전개된다.

법실증주의를 비롯한 마르크시스트 법이론, 자유주의 법이론도 법에 대한 하나의 거대이론에 의거하여 법이론을 전개한다는 점에서 모던적인 성격을 지닌다. 그러나 포스트모던 법이론은 미시적인 관점에서 구체적인 행동과 상호작용을 중요시하여 인접학문의 연구 성과를 법학에 대폭적으로 수용할 것을 요구한다.[11] 이러한 포스트모던 법이론의 성격을 지닌 포스트모던 페미니즘 법이론 역시 객관적이고 중립적이라 여겨져 왔던 모던적 법이론을 비판적으로 극복할 것을 제시한다. 이 글에서는 포스트모던 법이론의 대표적인 학자라고 할 수 있는 프룩(Mary Joe Frug)과 스마트(Carol Smart)의 법이론을 살펴봄으로써 이들이 어떻게 모던적인 법이론을 비판적으로 극복하고 있는지를 살펴보기로 한다. 더불어 이러한 구체적인 이론적 사례들을 통해 법의 영역에서의 포스트모던 페미니즘의 양상을 고찰하고자 한다.

포스트모던 페미니스트인 프룩은 여성의 법적 지위가 지난 몇 십 년 동안 향상되기는 하였지만, 법의 일정부분에 대해서는 여전히 개혁이 요구된다는 인식 아래 법 개혁의 필요성을 주장한다. 그녀는 이러한 개혁의 필요성을 '법'과 '여성의 육체'와의 관계에서 고려될 수 있는 논의를 세 가지 측면에서 제시했다.

그녀가 주장한 첫 번째 측면은, 법과 여성의 육체와의 관계에 있어서 법이 여성을 보호의 객체로 상정하기는 하지만 한편으로는 여성을 성매매와 같은 육체적 학대의 대상으로 상정한다는 것이다. 결과적으로 이렇게 여성을 육체적으로나 성적인 학대의 객체로 잠정적으로 가정하는 법의 위협화(terrorization of law)는 결혼만이 이러한 육체적 학대를 피할 수 있는 합법적인 방법의 성적 결합이라는 암시를 여성에게 주게 된다.[12]

두 번째 주장은 법규범이 때로는 여성에게 모성화(maternalization)를 장려하고 규율한다는 것이다. 많은 낙태제한 규정과 여성의 육아 양육규정에 관한 적극적 보호규정들은 이러한 법적 경향을 반영한 것이다. 낙태 제한규정과 같은 규정들은 여성의 육체에 관한 자기 통제력에 개입하는 결과를 낳는다고 할 수 있다. 따라서 이러한 규정에 의해서 여성은 자신이 아이를 원하지 않는 경우에도 그들의 아이에 대한 모성을 발휘하여 2세를 출산하는데 영향을 받는다. 뿐만 아니라 아이를 낳은 후에도 법규범은 여성으로 하여금 육아에 보다 많은 시간을 보내게 하는 효력을 발휘한다.

출산과 육아에 관한 규정들은 노동시장에도 영향을 미친다. 예컨대, 임신한 여성에 대한 차별과 배척은 '임신한 여성에 대한 보호'라는 명목 하에 정당화된다는 것이다. 또한 육아 때문에 고용되지 못한 여성에게는 고용되지 않았을 때를 대비한 임금보상제도의 혜택도 주어지지 않는다. 더욱이 이러한 관례가 차별금지법 하에서 비난받는 경우는 거의 없다는 것이다.[13)]

세 번째로, 프룩은 법이 여성의 성적인 대상화(sexualization)에까지 영향을 미친다고 한다. 그녀에 의하면 법은 성적 활동의 특정한 기준에 직 · 간접적으로 영향을 미침으로써 여성의 성적인 활동의 전형을 상정하도록 장려하는 결과를 낳는다. 이와 같은 성적 활동의 모델은 일부일처제나 동성애의 반대, 성적 활동에 있어서의 여성의 수동성 등으로 전형화 된다. 결과적으로 일부일처제와 이성애를 장려함으로써 여성과 남성은 서로에게 보다 종속되는 결과를 낳는다. 더욱이 포르노그라피 산업을 합법화시킴으로써 여성의 육체를 성적으로 대상화시키는 결과를 조장하는 역할을 한다.[14)]

또한 형법의 강간규정에 혼인 중에 여성의 의사에 반하여 일어난 부부간의 강간에 관한 규정을 포함하지 않음으로써 여성의 남성에 대한 종속화를 조장한다. 여성 육체에 대한 '위협화', '모성화', '성적인 대상화'는 여성의 육체를 보다 성의 차이에 의해 구분 짓도록 하는 데 기여한다.

한편 페미니스트 학자인 스마트는 법이 권력의 또 다른 측면이라는 점에서 법의 성격을 재구성하였다.[15)] 그녀에 의하면 법은 대안적인 담론의 여지가 없는 권력의 논리로 진실에 관해서 이야기하며 여성의 고려와 경험을 무력화시키는 광범위한 영역으로서 남성성을 지닌다. 이것은 '모든 법은 남성이 만든 것이다'라는 단순한 환원적인 언급이 아니라 법과 남성성의 구조가 동일함에 대한 재확인과 그 영향력에 대한 이해이다.

남성이 단순히 다른 사람의 이해관계보다는 자신의 이해관계를 도모하기 때문에 비롯된 것이라기보다는 남성성 자체가 지배의 성격을 띠는 하나의 세계관이기 때문이라는 점을 주시한다면, 남성적인 주체의 성격이 법학이나 의학과 같은 지배적인 담론에 투시되어 왔다는 점을 알 수 있다.[16)]

법은 사회와 동떨어져서 존재하는 독립적인 존재가 아니라 계급이나 인종뿐만 아니라 가부장제에 기반을 두고 있는 규범이다. 이런 차원에서 페미니즘은 가부장제의 성격을 띤 법을 해체하여 대안의 장을 제공한다. 스마트는 법규범과 법의 가부장제적 성격의 연장선상에서 강간, 어린이 학대, 여성의 저임금 등의 예를 들었다.[17)] 구체적으로 말해 강간은 '법'이라는 규범적인 영역과 섹슈얼리티라는 사실의 영역을 아우르는 범위에서 재구성되어야 하는 것이다.

마찬가지로 어린이에 대한 성폭력 역시 특별히 법적 규제의 대상으로 규정된 경우 이외에는 법적 문제로 다루어지는 경우가 드물다고 할 수 있다. 그러나 법뿐만 아니라 어린이에 대한 성폭력 또한 남성의 기준에서 형성되어 있기 때문에 법적 문제의 해결이 어린이 피해자에 대한 효과적인 해결책은 될 수 없다고 스마트는 주장한다.[18)] 마지막으로 스마트는 여성의 저임금이 법적으로 판단 가능한 평등의 문제라기보다는 남성에게 고임금의 직장을 제공하는 방법 등으로 분리된 노동시장, 인종주의, 사적인 영역과 공적인 영역의 분리 및 여성노동의 과소평가의 문제라고 하면서 법의 여성문제에 대한 해결능력에 대해 의문을 표시한다.[19)]

다시 말해서 법은 그 자체가 남성적인 권력의 반영이므로 법 자체의 힘으로는 법의 가부장적 성격에서 비롯되는 문제들을 해결할 수 없으므로 수많은 비판과 투쟁의 여지가 있다고 할 수 있다. 앞에서 예를 든 바와 같이 법이 강간이나, 어린이에 대한 성폭력, 가정 내 폭력, 여성의 저임금 등을 해결하는 공정한 잣대가 될 수 없다면 이러한 문제들에 대한 대안적인 방법이 제시될 수 있는 계기를 제시해 준다.[20] 스마트는 법의 가부장적인 성격으로 인한 문제점이 그것에 의해서 큰 영향을 받지 않을 법원이나 언론, 입법행위에는 드러나지 않겠지만 여성의 글이나 여성단체의 활동에서 진행되는 토론이나 대화의 과정에서 보다 자세히 밝혀질 수 있다면서 여성들 간의 담론을 중시하는 입장을 보인다.[21]

그러므로 스마트는 페미니스트 법이론이 주변부의 법담론이 아니라 진실추구나 정의수호라는 법의 정신에 충실하므로 결과적으로 법의 위계질서를 더욱 강하게 유지하게 만든다고 주장한다.[22] 즉, 페미니스트적 탐색이 법적인 권력에 대한 페미니스트들의 도전에 의해 생성되었다고 할 수 있지만 그러한 도전을 통해서 하나의 진정한 체계를 다른 것으로 대체시키는 긍정적이고 과학적인 페미니즘으로 재구성될 수 있다.

위에서 말한바와 같이 법은 여성의 육체에 대하여 위협, 모성, 섹슈얼리티의 객체로 상정함으로써 법은 여성에 대하여 일체감을 느끼지 못하고 동떨어진 대상으로 규정된다. 또한 법은 남성성 내지 가부장적인 성격을 가지므로 법이 공정하게 판단할 수 없는 영역에 대하여는 대안의 장을 마련하는 것이 필요하다. 이러한 대안의 장은 법의 비판적 해체를 활성화하는 단계로서 그 의미를 가질 수 있으며 포스트모더니즘이 객관성이 아닌 주관성을 중시하고 일원적인 거대담론 보다는 다원적이고 미시적인 담론을 중시하는 입장과 공통된다.

이러한 기존 법담론에 대한 비판적 맥락에서 포스트모던 페미니즘의 법담론을 살펴보기로 한다.

4. 포스트모던 페미니즘 법담론

1) 포스트모던 페미니즘의 입장에서 본 미국 계약법 교과서

포스트모던 페미니스트들은 남성과 여성 사이에 존재하는 차이가 중요함을 의식하면서도 여성들 사이의 차이도 중요하다는 점을 간과하지 않았다. 즉, 백인 여성과 같은 어떤 특정 그룹의 여성을 하나의 본질로 규정해 놓음으로써, 그들과 다른 여성들을 억압하는 기제로 작용할 수 있다는 사실을 인식했다.

포스트모던적 사고는 자유주의, 마르크시즘, 여성에 대한 지배모델과 같은 모던적 이론들에 대응한 이론이다. 모던적 페미니즘은 사회를 합리적으로 분석하기를 추구하는 데 그들은 공적인 영역과 사적인 영역, 자유와 강제, 자본과 노동, 여성과 남성 등과 같이 세계를 이분법적으로 구분 짓는 포괄적인 기준을 기반으로 이론을 전개한다. 이러한 모던적 사고에 반하여 포스트모던적 사고는 사건들 대신에 텍스트를 중요시한다. 그들에게 있어 텍스트는 하나의 해석을 요구하는 대상이며 이때의 해석이란 어떤 사건이 이해되어지는 입장과 세계가 해석되는 하나의 관점을 요구하는 행위를 일컫는다. 모던적 사고들의 양분론은 특정하고 부분적인 사고를 요구한다.[23] 즉, 포스트모던적 사고는 세계를 묘사하는데 있어서 고정된 특정한 사고방식보다는 추론적인 해석적 전략을 사용한다.

프룩은 남자와 여자의 섹슈얼리티에 대한 법에 대해 신중하게 접근하였다. 그녀는 젠더적 이분법이나 젠더의 구조로 구성되지 않았다는 주장에 반대하고 법분야 역시 다른 분야와 마찬가지로 젠더화되어 있고 그러한 젠더화가 여성으로서의 우리의 정체성을 구성하는데 있어서 중요한 역할을 한다고 하였다.[24] 법과 젠더는 구분되어서 존재한다기보다는 서로 연결되어서 상호작용을 한다.[25]

프룩은 젠더에 대한 이해가 법에 대한 이해에 영향을 미친다는 관점과 젠더의 정체성의 의미를 관찰하는 입장에서 그녀의 이론을 전개한다. 법이라는 대상을 젠더라는 기준에 의해 분석하는 데 있어서 프룩은 젠더 그 자체가 함의하는 본질주의적 측면의 위험성을 의식하고 경계하기는 하지만, 여성의 현 상황에 대하여 생각할 때에는 젠더라는 범주가 필요하다는 점을 역설하였다.[26] 그러나 비본질주의자인 그녀가 여성과 법을 분석하는 과정에서 젠더라는 본질주의적 성격의 기준을 사용한다는 사실은 두 개의 상반된 입장을 공존시킨다는 점에서 포스트모던적이다.[27]

젠더가 법에 미친 영향력을 분석하는 하나의 일례로서, 프룩은 미국 대부분의 법과 대학이 교과서로 채택하고 있는 도슨(Dawson)의 계약법(A Contracts Casebook)[28]교과서를 분석하였다. 계약법 이론은 명백하게 젠더에 관하여 논의하고 있지는 않지만 계약법 교과서는 그 구조를 통해서 다양한 이론에 대하여 젠더적 사고를 하도록 조장시키는 기능을 하게 된다.

계약법 교과서에 여성과 남성이 당사자로 나온다면 교과서를 읽는 학생들은 여성을 종속적인 입장으로 흔히 생각하는 스테레오 타입의 영향을 받을 것이며 교과서의 저자들 역시 대체로 그러한 선입관에 부응하는 판례를 선정하여 계약법 교과서에 싣는 경우가 많을 것이다. 그러한 예는 계약법 교과서 내의 삽화에서도 예외는 아닌데, 프룩이 지적하듯이[29] 홈즈(Oliver Wendell Holmes, Jr.)와 같이 저명한 남자 판사가 근엄하고 위압적인 모습으로 판사복을 입고 찍은 '계약법 구제절차의 목표'(remedial goals of contract law)[30]라는 제목 아래의 사진과 유명 여자배우인 맥레인(Shirley MacLaine)이 섹시한 드레스를 입고 손해배상범위의 제한(limitations on damages)이라는 제목 바로 아래의 사진을 계약법 교과서 제1장에 바로 연결하여 눈에 띄도록 교과서 체계를 만든 경우도 그러한 예에 해당된다.[31]

미국 계약법의 체계를 살펴보더라도 젠더의 영향력이 드러나는데 남성들이 주된 당사자였던 상사계약[32]이 계약법 교과과정의 대부분을 이루고 가족이나 사람들 사이의 관계를 다루는 분야는 피상적으로 다루어지고 있는 점에서 이러한 특징이 명백하게 드러난다.[33] 프룩이 지적하고 있듯이 계약법교과서에도 동거계약이나 별거계약 등을 다룰 수도 있는 것이다.[34] 특히 별거계약은 미국 가족법 변호사가 가장 많이 다루게 되는 사건들 중 하나이지만 가족법 교과서에 조차 아주 간단하게 다루어지고 있을 뿐이다.[35]

이런 맥락에서 기혼여성의 재산에 관한 분쟁을 다룬 Crenshaw v. Willams 사건[36]은 1900년도 초기 그 당시로는 거의 드물게 여성이 소송 당사자였던 사건으로서 중대한 의미를 지니는 사건이다. 이 사건은 1921년에 제기되었고 1942년에서야 켄터키(Kentucky)주는 기혼여성재산관계법(Married Women's Property Act)[37]을 개정하였기 때문에 사건 당시에는 기혼여성은 실질적으로 자기 재산이라 할지라도 남편 명의로만 재산을 소유할 수밖에 없었다. 하지만 도슨이 편집한 계약법 교과서에 크렌쇼(Crenshaw)[38]를 주요 사건으로 다루기는 하면서도 여성이 재산을 자신의 명의로 소유하지 못하여 생긴 재산분쟁이라는 주요정보를 삭제한 채 교과서를 편집하였다.[39)]

그러므로 계약법과 같은 교과서 체계에 대한 담론을 젠더라는 시각에서 비판적으로 분석하는 작업은 젠더와 결합되어 남성화된 법의 본질적인 성격을 비판하고 해체한다는 점에서 포스트모더니즘의 정신과 관련되었다고 여겨진다. 이 글에서는 계약법 판례를 젠더의 시각에서 비판하고 다양한 정체성을 가진 사람에 대한 복합적 억압의 가능성에 대한 분석과 그 해결에 대해 살펴보기로 한다.

Allied Van Lines, Inc. v. Bratton 사건[40)]은 미국에서 널리 쓰이는 계약법[41)]에 수록된 대표적인 예문계약(standard form contract) 중[42)]의 하나로 사건의 쟁점은 계약당시 약관의 책임한도 규정을 읽을 수 있음에도 읽지 않은 경우에 그것이 '실수'였다는 항변과 '동의의 부존재'를 주장할 수 있는가이다. 이 사례는 계약 당사자가 손해 발생시에 주장할 수 있는 보험액의 한도에 관한 문제이며 예문계약에서 권력을 가진 자에 의해서 계약의 내용이 달라진 경우에 대한 해석의 문제라고 할 수 있다.

이 판례를 비판적으로 분석하기 앞서서 사건의 개요를 살펴볼 필요가 있다. 수화물의 소유자인 브래튼(Mrs. Bratton)은 자신의 가재도구를 오하이오(Ohio)주에서 플로리다(Florida)주로 운반하기 위해서 국제적인 운송회사인 앨라이드 운동회사(Allied Van Lines, Inc.)와 계약을 맺기로 하였다. 화물을 실을 당시에 브래튼은 운송회사의 직원에 의해 제시된 화물증서에 사인하였는데 그 사인된 증서에는 운송인의 책임을 제한하는 규정이 있었다. 그런데 운송물이 운반도중에 완전히 파손되어서 브래튼은 그녀의 화물에 대한 전체가액을 회복하기 위해서 소송을 제기하였다. 법원은 책임이 인정된다고는 판결하였지만 손해액의 가액에 대해서는 논란의 여지가 남게 되었다. 앨라이드 운송회사는 화물증서에 쓰여 있는 조항에 의해 책임이 제한된다고 주장했다. 이에 반해 브래튼은 그녀가 서류를 읽지 않았고 운송자의 책임에 영향을 미치는 규정을 알고 있지 못하므로 그녀가 그 규정에 얽매이지 않는다고 주장하였다. 항소법원은 브래튼의 주장을 받아들이는 판결을 내렸지만 플로리다 대법원에서 항소법원의 판결을 파기

하였다.[43)]

프룩은 전통적인 해석에 따른다면 이 예문계약은 대체로 합법적이고 공정하다는 결론에 이르고 '동의'의 여부 문제를 계약구조의 문제로 돌리고 약관을 읽고 난 후 개인의 의사표시에 의해 내용의 변경가능성을 인정한다고 할지라도 법원이 이러한 변경가능성에 큰 의미를 부여하지 않는 것이 타당하다고 해석할 수 있다고 한다. 이 사건에서 운송회사의 직원은 브래튼이 서류 읽는 것을 방해하지 않았음에도 불구하고 그녀는 책임의 한도액을 규정한 조항을 읽지 않았고 질문을 하지 않고 사인을 하였기 때문에 그녀는 자신의 권리를 자의적으로 포기한 것에 대한 책임을 부담해야 한다고 할 수도 있다. 더군다나 예문계약이라는 계약의 특수한 성격을 형식적으로 해석한다면 브래튼이 책임질 수밖에 없다고 결론지을 것이다. 이 사건에서 쟁점이 된 약관에는 그녀가 원한다면 더 많은 종류의 보험을 얻을 수도 있다고 규정되어 있음에도 불구하고 계약시에 존재했던 유일한 서류에 대해서 그녀는 집중해서 읽지 않았으므로 그녀에게 호의적으로 해석할 수 없다는 견해에 많은 사람들이 동조할 수도 있다. 더군다나 법정에서 브래튼은 화물증서에 사인할 때 계약서에 사인한다는 사실을 인식하고 있었다고 증언하였다.[44)] 여기서 법원이 계약 당시에 존재한 그녀의 '서명'에 의해 형식적으로 법적 효력의 강력한 행사를 인정한 것이라고 한다면 앨라이드 법원은 철저하게 중립적이고 객관적이라고 할 수 있다. 하지만 프룩은 "앨라이드 사건에서 법원은 예문계약에서의 교섭력의 불균형을 조사하지 않았다.[45)] 또한 개별적인 가구주의 소유물들에 대한 손실을 제한하기 위해서 전국적인 운송회사를 허락하기 위한 정당성을 고려하지 않았다."[46)]라고 하여 여성이라는 신체적 · 사회적 특성으로부터 연상될 수 있는 교섭력의 차이를 강조하고 약관에 의해 과도하게 책임 금액의 차이가 나는 것에 대한 정당성의 문제를 지적하였다. 이미 정해진 내용이 게재되어 있는 약관의 특성상 이를 무효화시킬 수 있는지에 대해서도 논의하기가 곤란할 수 있을 것이다.

프룩은 젠더와 관련된 측면에서 앨라이드 사건을 관찰한다면 그녀의 말을 고려하지 않을 수 없다고 말한다. 왜냐하면 그날 그녀의 집이 정말 추웠고 남자들은 피곤해서 집을 나가기에 바빴다는 이유로 그런 경황이 없는 와중에 그녀가 화물증서에 씌어진 서류를 읽지 않았다는 상황적 정황은 어느 정도 설득력을 지닐 수 있기 때문이다.[47] 여성들은 일반적으로 그들 자신이 다른 사람에 대한 느낌을 소중히 고려하도록 사회화되었다고 할 수 있다. 이사를 준비하느라 경황이 없는 상황에서 집안의 일들을 세심하게 고려하느라 자신에게 막대한 영향을 미치는 계약 내용을 제대로 살피지 못하고 계약서에 사인했다는 사실은 한 인간의 입장에서 충분히 이해할 수 있고 심지어 동정심을 살 수도 있는 것이다. 하지만 법원은 정형화된 계약의 성격만을 고려했을 뿐이며 더 이상의 개인적 상황을 고려하지 않고 '객관성'과 '중립성'이라는 전통적 사건해결의 기준만으로 브래튼의 행위를 판단했다고도 볼 수 있다.

더군다나 지식에의 접근에 있어서 권력 작용의 측면도 고려해야 한다. 프룩은 앨라이드 사건에서 운송회사의 직원은 자신이 가진 '화물증서'에 대한 직접적인 육체적 지배와 증서의 내용에 있어서 경험에 의한 익숙함이 있다는 점들을 통해서 그녀에게 권력을 행사한다고 지적하였다.[48] 또한 운송회사의 직원이 남성이고 사회에 순응하도록 자란 여성이 계약의 당사자라는 측면은 그 운송회사 직원의 잠재적인 화물증서에 적혀진 조항의 지식에 권력행사를 용이하게 한다고 할 수 있다. 이사를 준비하는 경황이 없는 상황에서 보다 적극적으로 화물증서에 씌어진 내용에 대해서 상세히 물어보고 수하물을 분실할 경우에 받을 수 있는 보험금액의 한도액에 대해서 운송회사의 남자 직원에게 자세히 문제 삼을 수 있을 정도로 적극적이고 또한 추운 날씨와 분주한 주위상황에 무관심하고 자신에 주어진 상황에만 주의하도록 사회화된 여성들은 많지 않을 것이다.[49] 실제로 익숙하게 내미는 단순한 화물증서에 브래튼의 입장에서 보았을 때 자신이 받을 수 있는 보험한도액이 과도하게 차이가 날 수 있다는 점을 인식하기도 쉽지 않았을 것이다.

앨라이드 사건에서 브래튼이 화물증서에 사인을 했고 '동의'했다는 입장을 중시하는 법원의 입장은 브래튼이 놓여 있던 특수한 상황과 계약 시에 작용하는 '권력'의 작용이라는 측면을 고려하지 않은 형식적 판결이 아닌가 여겨진다. '계약의 자유'라는 측면에서 보더라도 교섭력의 차이를 고려하지 않고 형식적인 계약의 조건을 충족했다는 점만을 고려한다면 정의의 구현을 목표로 하는 법의 궁극적 정신을 반영하지 않았다고도 할 수 있다.

2) 다양성에 대한 억압과 그에 대응한 법담론

Rogers v. American Airlines, Inc 사건[50]에서 항공사가 직원에 대하여 특정한 헤어스타일을 금지하는 규정에 대해 소송을 제기하였다. 미연방지방법원의 소파엘(Sofaer) 판사는 첫째, 이 규정이 수정헌법 제13조[51]를 위반하지 않았고[52] 둘째, 그 규정은 여성이나 흑인에 대하여 차별하지 않았으며[53] 셋째, 비록 피고용인에게 회사의 규정이 공평하지 않고 차별적인 방법으로 적용되어 왔지만 그러한 주장은 인종을 이유로 한 집단소송의 방법으로는 유지될 수 없다고 하였다.[54]

흑인들이 즐겨하는 머리카락 전체를 모두 꼬아 내린 헤어스타일을 항공사가 금지하는 것은 그녀가 이러한 규정 때문에 직장을 떠날 수밖에 없는 경우를 제외하고는 인종차별이 아니라고 한다. 항공사의 헤어스타일에 관한 규정은 여성에게 더 자주 적용되기는 하지만 남성과 여성 모두에게 같은 기준으로 적용되기 때문에 양성을 차별하는 규정이 아니라고 한다.[55]

인종적으로도 헤어스타일에 관한 규정은 모든 인종에게 동일하게 적용되며 원고가 금지되는 헤어스타일이 흑인들만의 독점적인 스타일이라거나 지배적인 헤어스타일이라고 주장하지 않았기 때문에, 특정 인종에 대한 차별이 아니라고 판결하였다.[56] Title Ⅶ에 의해서도 특정 헤어스타일 금지규정은 소수 노동자의 감정적 · 정신적 안정을 완전히 파괴할 정도의 차별이거나 인종적인 차별이 만연한 근무환경을 만드는 것은 아니라고 하였다.

위 사건에서의 판결은 흑인여성에 대한 소송이 인종과 성(sex)이라는 측면에서 어떻게 판단되는가를 보여주는 좋은 예이다. 헤어스타일은 고용기회에 있어서 대수롭지 않은 가변적인 요소에 불과하기 때문에 Willington v. Macon Telegraph Pub. Co. 사건[57]에서 법원은 헤어스타일에 관한 제한이 법률적인 기준 하에서 성을 이유로 한 차이는 아니며 항공사에서 금지하는 레게 스타일로 땋은 헤어스타일이 흑인에게 고유하거나 지배적인 흑인 문화의 특징도 아니기 때문에 인종에 기반한 차별이 아니라는 판결을 내렸다.[58]

로저(Roger) 사건에서 판결이 인종이라는 측면에 고용의 기준이 들어가게 된다면 어떻게 여성에 대한 종속의 사실을 희석시킬 수 있는지 잘 보여주는 예이다. 구체적으로 말하면 레게 스타일로 땋은 헤어스타일을 한 흑인 여성은 항공사를 이용하는 지배적 다수 고객들의 잠재적 감성에 대한 위협이 될 수 있는가를 보여주는 예가 될 수 있다.

여성의 섹슈얼리티에 관해서는 두 가지의 스테레오 타입이 존재하는데, 백인은 친절하고 정직하며 순수하다고 여겨지고 흑인은 사악하고 속물적이고 금기시된다는 것이다. 전자의 이미지가 항공사의 주된 고객인 백인 남성 여행자를 기분 좋게 한다는 사실을 지적할 수 있다.[59] 즉, 개인의 정체성을 인종과 성으로 따로 구분해서 제기되는 사건이 아닌 경우에는 인종의 스테레오 타입과 성의 스테레오 타입의 이면까지 고찰하는 영역으로 확장되지 않아서 차별의 사실이 혼란스럽게 감춰지는 경우가 발생하는 것이다.[60]

그러므로 단면적인 세부 사항이 차별의 요소를 가지지 않은 것처럼 판단되는 경우에도 전체적으로 보아서 차별적인 성격을 가지고 있다면 차별로 인정하는 시각의 전환이 흑인여성이라는 복합적 정체성을 가진 사람에게 요구되며 아시아에 사는 동양여성 중에서는 소수자 집단에 속하는 여성, 예컨대 한국에서 일하는 필리핀 여성, 말레이시아 여성 역시 그들의 두 개의 정체성이 전체로 파악되지 않는다면 차별에 대한 소극적인 보호조차 이루어지지 않을 가능성이 있다. 이러한 측면에서 다양성에 주어지는 억압과 차별에 대한 논의가 필요한 것이다.

또 다른 다양한 정체성을 가진 사람에 대한 차별의 문제를 다룬 Chambers v. Omaha Club, Inc 사건[61]은 소녀들을 위한 사적인 사교클럽의 성격을 가진 단체에서 임신한 미혼 직원의 계속적인 고용을 금지하는 클럽의 역할모델정책에 의해서 임신한 미혼의 흑인인 그녀를 해고하였다. 미연방지방법원(The United States District Court for the District of Nebraska)[62]의 빔(Clarence

Arlen Beam)주심 판사는 소를 각하하였고 직원은 항소하였다. 항소법원의 월만(Wollman) 판사는 다음과 같이 하급심의 판결을 확정하였다. 첫째, 클럽의 기본적 목적과 규칙 사이에 명백한 관계가 있기 때문에 역할 모델에 관한 규칙은 사업상의 필요에 의하여 정당화된다. 둘째, 역할 모델에 관한 규칙은 진정한 직업상의 자격요건으로서 유효하다.[63)]

이와 더불어 월만 판사는 불균형 영향이론(disparity impact theory)에 의한 차별을 입증하려는 원고는 외형상 중립적으로 보이는 고용정책이 소수자 집단에게는 중대한 역효과를 가져온다는 점을 제시하여야 한다고 하였다.[64)] 원고가 외관적으로 중립적으로 보이는 고용정책이 보호받는 소수자 집단에 중대한 역효과를 가져온다는 사실을 제시한다면 고용주는 그러한 고용과 명백한 관계가 있고 사업상의 필요에 의해 정당화된다는 사실을 입증할 필요가 있다. 비록 고용차별에 의해 고소당한 고용주가 차별적인 고용상의 관행이 사업상의 필요에 의해 정당화된다는 사실을 입증한다고 하더라도 원고는 차별적인 효과를 가져 올 수 있는 다른 관행에 의해 고용주의 목적이 달성될 수 있다는 사실을 보여줌으로써 승소할 수 있다.[65)]

법원은 소녀들을 위한 사적인 사교클럽에서의 '역할 모델규정'은 클럽의 사업상의 목적과 규칙 사이에 명백한 관련성이 있기 때문에 정당화된다고 결론지웠다.[66)] 소녀들을 위한 사적인 사교클럽이 결혼하지 않은 임신한 직원을 해고하는 기준으로서의 '역할 모델규정'[67)]을 사용하는 것은 그 대안으로서 임신한 미혼의 직원을 클럽 멤버와 접촉하지 못하게 하는 다른 위치로 전근시킬 것이 요구되지는 않았다. 왜냐하면 일시적인 전근은 6개월 정도의 직업 훈련이 필요하고 클럽이 원래 제공하려는 안정성을 해칠 우려가 있으며 더군다나 클럽 내에서 다른 클럽 멤버들과 접촉하지 않는 자리 자체가 아예 없기 때문에 그러한 대안을 선택하는 것이 불가능하다는 점을 들어서 법원은 해고가 불가피한 결정이라는 고용주의 의견에 동의하였다.

반대 의견을 제시한 맥밀란(McMillan) 판사는 챔버스가 Title Ⅶ를 위반하여 불균형 영향이론에 의해서 인종적 차별을 하였고 불평등 취급이론(disparate treatment theory)에 의해서 임신한 피고용인을 차별하였으므로 지방법원의 판결을 파기 환송하여야 한다고 하였다.[68] 그는 Omaha Girls Club's(OGC)의 흑인이며 미혼의 임신한 예능 교사를 8살에서 18살 사이의 소녀들이 주된 회원인 클럽에서 "부정적인 역할 모델"이라는 이유로 해고를 한 것은 Title Ⅶ[69] 위반이라고 주장하였다.[70]

그는 "진정한 직업상의 자격요건"(Bona Fide Occupational Qualification)이나 "사업상의 필요"에 의한 차별의 예외는 굉장히 좁은 예외로서 구체적인 입증이 필요한데 피고인 클럽 측에서는 그러한 구체적인 증거를 제시하지 못하며 단순히 미혼의 임산부인 교사가 십대의 임신을 부추길지도 모른다는 개연성으로는 부족하다고 한 법원의 판결은 문제가 있다고 다수의견을 비판하였다.[71]

Ponton v. Newport News School Board 사건[72]에서 법원은 같은 쟁점에 관하여 판결하면서 직업학교에서의 교사가 미혼인 상태로 임신했다는 단순한 사실이 학생들에게 큰 영향을 미치는 것은 아니며 그 교사가 학생들에게 나쁜 영향을 미치려고 한 의도가 발견되지 않는다고 하였다. 그녀의 결정은 헌법상에 보장된 사생활의 자유에 의한 자신의 능력의 실현이나 개인적인 결정으로 볼 수도 있는 것이다.

이어서 맥밀란 판사는 챔버스 사건에서 법원이 채택하고 있는 피고인 클럽 측이 결혼하지 않은 임신한 직원을 계속 소녀들과 일하게 함으로써 십대의 소녀들이 그 나이대의 임신에 대하여 너그럽게 받아들일 수 있게 되리라고 믿었다는 사실만으로는 "사업상의 필요"와 "진정한 직업상의 자격요건"을 충족시키지 못한다고 반박하였다.[73]

이 판결은 임신, 흑인, 여성이라는 복합적인 개인의 정체성이 미혼의 백인 소녀를 위한 사교클럽에서 어떻게 자리 매김 되는가를 보여주는 좋은 예이다. 이러한 복합적인 요소가 포함된 차별에 관한 소송은 "성 이외의 요소를 포함한 흑인 여성의 차별 소송"("sex-plus" analysis of claims of discrimination by black women)이라고도 불린다.[74]

이러한 쟁점에 관하여 Jefferies v. Harris City. Community Action Ass'n 사

건[75]에서 법정은 "Title Ⅶ은 여성에 대한 차별, 인종에 대한 차별의 개별적인 사안에는 차별을 금지하는 효과가 있지만 '흑인 여성'에 대하여는 차별을 금지하는 결과를 낳지 못한다."라는 것은 모순이 있다고 하였다.[76]

한 가지 이상의 차별요인에 의해 차별받는 원고는 인종이나 성과 같은 기준 중 한 가지에 의해서 차별받는 모습을 보여줄 수 없고 두 가지 측면의 복합적인 요소에 의해서만 차별받는 모습을 보여줄 수 있기 때문에 하나 이상의 기준에 의한 차별의 보호대상을 정의내릴 필요가 있다.[77]

만약 Judge v. Marsh 사건[78]의 판결과 같이 성 이외의 다른 요소를 포함한 접근 방식에서 개인이 세 가지 이상의 정체성을 가질 경우에는 세 가지 정체성 모두를 적용하기 보다는 불변의 보호 요소인 두 가지 정체성로만 고려대상을 제한한다고 하였다.[79] 하지만 이러한 접근 역시 세 가지 이상의 복합적인 정체성을 가진 사람에 대한 보호문제에 대하여 완전한 해결책을 제시해 주지는 못한다. 예컨대, 임신한 흑인 여성의 경우는 세 가지의 정체성으로 나뉘어지는데 임신, 흑인, 여성이라는 세 가지 중에서 어떠한 두 가지의 요소를 적용하는지에 대한 선택기준이 문제된다.

이렇게 여러 가지 정체성에 대한 의문은 챔버스(Chambers) 사건[80] 전에는 활발히 논의되지 않은 것으로 보이는데 이 사건은 여러 가지 정체성을 가진 "임신한 흑인 미혼 여성"의 권리에 대한 침해를 어떻게 해결할 것인가에 대해 문제를 던져준 판결로서 의미가 있다고 할 수 있다.

Ⅲ. 나가며

지금까지 살펴본 바와 같이 포스트모더니즘의 영향을 받은 페미니즘은 여성의 개별적인 삶을 비추는 계기가 되었고 모더니즘이라는 철학적 조류의 양분론적인 사고에서 벗어나는 계기를 제공하였다는 점에서 의미 있는 사고의 흐름이라 할 수 있다.

포스트모던 페미니즘을 정의하는 것은 포스트모더니즘에 대하여 정의하는 것만큼이나 어려울 것이다. 하지만 굳이 설명하자면 포스트모던 페미니즘은 대체로 보편주의와 본질주의에 반대하며 객관성과 대비되는 주관성, 공적인 영역으로부터 사적인 영역에의 분리, 여성과 남성의 구분 등 세계가 이원론적으로 묘사될 수 있다는 점에 반대한다. 많은 분야에서 포스트모더니즘은 통일적 진실의 존재에 대해서 의문을 표했고 개인의 사회에 대한 관련성에 주목하였다. 또한 포스트모던 페미니즘은 전반적으로 남성에 대한 여성의 차별이나 평등의 추구라는 측면보다는, 개인의 정체성이나 관계성에 대해 계속적으로 의문을 표하면서 전개되어 왔다.

이와 같이 기존 이원론적 세계관에 대한 비판, 각 개인의 주어진 상황에 따른 차이, 개인의 정체성에 대한 강조에 큰 관심을 기울였던 포스트모던 페미니즘은 여성의 평등권과 보호를 둘러싼 다양한 페미니즘 이론들을 겪어오면서 대두되었다고 할 수 있다.

포스트모던 페미니즘 법담론은 너무나 당연시되어 왔던 법 이면에 내재한 정치적 함의를 비판하여 개개인의 삶을 있는 그대로 조명함으로써 우리가 살아가는 현재를 비추는 거울이 될 수 있을 것이다. 급진적 페미니스트가 비판하듯이 여성의 구제에 효과적이지 못하다는 측면만으로 포스트모던 페미니즘의 무용성이 드러나는 것은 아니다. 기존의 법을 비판할 뿐만 아니라 이를 해체하고 개인의 차이를 드러내는 그 작업만으로도 포스트모던 페미니즘의 존재의의가 있는 것이다.

포스트모더니스트들이 주장하는, 모든 사람들이 각자가 처한 상황에 따라 '차이'가 있다는 사실을 밝히는 것이 지금 당장 여성의 인권을 보호해주는 것은 아니다. 하지만 그러한 차이를 인정해 나가는 과정에서 개인이 놓여있는 상황에 대해서 서로 이해할 수 있는 기회가 생기게 되고 상대방에게 진실로 필요한 것이 무엇인지를 알게 되어 진정한 의미의 인권보호가 가능해지는 것이다. 그러한 이해를 위해서는 추상적이고 일차원적인 인간에 대한 이해가 아닌 보다 구체적이고 입체적인 이해를 필요로 하게 되는데 이것은 상대방에 대한 따뜻한 관심과 배려를 통해서 가능해진다.

현대를 살아가는 우리는 어쩌면 진실, 이해, 관심, 배려라는 덕목들이 법과 정의의 이념과는 어울리지 않는 차원에 놓여있다는 것을 너무나 당연하게 여길지도 모른다. 그리고 목적이 수단을 정당화하는 풍토가 만연한 사회에서 진실이나 정직이나 이해라는 덕목이 중시되지는 않을 것이다. 포스트모던 페미니즘은 삭막하고 획일화된 현대 사회에서 여성이라는 하나의 대상에 대한 보호를 추구하는 이론이라기보다는 여성 개개인의 삶에 대하여 보다 정확하게 이해를 제공하려는 입장 중 하나라고 할 수 있다. 이러한 입장은 21세기라는 다원화된 사회를 살아가는 데에 가장 적합한 길을 제시해 준다. 그래서 포스트모던 페미니즘 법이론은 단순한 가부장제 사회에 대한 비판을 넘어서서 한국 여성들 고유의 목소리를 귀 기울여서 그들이 희망하는 바를 적극적으로 도와주는 드넓은 광장을 제공할 가능성도 있다.

5.

평등권이론의 발전과 현대적 의의:

여성주의의 관점에서

Ⅰ. 들어가며

여성주의 법이론은 기존의 가부장적 체제에 저항하면서 생성되었다. 현대 여성은 어느 시대보다도 더 다양한 사회 환경 속에서 살아가고 있으므로 다양성과 미시성을 충분히 고려하여 다양한 억압의 상황에 놓인 여성을 보호할 필요가 있다.

법의 이념인 정의도 여성을 배제한 채 논의되어 왔는데, 대표적인 정의론자인 롤즈(John Ralws)도 여성의 존재와 목소리를 찾는 것에는 큰 관심이 없었다. 기존의 정의론은 남성만을 전제로 한 정의론이며 여성까지 고려한 정의론은 아닌 것이다. 예컨대 여성에게 고유한 윤리로 여겨져 왔던 '보살핌의 윤리', 일부 공동체주의자가 제시한 다원적 정의론, 가정 내에서부터 실현되는 정의론, '차이'를 고려한 정의론도 대표적 정의론이 될 수 있는 것이다. 그리고 정의의 이론이 공적인 영역뿐만 아니라 사적인 영역까지 적용되어야 하고, 형식적 평등뿐만 아니라 실질적 평등이 달성될 때 법의 이념이 달성될 수 있을 것이다.

그러므로 이 글에서는 법의 이념인 정의, 더 나아가 정의의 핵심인 평등을 자유주의와 자유주의 법체계로부터 포스트모던 시대의 평등권 이론에 이르기까지 살펴보고자 한다.

Ⅱ. 자유주의와 평등권

평등권을 논의함에 있어서 영미법의 역사뿐만 아니라 서구사회에 있어서 중요한 역할을 한 자유주의 사상을 먼저 논의하여야 하고, 자유주의와 법, 자유주의와 평등에 관하여 검토하여야 한다. 평등권의 전개와 현대적 의의를 논의하기 위해서는 서구 근대사상을 형성한 자유주의 이념이 전제하고 있는 바와 자유주의와 법의 관계는 평등권이 어떻게 보장되어야 하는가와 밀접한 관련이 있으므로 자유주의 사상에 대한 이론적 고찰이 선행되어야 하는 것이다.

자연권 이론과 사회계약이론은 초기 자유주의 사회를 형성하였고 자유주의 법체계에 변형되어서 수용되었고 이후 공리주의와 실증주의적 사고와 함께 수용되면서 자유주의 법체계라는 법원리를 확립하게 되었다.

홉스(Thomas Hobbes)는 '자연상태'에 놓여 있는 인간들이 자기보존, 생명의 보호를 위하여 합의를 하여 정치적 권력체를 형성한다고 주장하였다. 홉스가 제시하는 자연상태의 개념은 로크(John Locke)의 고전적 자유주의 사상과 롤즈의 정의론에 이론적 바탕이 되었고, 특히 로크는 인간이 자연상태에서 생명의 보호 이외에도 자유와 재산을 보호라는 자연권 보호 사상에 입각해 사회계약론을 구성한다.[1)]

자연상태에서 인간의 자유, 생명, 재산에 대한 권리는 자연권으로서 어느 누구도 침해할 수 없는 절대적 위치에 놓여있다. 통치구조 속에서 개인의 자아실현과 자유보호는 절대적 자연권의 위치로 놓이게 되어, 기본권과 통치구조와의 관계에서 정당한 통치구조의 근거를 인간의 기본권보호에 있다는 근거를 로크는 제공하였다.

이러한 고전 자연권 사상과 사회계약론은 인간이 스스로 선택한 계약행위를 통해서 새로운 관계를 형성할 수 있다는 자유주의 원리 그 자체를 법원리로 형성하였다. 로크가 자연상태, 즉 실정법 이전의 상태에서의 절대적으로 존재하는 생명, 재산, 자유에 대한 권리를 상정하였다면, 자유주의와 함께 서구 사상의 양대 축을 형성하고 있는 공리주의는 권리에 대한 다른 시도를 하고 있다. 즉, 공리주의 사상가인 벤담(Jeremy Bentham)은 아무리 실정법 이전에 존재하는 자연권이라 하더라도 실정법에 의하여 보장받지 못한다면 그 권리가 보장되지 않는다고 한다. 권리의 보장을 위해 실정법이라는 형식이 필요한가에 대하 로크와 벤담 사이에 형식적 차이가 있지만, 두 사상가 모두 개인의 자유 신장을 추구한다는 공통점이 있다.

벤담은 법을 정치적 상부자가 정치적 하위자에게 부과하는 명령으로 규정하는

데, 법은 주권자의 명령으로 법은 권위에 바탕을 두고 있다는 것이다.[2] 이러한 법은 제정법에 바탕을 두어야 한다고 하며 법의 개혁은 입법부에 의하여야 한다고 한다. 그는 자연법, 자연권, 실정법 이전에 존재하는 재산권을 전면적으로 거부하고 모든 권리는 실정법에 의해 주어지는 것이라고 주장한다. 즉, 법은 자연의 법, 신의 법, 인간의 이성 등에 의해 확인되기 보다는 주권자의 명령인 실정법에 의해 확인된다는 것이다. 오늘날 고전적 법실증주의를 정립했다고 평가받는 벤담의 사상은 오스틴(John Austin)에게도 큰 영향을 미쳐 영국을 비롯한 서구 법실증주의의 기초가 되었다.[3]

미국에서 자유주의는 영국의 실증주의적 전통과는 다른 방향으로 발전하였다. 미국 1776년 '독립선언서'는 국민들의 생명, 자유, 행복을 추구할 권리, 재산권과 같은 로크가 상정했던 자연권을 상당 부분 포용한 내용들을 받아들여 법은 궁극적으로 이러한 권리들을 보장하기 위해 존재한다는 사상을 반영하고 있다. 미국 헌법도 벤담과 오스틴과 같이 법이 주권자의 명령이라는 사상을 배격하고 독립선언서에서 보호하고자 하던 국민의 자연권 사상을 반영하여 제정된 것이었다.

하지만 자연권 사상을 반영하여 제정되었던 법을 해석하기 위해서 실질적 법해석론이 필요하였고, 미국 법사상에 큰 영향을 미치고 있는 홈즈(Olive Wendell Holmes) 판사는 법은 공적 관리들에 의해 만들어지는 것이며 권위에 정초해야 한다고 주장하였다.[4] 현대 미국 법학교육의 기초를 마련한 하버드 대학교 로스쿨 랭델(Christopher Columbus Langdell) 교수도 마찬가지로 법이 규칙이라는 형식을 강조하며 영국의 공리주의적 실증주의에 접근하는 입장을 취하였다.

영국에서 자유주의는 벤담의 공리주의적 실증주의로 발전하였다면, 미국에서는 자연권의 재확인이라는 형식적 의미에서의 법사상에서 19세기 후반 실증주의에 접근하여 결국 영국과 미국은 거의 유사한 공리주의적 실증주의 사상에 기초해 자유주의 법체계를 형성하게 되었다.

자유주의는 로크적 의미에서의 자연권 사상에 입각한 법형식주의와 벤담적 의미에서 자연권은 실정법에 의한 보장이 필요하다는 법실증주의 모두와 친화적 관계를 가질 수 있다는 점에서 법과 관련해서 그 자체로 다변적인 모습으로 나타날 수 있다는 점에 자유주의의 딜레마가 있다.[5] 그리하여 자유주의는 한편으로는 실정법이 자연권의 재확인이라고 하는 형식적 의미를 가지는 자유주의 법체계로 나타날 수도 있고, 실정법을 통한 보장이라는 법의 실증성을 보다 강조한 자유주의 법체계로 나타날 수도 있다.

영국 헌정사는 왕권을 견제하고 제한하기 위한 투쟁의 역사였고, 이에 따라 '법의 지배'는 왕의 자의적인 권력행사를 제한할 수 있는 자유와 권리 보장의 지배이념이었다고 할 수 있다. 자유주의 사회에서 '법의 지배'는 법의 중립성, 법의 객관성, 법적 안정성으로 표현되고 이는 곧 개인의 권리 보호로 연결되는 것이다.

평등은 아리스토텔레스(Aristotle)가 언급한 바와 같이 정의론의 핵심적인 내용이다.[6] 그리고 실정법 이전의 자연상태에서도 누릴 수 있는 자유권과는 달리, 평등권은 개념필수적으로 제3자의 입장에서 평등한 분배를 할 제3의 권력기구가 필요하다. 그러므로 각 개인이 평등한 대우를 받을 수 있기 위하여 불평등한 계층들이 자의적인 지배를 극복할 수 있는 방법을 모색하게 되고, 이러한 과정에서 자유주의 사상의 발전과정에서 형성된 '법의 지배' 원리가 평등권 보장에 필수적인 역할을 하게 되는 것이다.

자유주의 법체계 하에서 평등권은 법에 의해 보장되어 개인의 권리를 보호하게 되고, 평등권 내용 역시 먼저 형식적 평등권의 개념으로 나타나게 된다. 법의 지배원리는 20세기 초까지 법이라는 형식을 통한 지배로 나타났으며, 평등권 역시 법이라는 형식을 통해 보다 확실하게 보장되게 되었다. 그러므로 평등권을 법적으로 보장하는 것은 자유주의적 법사상에서 가장 중요한 의미를 가지게 된 것이다. 이는 벤담식의 공리주의적 실증주의 사상으로 다가갔던 영미법의 법적 전통과도 부합하는 것이라고 할 수 있다.

20세기 이후 법을 통한 평등권 보장에서 차별받는 다양한 계층 중 가장 확실한 수혜자는 여성일 것이다. 1920년 이후에서야 미국과 영국에서 여성의 평등한 참정권이 보장되었고, 여성이 남성과 평등한 권리를 보장받아야 한다는 사상은 자유주의 페미니즘(liberal feminism) 사상에 의해 보다 확고하게 자리 잡게 된다.

개인의 자율성과 자유가 남성과 동등하게 보장받아야 한다는 자유주의 페미니즘은 최근까지 직장, 학교, 가정 등에서 광범위하게 행해졌던 차별을 없애는데 중요한 공헌을 하였다. 남성과 여성 간에 있을 수 있는 '차이'에 대해 관심을 기울이기 이전에 여성이 사회에서 겪게 되는 차별을 시정하기 위한 '형식적 평등'의 원리에 기초한 여성 개인의 권리가 자유주의 페미니즘에 있어서 가장 강조된 것이다.

예컨대 미국에서 유산관리인의 자격을 여성도 남성과 같이 부여받을 수 있도록 판결한다든지,[7)] 성년의 시기를 정하는 데 있어서 여성이 남성보다 빨리 결혼한다는 이유로 남성보다 이른 나이에 성년이 되도록 정한 법을 위헌이라는 판결은[8)] 모두 여성 개인에게 행해지는 차별뿐만 아니라 여성 전체에 대하여 관행적으로 행해져 오는 차별을 법적인 차별로 정당화시켜 왔던 데서 야기되는 문제점을 해결한 예라고 할 수 있다.

계급이나 젠더의 차이에 대한 차별보다 여성 개인의 권리 보호를 위해 투쟁했던 자유주의 페미니즘의 사상은, 오래 동안 차별받아 왔던 여성의 자유와 권리에 대한 동등한 필요성을 제기하였고 법제도의 개혁에 전반적인 영향을 주었다. 여성차별적인 법인 미국 수정헌법 제14조 제1항 "미합중국에서 출생하거나 귀화하고, 미합중국의 관할권에 속하는 모든 사람은 미합중국 및 그 거주하는 주의 시민이다. 어떠한 주도 미합중국 시민의 특권과 면책권을 박탁하는 법률을 제정하거나 집행할 수 없고 적법절차에 의하지 아니하고는 사람의 생명 · 자유 또는 재산을 박탈할 수 없으며, 그 관할권 내에 있는 사람에 대하여도 법률에 의한 평등한 보호를 거부하지 못한다."라는 평등조항에 의하여 위헌판결을 받는 경우가 많이 생기게 된 것이다.

법적으로 차별받는 많은 여성들에게 자유주의적 평등의 원칙은 남성과 동등한 대우를 받을 권리를 법적으로 보장받게 되었다는 점에서 큰 성과가 있었다. 그렇지만 동시에 남성도 기득권을 가진 입장에서 여성과 동등한 대우를 규정한 평등조항을 더 잘 활용하여 형식적 평등의 의도하지 않은 수혜자로 되어 여성이 불평등한 대우를 받게 되는 사례가 증가하는 경우가 생겼다. 예컨대 1971년부터 2000년도까지 미국 연방대법원이 내린 판결 중 16건에서 수정헌법 제14조의 평등조항에 의한 보호를 명하였는데 그 중 9명의 남성이 평등조항의 혜택을 받았다. 형식적 평등원리는 여성과 같이 차별받는 지위에 놓인 사람들을 법적으로 보호하기 위한 원리였지만, 법의 형식적 적용은 의도하지 않은 실질적 불평등을 야기할 수 있기 때문에 이에 대한 대응이 필요하고 실질적 평등원리의 적용이라는 새로운 쟁점에 부딪히게 되는 것이다.

우리나라에서는 실질적 평등을 논의하기 이전에 형식적 평등조차도 아주 최근 판례와 민법개정 등을 통하여 이루어지기 시작되고 있는 실정이다. 여성의 종업원자격 인정에 관한 판례,[9] 양성평등을 이유로 한 호주제 헌법불합치판결,[10] 그리고 2005년 민법개정 등이 그것이다. 형식적 평등원리에 입각한 판례와 민법개정 등이 대부분 2005년을 전후하여 이루어진 것을 볼 때 우리나라 여성 등이 얼마나 오랜 동안 법적 차별을 받아왔는지 알 수 있다.

여성에 대한 차별규정은 가족법에 산재하고 있었는데 남성 중심적 호주제, 부성강제완화, 여성 만에게 주어졌던 재혼금지규정의 삭제, 동성동본불혼제도의 근친혼금지제도로의 전환 등과 같은 민법개정을 통해서 여성이 평등권을 보장받게 되었다. 법적 평등을 통한 권리 획득은 여성이 자신의 권리를 누릴 수 있는 최소한의 전제조건이 되고, 그 이후에 여성이 실질적으로 평등한 권리를 누리고 있는가를 검토할 수 있을 것이다. 2005년 헌법재판소에서 호주제에 대해 남녀평등의 헌법이념에 따라 헌법불합치결정을 하고, 이에 따라 민법개정이 이루어진 것은 대표적인 양성차별철폐의 예라고 할 것이다.

헌법재판소는 호주제는 "양성평등의 원칙에 위반하고, 개인의 존엄성에 반하여, 변화된 사회 환경과 가족상에 조화되기 어려우므로 호주제를 존치할 이유를 찾아보기 어렵다."는 이유로 민법 제781조 제1항 본문 후단부분에 관한 위헌법률심판 제청에 관하여 다음과 같이 판시하였다.

> 헌법 제36조 제1항은 혼인과 가족생활에서 양성의 평등대우를 명하고 있으므로 남녀의 성을 근거로 하여 차별하는 것은 원칙적으로 금지되고, 성질상 오로지 남성 또는 여성에게만 특유하게 나타나는 문제의 해결을 위하여 필요한 예외적 경우에만 성차별적 규율이 정당화된다. 과거 전통적으로 남녀의 생활관계가 일정한 형태로 형성되어 왔다는 사실이나 관념에 기인하는 차별, 즉 성역할에 관한 고정관념에 기초한 차별은 허용되지 않는다.
>
> 호주제는 남계혈통을 중심으로 인위적 가족집단인 가를 구성하고 이를 승계한다는 것이 그 본질임은 위에서 본바와 같다. 인위적 가족집단인 가를 구성 · 유지하는 것이 정당한지 여부를 차치하고서, 남계혈통 위주로 가를 구성하고 승계한다는 것은 성에 따라 아버지와 어머니를, 남편과 아내를, 아들과 딸을, 즉 남녀를 차별하는 것인데, 이러한 차별을 정당화할 만한 사유가 없다.
>
> 숭조(崇祖)사상, 경로효친, 가족화합과 같은 전통사상이나 미풍양속의 보존을 위하여 호주제를 존치하여야 한다는 견해도 있을 수 있으나, 그러한 것은 문화와 윤리의 측면에서 얼마든지 계승, 발전시킬 수 있다. 호주제를 유지한다고 하여 그러한 전통문화나 미풍양속이 저절로 배양되는 것도 아니고, 호주제를 폐지한다고 하여 그러한 것이 저절로 폐기되는 것도 아니다.
>
> 호주제의 남녀차별은 가족 내에서의 남성의 우월적 지위, 여성의 종속적 지위라는 전래적 여성상에 뿌리박은 차별로서 성역할에 관한 고정관념에 기초한 차별에 지나지 않는다.

우리나라 대법원이 관습에 의해 오랜 동안 인정되어 왔던 남성 중심적 종중제도에 대하여도 우리나라 헌법 제36조 양성평등조항에 의하여 그 법적 효력을 부인하는 판결을 내렸던 점은 굉장히 획기적인 점이라고 할 수 있다. 실제로 가족제도에 대하여는 관행이나 관습법이 많이 적용되고 그 중 가장 대표적인 예가 종중제도였다. 대법원은 사회의 거듭된 관행으로 관습법으로 승인되었다 할지라도 전체 법질서에 부합하지 않는다면 법적 규범으로서의 효력이 부정된다고 하면서 다음과 같이 판결하였다.

> 종원의 자격을 성년 남자로만 제한하고 여성에게는 종원의 자격을 부여하지 않는 종래 관습에 대하여 우리 사회 구성원들이 가지고 있던 법적 확신은 상당 부분 흔들리거나 약화되어 있고, 무엇보다도 헌법을 최상위 규범으로 하는 우리의 전체 법질서는 개인의 존엄과 양성의 평등을 기초로 한 가족생활을 보장하고, 가족 내의 실질적인 권리와 의무에 있어서 남녀의 차별을 두지 아니하며, 정치 · 경제 · 사회 · 문화 등 모든 영역에서 여성에 대한 차별을 철폐하고 남녀평등을 실현하는 방향으로 변화되어 왔으며, 앞으로도 이러한 남녀평등의 원칙은 더욱 강화될 것인바, 종중은 공동선조의 분묘수호와 봉제사 및 종원 상호간의 친목을 목적으로 형성되는 종족단체로서 공동선조의 사망과 동시에 그 후손에 의하여 자연발생적으로 성립하는 것임에도, 공동선조의 후손 중 성년 남자만을 종중의 구성원으로 하고 여성은 종중의 구성원이 될 수 없다는 종래의 관습은, 공동선조의 분묘수호와 봉제사 등 종중의 활동에 참여할 기회를 출생에서 비롯되는 성별 만에 의하여 생래적으로 부여하거나 원천적으로 박탈하는 것으로서, 위와 같이 변화된 우리의 전체 법질서에 부합하지 아니하여 정당성과 합리성이 있다고 할 수 없으므로, 종중 구성원의 자격을 성년 남자만으로 제한하는 종래의 관습법은 이제 더 이상 법적 효력을 가질 수 없게 되었다.

양성평등과 시대변화에 부합하지 않는다는 이유로 호주제에 대하여 헌법불합치결정을 내린 헌법재판소의 판결은 차별적인 민법규정을 개정하는 계기가 되었고, 가족법상 차별적인 대부분의 규정들이 폐지되는 오랜 페미니스트들의 염원이 이루어지게 되었다.

호주제에 대한 헌법재판소의 판결 이후 또 다른 획기적인 판결이 있었는데, 대법원은 종중 구성원을 성년 남자로만 제한하는 관습법을 위와 같이 법적 효력을 부인하면서 "공동선조와 성과 본을 같이 하는 후손은 성별의 구별 없이 성년이 되면 당연히 그 구성원이 된다고 보는 것이 조리에 합당하다."라고 판시하고 있다.

이러한 판례의 태도는 종래 종중을 공동선조의 후손 중 성년남자를 종원으로 하여 구성되는 종족의 자연적 집단이라고 정의하였던 종전의 대법원의 입장[11]과는 정반대의 판결이다. 여성에 대한 변화된 국민의 인식, 헌법상 혼인과 가족생활에 있어서 개인의 존엄과 양성평등 보장규정, 국내법과 같은 효력을 가지게 된 '여성차별철폐협약' 등을 이유로 여성에게도 남성과 동등하게 종중 구성원이 될 권리를 인정한 것이다.[12]

위에서 살펴본 바와 같이 가장 차별적인 요소가 많았던 민법과 가족관계에 관한 관습법은 대부분 폐지되어가고 있다. 반면에 형식적 평등보장으로 여성의 권리가 더욱 광범위하게 보장되기도 하였지만 기득권자인 남성의 권리보호를 더욱 강화하는 측면도 있다. 예컨대 형법상 간통죄규정이 예전에서 외도를 하는 남성에 대해 여성들이 최종적으로 기댈 수 있는 법적 보호수단이었다면, 이제는 남성들이 외도하는 여성들에게 자신의 권리를 지키는 법적 보호수단으로 사용되는 예가 늘어가고 있다. 실제로 우리나라에서는 남성들이 여성들보다 외도가 더 용이하다는 사실에 비추어 볼 때, 남성의 외도 때문에 여성 자신도 외도하게 된 경우의 남성이 여성을 간통죄로 처벌받게 한 경우 남성의 외도에 대해서는 관대하고 여성의 외도에 대해서는 가혹했던 우리나라의 역사적 경험이 되살아나는 것이 아닌가 하는 우려가 생긴다.

평등권의 역사에 있어서 여성에게도 남성과 동등한 권리를 보장해주는 평등권의 보장, 즉 법이라는 형식으로 보장되는 형식적 평등이 가장 절실하게 요구되는 평등의 형식이라 할 수 있다. 그리고 그 다음 단계로 우리는 실질적 평등원리의 가능성에 대해서 살펴보아야 한다. 그러기 위해서 현 시대를 자유주의 시대를 지나서 맞이하게 된 새로운 시대로 규정하고 이 시대의 평등권은 어떠해야 할지에 대해 살펴보도록 하겠다.

Ⅲ. 현대평등권 이론과 그 의의

현대의 평등권을 논의하기 위해서는 자유주의 법체계에 대한 비판의 시각을 제시한 문화적 페미니즘, 급진적 페미니즘이 제시하는 평등관과 정의관을 살펴볼 필요가 있다. 그 다음으로 공동체주의자들의 평등권 이론과 포스트모던 페미니스트들이 제시하는 평등권 이론을 살펴보도록 하겠다.

자유주의 법체계에서 중시되었던 평등권의 법적 보장과 여성이 남성과 동등한 권리에 대한 보장은 여성의 권리신장의 초석이 되었음은 확실하다. 하지만 여성이 여성 고유의 신체와 성향을 가진 여성성을 가진 인간임을 부인할 수 없고, 여성이기 때문에 성희롱의 대상이 되거나 성적 학대의 대상이 되기도 한다. 즉, 여성과 남성은 법적으로 동등하게 취급되어야 하는 동시에, 양성의 차이(difference)에 따라 다르게 대우받아야 하는 경우도 있는 것이다. 자유주의에 기초한 페미니즘이 형식적 평등에 치중하여 임신, 육아, 성희롱과 성폭력, 가정폭력, 포르노그라피의 문제에 관심을 기울일 여력이 부족하였던 것이다.

길리건은 보편적인 도덕원칙의 논리에 기초한 '정의의 윤리'(ethic of justice) 이외에 인간관계를 중시하고, 이해관계보다는 모든 사람에게 미칠 손해 등을 고려하는 정의관념, 즉 여성에게 더 많이 나타나는 '보살핌의 윤리'(ethic of care)도 또 다른 정의의 원리로 상정한다.[13)]

맥키넌은 자본자가 노동자를 착취하듯이 남성을 섹슈얼리티를 통하여 여성을 지배한다고 주장한다. 즉, 여성은 강간, 성희롱과 포르노그라피를 통하여 남성지배의 대상이 된다는 것이다.[14)] 맥키넌은 '지배이론'(dominance theory)을 직장생활에 적용하였고, 남성 직장상사의 성희롱을 거부하였을 경우 승진에 있어서의 차별, 차별적인 임금과 해고의 대상이 되는 경험을 하게 되는 경우가 많다고 한다.[15)] 성희롱은 여성을 피지배의 상황으로 내몰기 때문에 성차별이이고, 만약 여성이 동의한다고 하여도 그 동의는 충분히 자율적이지 않다고 할 수 있다. 국가와 법도 중립적이지 않다고 할 수 있는데 이는 권력을 가진 집단이 법을 해석할 때 충분히 기득권자인 남성위주로 해석할 수 있기 때문이다.

얼마 전 우리나라에서 상관이 노골적으로 스토킹과 성희롱을 하고 이에 응하지 않은 여성군악대장에 대하여 항명죄로 유죄판결을 한 1심인 보통군사법원의 사례는 법이 여성에 대하여 남성 중심적이고 비중립적인 기준으로 재판을 한 예가 될 수 있다. 2008년 11월 대법원에서 여성군악대장에 대하여 무죄가 선고되었지만[16] 그 여성은 상관의 성희롱에 응하지 않았다는 이유로 군 당국에 의해 상관을 면전에서 모욕하고 항명하였다는 혐의를 받았고, 피해자인데도 불구하고 군 당국과 1심인 보통군사법원의 유죄판결로 오랜 시간동안 고통을 받아왔다. 이러한 예는 여성이 직장생활에서 성적 학대에 노출되고 있으면서도, 직장생활의 위계질서 때문에 오히려 아무런 항변도 하지 못하고 피해를 입을 수밖에 없는 현실을 여실히 보여준다.

위에서 살펴본 바와 같이 형식적 평등 이외에도 여성의 신체로 인한 차이점, 성적 지배 대상으로서의 특수성 등을 고려한 실질적 평등이 고려되지 않는다면 차별받는 지위에 있는 여성에 대한 평등은 그 의미가 퇴색되는 것이다. 그러므로 형식적 평등권 보장의 단계에서 한 단계 더 나아가서 실질적 평등의 보장이 필요하다. 실질적 평등의 보장을 위해서는 현대 자유주의사상을 바탕으로 발전해 온 자유주의 법체계에서 보장하고자 했던 형식적 평등의 원리에 대해서 비판적 성찰이 우선되어야 한다.

서구 자유주의 진영을 대표하는 롤즈의 정의론에 대한 공동체주의자들의 비판도 형식적 평등과 분배원리에 대한 비판이라 할 수 있다. 공동체주의자들을 사회 속에서 사회화된 개인을 상정하고 타인의 이익이나 손해에 대해 실제로는 상호 무관심하지 않은 인간을 상정한다. 대표적인 공동체주의인 샌델(Michael J. Sandel)은 인간은 그들이 살고 있는 공동체에 의해 규정되며, 공동체의 목적과 관계된 인간인 '급진적으로 상황에 놓은 주체'(radically situated subject)[17]를 상정하는 것이 더욱 현실적이라는 것이다.

서구 대표적인 자유주의 사상가인 롤즈가 정의론을 도출하기 위해서 전제로 하는 추상적이고 독립적인 인간이 현실적으로 존재하기 힘든 인간형이라는 점을 감안해 볼 때 샌들이 주장하는 다양한 사회적 관계 속에서 상호 작용하는 인간형이 보다 현실적인 인간형이라고 할 수 있다.

한편 왈쩌(Michael Walzer)는 롤즈의 정의론을 현실적이지 않은 추상적인 정의론이라고 비판하고 공동체주의의 입장에서 문화적 특수성과 차이를 고려한 다원적 정의론을 주장한다. 그는 롤즈와 달리 인간관에 있어서도 분할적 혹은 분화적 자아(the devided self) 개념을 개진한다. 즉, 자아는 관심과 사회적 역할, 역사적 내지 문화적 정체성, 추구하는 이상과 원칙과 기치들에 따라 분화된다고 하여 인간은 일상적인 삶과 동떨어져 생활하는 추상적 존재가 아니라 자신이 살고 있는 장소에서 정체성을 형성하게 되고 구체적인 목소리를 내게 된다고 한다. 다원적 사회에 부합하는 다원적 정의론이 보편적 정의론이 가지는 한계를 극복할 수 있는 또 하나의 방법이 될 수 있다.

왈쩌는 롤즈의 정의론을 비판하면서 정의와 평등은 문화적 특수성과 차이에 입각하여 재정립해야 한다는 복합적 평등론을 주장하게 된다.[18] 그는 "복합적 평등영역은 전제(tyranny)에 대한 정반대"라고 하며, "형식적으로 표현하면, 복합적 평등은 어떤 시민도 한 영역 내지 특정한 사회적 재화에 대해 그가 지니는 지위가 다른 재화에 관한 영역에서 그의 지위에 의해 침해당할 수 없음을 의미한다."고 주장한다.[19] 복합적 평등론은 재화의 분배에 있어서 한 사람이 다른 종류의 재화까지 획득하게 되는 전제적 상황에 반대하여, 정의의 원리가 적용되어야 할 영역들을 공동체 구성원의 자격, 안전과 복지, 돈과 상품, 공직, 노역, 여가, 교육, 가족과 사랑, 종교적 은총, 명성, 정치적 권력으로 나누어 각각의 영역에 따라 정의의 기준은 달리 적용되고 배분될 것을 요구한다.

복합적 평등론은 어떠한 하나의 가치를 절대적인 것으로 여기는 전체주의를 거부하는 것으로서, 전체주의는 각 영역의 자율성을 해친다고 주장한다.[20] 그래서 왈쩌는 탈중앙화된 민주적 사회주의(decentralized democratic socialism)를 적절한 사회구성으로 본다.[21] 그리고 복합적 정의는 사회의 각 영역에 따라 다른 원리가 적용될 때 실현되므로, 복지 체계나 시장이나 공직과 가족 등 각 영역에 분리되어 있다는 점을 인식할 때 정의로운 사회를 만들 수 있다고 한다. 이상과 같이 왈쩌의 정의관은 지배나 전제를 반대하는 평등주의적인 다원론적 정의관이라고 할 수 있다.

기존의 정의론이 모든 인간을 위한다는 명목으로 여성의 실질적 경험을 고려하지 않은 이론이라면, 여성들의 실질적 평등을 위해 여성주의의 입장에서 정의론을 전개한 대표적인 학자로서 오킨(Susan Moller Okin),[22] 영(Iris Marion Young),[23] 코넬(Drucilla Cornell) 등을 들 수 있다.

오킨은 공정한 사회정의 달성을 위해서 여성과 남성에 대한 사회화 교육의 최초의 장소인 가정 내에서의 평등과 정의에 주목한다. 그녀는 1960년대 후반 이후 사회정의론은 정치이론의 주요 관심사가 되었지만 차별받는 여성들에게 관심을 기울이는 정의론은 거의 없었고, 정의론자들은 정의실현의 장이 되는 사회가 젠더를 이유로 한 차별에 깊이 영향을 받고 있다는 사실을 간과하고 있다는 점을 지적한다.[24] 그리고 기존의 정의론이 여성과 양성차별에 소홀했던 이유도 정의론자들이 전통적이고 젠더에 의해 구조화된 가족에 대해서 논의하지 않고 젠더에 의해 구조화된 가족형태를 잠정적으로 가정하고 있기 때문이라고 한다. 여성은 결혼 전에는 결혼에 대한 기대에 맞추어 삶의 계획을 변경하는 경우가 남자가 결혼에 대한 기대에 맞추어 삶의 계획을 변경하는 경우보다 많기 때문에 결혼을 염두에 두고 있는 여성이라면 남성보다 훨씬 더 불리한 지위에 놓이는 경우가 더 많다. 여성은 결혼 후 자녀의 주요 양육자라는 지위 때문에 가정 내에서 취약한 지위에 놓이게 되며, 결혼 후 이미 경제적으로 어려운 상태에 놓이게 되어 이혼 후에도 남성보다 더 어려운 처지에 놓이게 된다.[25]

오킨은 젠더를 이유로 한 차별이 없어지는 사회가 정의로운 사회라고 하며, 공적인 영역과 함께 가정과 같은 사적인 영역에 있어서도 정의가 실현되어야 한다고 한다.[26] 사회의 주류를 차지하고 있는 남성의 시각에서 본 정의론은 여성의 입장을 간과하기 쉬우며, 가정과 같은 사적인 영역에는 관심이 없었다. 여성이 가정에서 도맡고 있는 가사노동과 육아에 대해서는 정의론에서도 크게 다루어지지 않아 왔지만, 이러한 노동에 관해서도 평등한 분배가 이루어져야 한다고 오킨은 주장한다. 공적인 영역과 사적인 영역은 사실은 밀접하게 연관되어 있기 때문에 이러한 이분법을 극복함으로써 여성과 남성 모두를 아우르는 '인간적 정의론'이 유지될 수 있는 것이다.

한편 영(Young)은 공동체주의와 자유주의적 개인주의의 이상 모두를 비판하면서, 이에 대한 대안으로서 낯선 사람들이 함께 생활하는 '도시생활'(city life)을 규범적 이상으로 구성할 것을 주장한다. 도시는 가족, 사회적 네트워크, 이웃과 같은 다양한 작은 공동체들로 이루어지며, 도시에 사는 사람들은 셀 수 없이 다양한 활동과의 관계에서 자신의 정체성을 형성하게 된다. 영은 도시생활의 규범적 이상을 우리들의 주어진 삶 속에서 찾기 시작해야 한다고 하며 도시생활의 장점으로서 배제 없는 사회적 구별(social differentiation without exclusion), 다양성(variety), 에로티시즘(eroticism), 공개성(publicity)을 들고 있다.[27]

그러나 현대의 많은 대도시들은 '도시생활의 이상'을 실현하기 어려우며, 교외의 작은 마을조차도 혼잡한 고속도로로 연결되어 있는 등 도시화되어 가고 있으면서도 도시와는 다른 차별적 대우를 받고 있다. 정의론이 분배의 평등을 논의하고 있지만 현대의 도시화 사회에서 평등한 분배가 이루어지지 않다는 사실은 명백하다. 영은 분배의 평등이 이루어지지 않고 있는 지배와 착취가 행해지는 세 가지 측면을 '도시의 중앙집권화된 기업과 관료적 지배', '지방자치단체의 의사결정과정과 재분배의 숨겨진 작동장치', '도시내부에서와 도시와 교외에 사이에 작용하는 차별과 배제의 과정'으로 나누어 논의를 전개한다.[28]

'도시내부에서와 도시와 교외 사이에 작용하는 차별과 배제의 과정'에 관하여 살펴본다면 20세기 이후 도시는 주거, 공업, 정부, 상업지역 등으로 공간적으로 구분되기 시작했고, 기능적으로 구분되어 도시는 보다 지루하고 때로는 위험한 지역으로 변하였다. 영은 직장과 주거지역 등의 공간적 · 기능적 분리는 억압과 지배를 증가시킨다고 주장하며, 그 예로서 전업주부와 가게들과 직장들에 둘러싸여 있는 도심의 아파트에 사는 어머니, 일하는 여성들을 든다.[29] 전업주부와 도심 아파트에 사는 어머니는 공간들의 기능적 분리 때문에 주거공간 내에 분리된 채 고립감과 지루함에 시달리게 되며, 쇼핑이나 육아나 병원에 가는 일 등과 같은 그들의 일상적인 생활과 일까지 연관되어 어려움을 겪게 된다. 일하는 여성들 역시 도시의 기능적 분리와 공간적 분리 때문에 그들의 직장을 주거지역에 가까운 지역에서 임금이 낮은 비서업무나 서비스 직종을 선택하도록 직장을 선택하는 범위를 좁히게 되거나, 집과 직장과 보육원과 식료품점으로 먼 거리를 매일 동분서주하는 삶을 살도록 내몰리게 된다.[30] 공간적 · 기능적 분리는 여성뿐만 아니라 노인, 장애인, 개인적 사정으로 먼 거리를 다닐 수 없는 사람들에게도 직업선택이나 일상생활을 제한하는 결과를 낳는다.

영은 도시나 도시와 교외의 법적 · 사회적 분리는 사회적 부정의에 기여한다고 주장하며, 각 지역은 다른 지역과 다른 경제적 · 정치적 권력을 가지게 되고 이러한 점들이 지역 간의 불평등으로 연결되면서 억압과 지배의 구조를 생산하게 된다고 주장한다.[31]

한 그룹의 사람들과 다른 그룹의 사람들이 '차이'에 개방적으로 타인들과 함께 '도시생활의 이상'을 상정함으로써 차이의 정치학(a politics of difference)이 가지는 함축적 의미를 실현할 수 있도록 하는 것이 바람직하다는 입장에서, 영은 자신이 제시한 이상이 우리가 필연적으로 받아들였던 가정들을 제거시키는 정치학의 중요한 단계가 되고 비판과 대안을 제시하는 출발점이 된다고 한다.[32]

더 나아가서 평등권을 논의함에 있어서 여성을 열등한 계층으로 인식되는 하나의 시스템을 주목할 필요가 있다. 여성은 남성과는 육체적으로나 심리학적으로 구분되고 열등한 존재로 여겨져 왔고, 양성의 결합체의 결혼과 가정은 가부장적 관계로 연결되어 있다.[33] 평등권의 법적 보장이 보장해 줄 수 없는 위계질서가 양성 간에 존재하는 것이다. 코넬(Drucilla Cornell)은 루만(Niklas Luhmann)이 젠더가 위계질서로서 하나의 체계로 작용한다고 주장한 적은 없지만, 루만의 체계이론을 양성 간에 적용시킨다면 위계체계(gender hierarchy)로서 다른 사회체계와 구조적으로 연관되어 사회에서 체계(system)로서 작동한다고 주장하였다.[34] 여성들에 대한 평등권보장이 실질적 평등과 직결되지 않는 주된 이유 중의 하나도 여성에 대한 차별이 사회에서 체계화되어 있어서 법적 평등이 여성에 대한 평등한 대우로 바로 연결되지 않기 때문이다. 하지만 페미니즘과 체계이론(system theory)[35]의 결합이 하나의 이론으로 머물지 않지 위해서는 페미니스트들이 젠더상의 위계질서를 뛰어 넘을 수 있는 다른 세계를 만들어 나가야 할 것이다.

Ⅳ. 나가며

위에서 평등권에 관하여 논의하기 위해서 자유주의 법체계의 형성에 관하여 살펴보았고, 현대의 평등권 이론에 대하여도 알아보았다. 법치주의가 형식적 법치주의에서 실질적 법치주의로 발전하여 왔듯이, 평등권도 형식적 평등의 원리에서 실질적 평등의 원리로 발전하여 왔다.

실질적 평등원리는 차별받는 여성의 입장에서 본다면 입법, 사법, 행정과 같은 공적인 영역뿐만 아니라 사적인 영역에 이르기 까지 '같은 것은 같게 다른 것은 다르게'와 같은 비례적 평등원칙이 적용되어야 함을 알 수 있다. 그리고 비례적 평등원칙이 평등에 대한 구체적 기준을 제시해 주는데 있어서 불충분하다면 이에 대해 보충적으로 대안적 평등론이 제시될 필요가 있다. 인간사회는 복합적인 관계로 이루어지고 있다는 점을 고려해 볼 때, 공동체주의의 입장에서 복합적 평등론을 제시한 왈쩌의 주장은 평등권 이론의 새로운 지평을 제기해 준다고 할 수 있다. 그리고 왈쩌의 복합적 평등론이 여성의 시각을 간과하였다면, 여성주의의 입장에서 가정 내의 평등과 정의에 주목한 오킨(Susan Moller Okin)의 정의론은 진정한 평등이 어디에서부터 시작되어야 하는가에 대한 출발점을 제시해 준다.[36)]

그리고 진정한 정의는 '도시생활의 이상'에서와 같이 '차이의 정치학'을 존중할 때 달성될 수 있다는 영의 주장도 실질적 평등에 대한 새로운 관점을 제시해 준다고 할 수 있다. 하지만 여성에 대한 차별은 사회에서 하나의 거대한 위계체계로서 자리 잡고 있다는 코넬의 지적도 여성에 대한 실질적 평등권 보장을 위해서 나아가야 할 바를 보여준다고 할 수 있다.

6.

포르노그라피와 그 문제점: 맥키넌의 이론을 중심으로

Ⅰ. 들어가며

시대가 변화함에 따라 성윤리도 변화하여 왔고, 이전보다 다양한 통신매체의 발달로 성에 대한 접근방법도 이전과 많이 달라지고 있다. 특히 인터넷의 일상화로 이전보다 더욱 쉽게 포르노그라피(Pornography)에 접근할 수 있다. 우리나라에서 성범죄가 시간이 흐를수록 과거에 비해 폭력적인 성향을 띠고 있고, 아동이나 청소년들에 대한 성범죄도 증가하고 있지만 성에 대한 공개적인 담론과 이에 대한 대책이 충분히 논의되고 있지 못하다.

하지만 포르노그라피는 직접적으로든 간접적으로든 성범죄의 발생과 연관성이 있다는 점에서 이에 대한 적극적 검토가 필요하다. 기존 형법에 규정되었던 강간죄 등 성풍속에 관한 죄 이외에도 성폭력범죄의 처벌 등에 관한 특례법과 성매매알선 등 행위의 처벌에 관한 법률이 제정되어 성폭행과 성매매를 처벌하고 있다. 그러나 성범죄는 엄격한 법적 처벌에도 불구하고 급격하게 증가하고 있으므로, 이러한 문제에 대해서는 보다 구체적이고도 근본적인 문제 제기와 대책 마련이 필요하다.

포르노그라피의 금지 여부를 둘러싼 논의는 이러한 문제의식을 반영하고 근본적인 대책 마련에 일조할 수 있다는 점에서 반드시 필요하다. 페미니스트들 사이에서도 포르노그라피는 끊임없는 논란의 대상이 되어 왔는데, 페미니스트들 가운데서도 이에 대해 반대하는 입장과 찬성하는 입장으로 크게 나누어져 있다.

포르노그라피에 대한 맥키넌(Catharine A. MacKinnon)의 사상은 자유주의 사상가들과 중대한 논쟁의 대상이 되고 있는데, 특히 포르노그라피를 금지할 것인가 허용할 것인가에 대해서도 남성지배를 나타내는 권력의 작용인가와 개인의 표현의 자유의 내용인가에 대해서 맥키넌과 자유주의 사상가의 입장은 대립된다. 이 글에서는 포르노그라피와 그 문제점에 대해 살펴보고, 포르노그라피의 사회적 의미에 대해서 맥키넌의 사상을 중심으로 고찰해 보기로 한다. 그리고 이에 대한 자유주의자의 비판에 대해서도 고찰하도록 하겠다.

Ⅱ. 포르노그라피와 남성지배

포르노그라피(pornography)는 고대 그리스어에서 파생되었는데, 매춘부를 의미하는 'porne'와 쓰기를 의미하는 'graphos'의 결합으로써 "매춘부에 관해 쓰기"를 의미하였다.[1] 현대에는 사진, 영화, 비디오를 통하여 성을 묘사하는 것으로 매체가 변경되었다는 점에서 중대한 차이가 있다.

맥키넌은 법과 국가의 중립성에 의문을 제기한 급진적 페미니스트의 대표자로서, "양성의 불평등이 문화적인 힘 내지 권력에 기초하고 있다."고 주장하고 있다. 그녀는 임신가능여부와 같은 양성의 생물학적 차이에 기초하여 다른 취급이 허용된다는 생물학적 결정주의에 반대한다. 또한 젠더의 차이가 문화적 힘에 의해 젠더의 차이가 결정된다고 하여 인류가 젠더화되어 있다고 주장한다. 더 나아가 양성의 관계는 차이가 존재하는 관계라기보다는 지배와 복종의 관계라고 강조한다. 개인의 자유도 권력적 지배문화 속에서는 제대로 행사할 수 없음을 고려할 때, 사회 권력과 그 영향력은 쉽게 간과할 수 없는 쟁점일 것이다.

포르노그라피에 대해서도 역시 남성지배의 한 양식으로 설명하고 비판할 수 있다. 포르노그라피에서는 강간, 구타, 성희롱, 매춘, 어린이에 대한 성적 학대와 같이 가혹한 학대가 빈번하게 일어난다. 이러한 학대가 포르노그라피에서 당연시 되고 강간, 구타, 성희롱, 매춘, 어린이에 대한 성적 학대가 정당화되고 합법화되는 점에 대해서 맥키넌을 날카롭게 비판한다.[2] 그리고 포르노그라피는 그 속에서 일반화된 지배와 복종을 에로틱화하고, 위계질서를 "성에 대한 진실"로 만든다는 것이다. 이러한 과정을 통해서 여성에 대한 남성의 지배가 구조화됨을 확인할 수 있다는 점은 간과할 수 없는 중요한 포르노그라피의 영향력이라고 할 수 있다. 맥키넌은 다음과 같이 포르노그라피를 비판한다.[3]

> 포르노그라피는 위계질서를 에로틱화하고, 불평등을 섹슈얼하게 변화시킨다. 그것은 지배와 복종을 섹스로 만든다. 불평등이 핵심적 동력이 된다. 폭력의 실재과 함께 한 자유의 환상이 핵심적 작용을 하게 되는 것이다.…… 포르노그라피는 무해한 환상도 아니고, 자유롭고 건강한 성적 상황에 대한 부패하거나 혼동스러운 허위진술도 아니다. 그것은 남성 우위(male supremacy)의 섹슈얼리티를 제도화하고, 여성과 남성의 사회적 구조화에 따른 지배와 복종의 에로틱화를 융합시킨다. 젠더가 섹슈얼한 범위 내에서, 포르노그라피는 섹슈얼리티의 의미 구성의 일부이다. 남성은 그들이 여성을 하나의 존재인 것처럼 다룬다. 포르노그라피는 누구인가에 대해 구조화한다. 포르노그라피는 다른 어딘가에서 구조화된 현실의 이미지가 아니다. 그것은 왜곡, 반영, 예측, 표현, 환상, 대표, 또는 상징이 아니다. 그것은 섹슈얼한 현실이다.

즉, 성적으로 착취받는 여성의 현실을 드러내는 포르노그라피는 지배와 복종의 에로틱한 표현이라는 점을 주목해야 한다. 포르노그라피 자체가 여성에 대한 남성의 의식을 형성하고 유지하는데 기여한다는 점은 "남자의 제도에서 여자는 섹스이고, 섹스는 성매매이다. 성매매녀는 porne, 즉 가장 저열한 성매매녀, 모든 남자 시민에게 속하는 성매매녀, 방탕한 여자이다. 그 매춘부를 사는 것은, 포르노그라피를 사는 것이다. 그 여자를 소유하는 것은, 포르노그라피를 소유하는 것이다."[4)]라고 하는 드워킨(Andrea Dworkin)의 주장을 통해 확인할 수 있다. 포르노그라피를 통해 여성은 노골적인 성적 대상으로 규정되고 비하되므로, 단순한 표현매체를 뛰어넘어 함의하는 바가 있다고 할 수 있다.

포르노그라피가 남성지배, 더 나아가서 여성에 대한 차별을 조장하는 기능을 한다는 점은 크게 남성과 여성 관계의 현실, 여성과 아동에 대한 학대, 인터넷을 통해 만연된 포르노그라피에서 잘 드러난다. 여성은 여성이라는 생물학적 성으로 태어났다는 이유 때문에 평생 동안 강간, 아동 성학대, 가정 내 구타, 직장 성희롱의 위험 속에서 살아가고 있다. 하지만 법은 이러한 여성의 피해를 잘 반영하지 못하여 왔다.

법이 국민의 기본적 권리를 보장하고 보호하기 위해서 존재한다는 법의 이념과 목적을 고려해볼 때, 포르노그라피에 대한 법적 규제에 대해서 주목할 수밖에 없다. 맥키넌과 드워킨이 미국 미네아폴리스와 인디아나폴리스에서 반포르노그라피법을 입안하게 된 이유도 이와 같은 여성에 대한 포르노그라피의 해악을 법적으로 보호하기 위한 것이다.

반포르노그라피에 대한 미네아폴리스 청문회에서 많은 여성들과 남성들이 그들의 삶에서 포르노그라피가 미친 영향에 대해서 증언하였다. 이 증언에서 더 많은 남성들이 포르노그라피를 볼수록, 그들은 학대성향과 폭력성향이 더욱 강화되는 것을 알 수 있음을 맥키넌은 재확인하였다.[5] 평등과 관련하여 "포르노그라피는 위계적인 섹슈얼리티의 경험을 통하여 젠더를 시각적으로 정의함으로써 섹슈얼리티를 젠더 불평등의 핵심적 원천으로 만든다. 그리하여 여성과 남성을 섹슈얼화하면서 인종, 계급, 나이, 종교, 성적 정체성, 장애의 불평등을 심화시켜서 차별을 강화한다."[6]는 맥키넌의 주장도 설득력이 있다.

더 나아가서 여성 전체집단에 대한 명예훼손(defamation)으로 이론구성을 할 수도 있을 것이다. 맥키넌은 모든 여성에 대한 남성의 지배 이데올로기를 제공하고, 유색인종 여성과 남성의 포르노그라피가 인종주의를 섹슈얼화한다는 측면을 고려한다면 명예훼손이지만, 이러한 이데올로기적 측면과 편견은 포르노그라피의 여러 효과 중 하나에 불과하고 포르노그라피는 '말'이 아니라 '행위'라는 점에서 한 집단에 대한 명혜훼손으로 이론 구성하기는 부족하다고 주장한다.[7] 명예훼손 대신 차별(discrimination)이 포르노그라피의 해악에 적합한 법적 접근이라는 것이다.

명예훼손이 집단보다는 개인의 평판에 대한 불법행위의 성격을 가진다면, 차별은 개인과 집단 모두에 대한 언어 또는 행동에 의한 차별이 포함된다는 점에서 명예훼손과는 그 성격이 다르고, 포르노그라피의 해악을 법적으로 논의하기에 '차별'의 문제, 즉 평등권 보장의 측면에서 접근하는 것이 이론적 정합성이 있을 것이다. 하지만 포르노그라피도 표현의 한 내용이라면 평등권 보장과는 다른 표현의 자유 보장을 주장하는 사람들이 있을 수 있다는 점에서 어떠한 권리를 보장할 것인가라는 측면에서 많은 논란이 있어 왔다.

이러한 갈등에 대해서는 한 가지 해답을 정하기 어렵기 때문에, 평등권 보장의 측면에서 포르노그라피를 비판한 맥키넌의 주장을 살펴보고 이에 대한 반대 의견에 대해서 고찰하기로 한다.

Ⅲ. 표현의 자유와 평등권 보장

미국수정헌법 제1조에 보장된 표현의 자유는 포르노그라피가 법적으로 허용될 수 있다는 주장의 주된 논거로 사용되어 왔다. 이에 반해서 맥키넌은 여성차별과 관련하여 포르노그라피에 대해 지적하면서 표현의 자유에 의해 오히려 여성의 불평등이 심화된다는 점을 비판한다. 자유권과 평등권이 조화되기 어려움은 법의 역사를 통해 살펴볼 수 있다. 그렇다면 포르노그라피의 법적 금지와 허용과 관련하여 표현의 자유와 여성의 평등 보장 중 어떠한 권리가 중요시 되어야 하는지 내지 이에 대한 절충적 합의를 할 수 있는가에 대해서 충분한 논의가 이루어져야 할 것이다.

맥키넌은 수정헌법의 제1조 표현의 자유 보장과 수정헌법 제14조의 평등권 이론이 표현의 자유에 관한 이론보다 훨씬 빨리 발전하였음에도 불구하고, 포르노그라피에 있어서는 표현의 자유 보장이 우선하여 보장됨에 대하여 의문을 제기한다.

미국 헌법상 평등권은 판례와 법을 통해서 보장되어 왔다. 만약 표현의 자유를 보다 광범위하게 향유하고 독점적으로 행사할 수 있는 사람의 영향력이 더욱 크다면 표현의 자유를 상대적으로 보다 적게 행사할 수 있는 사람과의 불평등이 발생한다. 맥키넌이 지적하듯이 “표현의 자유를 적게 누릴수록 표현의 자유를 더 많이 향유하는 사람들이 그들을 불평등한 지위에 놓이게 하고, 지배적 지위에 있는 사람들의 표현의 자유가 더 많이 보호될수록 그들은 보다 우월적으로 되고 피지배적 지위에 놓은 사람들의 목소리는 보다 작아진다."[8]고 주장할 수 있을 것이다. 하지만 표현의 자유 행사와 이에 대한 침해여부가 더 주요한 쟁점으로 다루어야 한다는 견해도 있다. 포르노그라피에서도 표현의 자유에 대한 침해의 허용범위가 어디까지인가에 대해서 논쟁이 되어왔었고, 이 주제에 대해 평등권의 침해가 되는가는 큰 관심의 대상이 아니었다.

현실적으로 성희롱의 대상이 대부분 여성이고, 아동 포르노의 희생자도 대부분 여자아이이고, 포르노그라피에 있어서도 남성 위주의 시각이 반영되고 있다는 점에 비추어 보아도 권력을 가진 자와 가지지 못한 자 사이의 차별이 얼마나 심한지, 그리고 평등이 얼마나 중요한지에 대해서 알 수 있다. 표현의 자유 보장의 문제점은 권력을 가진 자들의 표현의 자유와 권력의 지배를 받는 자들 사이의 표현의 자유가 형식적으로 보장되며, 결국은 권력이 있는 집단의 표현이 더 큰 영향력을 가지면서 정부의 규제나 검열조차도 권력층의 견해에 좌우된다는 점에 있다.

그러나 권력을 가지지 못한 다수에 대한 법적 대우가 형식적으로 자유권을 보장하고 있다는 이유만으로 불평등한 처우가 지속된다면 필연적으로 문제가 생길 수밖에 없다. 그리고 '증오범죄'와 같이 개인이 한 집단에 속한다는 사실만으로 범죄의 표적이 되는 경우에도 법이 그들의 보호를 위해 특별한 보호를 해 줄 수 있는 경우는 많지 않다.

보하네(Beauhanais) 사건에서 프랑크푸르트(Frankfurter)판사는 다수의견을 대표하여 "한 사람의 직업, 교육기회, 존엄성은 그 사람 개인의 공적과 함께 싫든 좋든 그가 속해 있는 인종적 · 종교적 집단의 명성에 의존할 수 있다."라고 판결문에 의견을 제시하였다. 이 사건에서 더글라스(Douglas)판사는 "히틀러와 나치는 한 인종을 멸시, 조소, 비방하여 파멸시키려는 음모가 얼마나 악할 수 있는가를 보여주었다. 나는 이 나라에서 한 인종이나 집단에 대한 그러한 행위는 기소될 수 있는 범죄에 해당된다고 기꺼이 인정할 것이다. 왜냐하면 그런 행위는 표현의 자유의 허용범위를 넘어 선 것이기 때문이다."[9]라고 의견을 제시하였다. 그의 고찰도 한 집단에 대해 행해지는 폭력이 심각한 범죄행위가 될 수 있음을 보여주는 것이다.

미국에서 수정헌법 제1조에 의해 보장되는 '표현의 자유'가 절대적으로 보장되어서 결과적으로 포르노그라피가 표현의 자유로 공공연히 보호되게 된다는 점을 맥키넌은 강력하게 비판한다. 그러나 표현의 자유라는 이름으로 제작되고 유포되는 포르노그라피로 인해 여성에 대한 성적 학대, 아동에 대한 성폭력 등이 가학적인 행위가 아니라 자연스러운 행위로 받아들여지게 된다는 점에서 문제가 발생한다.

그러한 점에서 맥키넌과 드워킨이 제안한 미네아폴리스의 반포르노그라피조례는 포르노그라피의 문제점을 지적한 중대한 성과라고 할 수 있다. 이 조례에서는 포르노의 해악을 평등권에 대한 침해로 정의하여 소추의 대상으로 하고 있다. 그리고 자신이 포르노그라피에 의해 피해를 입었음을 입증한다면 손해배상과 금지명령을 주장할 수 있다.[10] 주요한 조문내용은 다음과 같다.

> 포르노그라피를 사회에서 생물학적 성에 기초해서 여성에 대한 평등한 기회를 부인하는 차별적 행위이다. 포르노그라피는 성을 차별의 기초로 만들고 유지하는 데 있어서 주요한 역할을 한다. 포르노그라피는 여성에게 차별적으로 해악을 가하는 성을 기반으로 하는 착취와 복종의 실행이다. 그것이 조장하는 공격적 행위들과 함께 편견과 모욕은 고용, 교육, 공적인 에 있어서 여성의 평등한 권리, 공적인 수용장소에 대한 접근과 사용에 대한 권리, 부동산의 취득에 대한 여성의 평등권을 침해한다. 그리고 강간, 구타, 어린이에 대한 학대(child abuse), 유괴, 매춘을 조장하고 그러한 행위를 금지하는 법의 집행을 방해한다. 그리고 이웃과의 관계를 포함한 공적인 생활에의 충분한 참여를 제약하는데 기여한다.[11]

이 법은 포르노그라피가 생물학적 성에 기초한 차별이라는 점과 이에 대한 적극적인 보호를 규정하고 있다. 그리고 한 사회의 성적 불평등을 해결하기 위한 국가와 법의 적극적인 개입을 보장한다. 오늘날 받아들여지고 있는 평등에 대한 개념, 즉 평등보호는 형식적 평등보다는 구체적이고 실질적 평등의 법률화에까지 나아가야 함을 반포르노그라피법을 통해 반영하고 있다. 맥키넌은 평등보장이 자유로운 표현이라는 명목으로 제한되어서는 안 된다는 점을 이 법에서 반영하고 있는 것이다.

하지만 반포르노그라피법이 성공적으로 시행될 수 있었던 것은 아니다. 인디아나폴리스 반포르노그라피법을 위헌으로 결정하였던 이스트브룩(Easterbook)판사는 중요한 영향을 미칠 수 있는 모든 표현을 금지한다면, 어떤 사고방식도 예외는 아니라는 점을 강조하면서 다음과 같은 의견을 제시하였다.

> 인종에 대한 편견, 반시온주의(anti-Semitism), 텔레비전에서의 폭력, 보도자의 편견들과 이외에도 문화에 영향을 미치고 우리의 사회화(socialization)를 형성한다. 그러나 이 모두가 아무리 나쁘더라도 표현의 자유로 보장된다. 그 이외의 다른 해답은 무엇이 우리에게 좋은지에 대한 중대한 감찰자이자 지배자인 모든 문화단체들을 관장하고 있는 정부에 맡겨두어야 한다.
>
> 성적 반응은 종종 예상치 못한 반응이고, 여성의 종속을 일으키는 성적 반응은 중대한 영향을 야기할지도 모른다. 그러나 모든 문화적 자극은 무의식적 반응을 일으킨다. …… 표현이 조건형성에 중대한 영향을 미친다는 사실이 정신적 규제를 허용하는데 충분하다면, 그것은 표현의 자유의 종말일 것이다.[12)]

이와 같이 해악의 가능성에 기초에서 표현의 자유의 한계를 설정하는 것은 쉽지 않아 보인다. 포르노그라피 역시 좋든 나쁘든 표현의 한 종류라면 이 역시 자유롭게 보장되어야 한다는 주장은 여성판사들 뿐만 아니라 다른 자유주의 여성학자의 지지를 받고 있다.

표현의 자유에서 '관점의 중립성'(viewpoint neutrality)과 '명백하고 현존하는 위험'(clear and present danger)이 중요한 기준이다. 스트로센(Nadine Strossen)은 포르노그라피는 표현의 자유 보장의 한계인 '명백하고 현존하는 위험'의 원칙을 위배하게 된다고 주장한다. 그리고 '증오표현'을 금지하는 법이 좋은 영향보다는 해악을 더 야기할 것이라고 주장하고, 포르노그라피를 금지하는 법 역시 여성에 대한 차별과 폭력을 억제하는 중대한 목적에 기여하기 보다는 이러한 목적을 오히려 훼손시킨다고 한다.

스트로센은 첫째로, 표현의 자유는 오랜 동안 차별받아온 사람들에게 특히 중요함을 지적한다. 예컨대 1950에서 1960년에 이르는 시민권운동(civil rights movement)은 표현의 자유의 강력한 시행과 강한 상호관련 속에서 전개되었던 것과 마찬가지로, 여성운동 역시 표현의 자유 보장과 밀접한 관련 속에서 전개되었다는 것이다. 오히려 여성운동과 표현의 자유는 적이라기보다는 오래된 동지라는 것이다.[13] 또한 표현의 자유에 대한 제한인 '검열'이 인종적 소수자나 여성과 같이 정치적으로 힘이 약한 그룹을 특히 희생시켜왔다고 한다. 예컨대 미국 미시건 대학에서 학교 내 증오표현을 처벌하는 규정(hate speech code)을 만들었는데, 반인종적 표현으로 기소된 백인 학생들도 많았지만, 처벌받은 학생은 흑인, 아프리카 출신 미국인, 유대인, 아시아 출신 미국인이었다.[14]

둘째로, 성적 표현에 대한 검열은 여성과 여성권리옹호자들에게 특히 해가 되었다는 점이다. 역사적으로 성적인 정보에 대학 금지를 허용하는 법은 여성의 재생산에 관련된 권리인 피임이나 낙태에 관한 권리를 제약하는데 사용되어 왔다.[15] 그리고 성적인 표현 제한이 인권을 보다 광범위하게 침해한다는 점이다. 성적인 표현은 자유권의 핵심적 측면이고, 구소련이나 독재국가들과 같이 인권을 무시했던 나라들이 대부분 성적인 표현을 억압하여 왔다는 사실에서 확인할 수 있다는 점을 지적한다.[16]

위와 같이 포르노그라피를 표현의 자유의 한 내용으로 보호하려고 하는 입장은 포르노그라피 금지나 검열을 통해 오히려 차별이 강화되거나, 피해가 확대재생산되는 경향이 있음을 주장하고 구체적인 예를 들고 있다.

Ⅳ. 외설규제법에 관하여

세계 각국에서는 외설규제법(obscenity law)을 제정하고 있다. 포르노그라피와 외설이 같은 개념은 아니지만, 외설규제법에 대해 논의하면서 많은 학자들이 미국 수정헌법 제1조의 표현의 자유 보장과 관련하여 논의되어 왔던 포르노그라피의 문제와 함께 논의한다.

맥키넌은 페미니스트의 관점에서 본다면 포르노그라피가 남성지배를 반영하여 매우 정치적이고 구체적인 차별행위라고 볼 수 있는 반면에, 외설규제법이 기준으로 삼고 있는 '도덕성'은 페미니스트적 관점 보다 추상적이어서 해석이 모호함을 지적한다.[17]

페미니스트적 관점에서 외설은 남성이 부끄러움을 느끼는가에 관련되어 있다고 평가할 수 있는 반면에, 포르노그라피는 여성이 어떻게 해악의 대상이 되는지와 관련되어 있다.[18] 결과적으로 외설규제법은 법이 성에 대해 공식적으로 무엇을 그리고 어떻게 보여주는가를 통제하게 된다.[19] 맥키넌은 외설규제법과 포르노그라피의 관계에 대해 다음과 같이 지적하였다.

> 외설규제법은 그것을 보고, 지키도록 도와준다. 포르노그라피는 여성에 대해 하는 행위에 대해 아무 것도 잘못된 것이 없다고 생각한다. 외설규제법도 마찬가지다. 포르노그라피는 사회적으로 비난당하지만 사회적으로 허용된다. 외설은 법적으로 부인되지만 법적으로 허용되는 법적 장치이다.[20]

즉, 외설규제법이 포르노그라피를 규제하기 보다는 오히려 보호하는 역할을 한다는 것이다. '외설'에 대해서 밀러(Miller v. California) 사건[21]에서 "일반인의 기준에서 보았을 때 '음란한 관심'(the prurient interest)에 호소하는 것으로 보이고, '공공연히 불쾌한'(patently offensive) 방법으로 각 주에서 정한 법에 의해 정의되는 성적 행위를 묘사하고, 전체적으로 보았을 때 중대한 문학적, 예술적, 정치적, 사회적 가치를 결여한 것"을 의미한다고 판결하였다.

그렇다면 '일반인'이라는 모호한 단어가 누구를 지칭하는 것인지에 대해 의문이 생길 수 있을 것이다. 외설의 기준에 대한 이 판결에 대해 맥키넌은 '일반인'의 기준에 대해, 일반인이 젠더에 관하여 중립적인 단어인지, 공동체의 기준의 내용과 그 과정이 무엇인지, 감각이 여성이 당하는 착취보다 더 중요한 고려 대상인지, 그리고 법이 포르노그라피와 다른 것을 구분할 수 있는지에 대해 의혹을 제기하고 비판한다. 포르노그라피의 주된 내용이 여성과 여성의 섹슈얼리티인 것과 마찬가지로, 외설규제법 역시 여성의 육체에 대해 언급하면서도 여성의 존재는 고려의 대상이 되지 않았고 포르노그라피에서 여성에 관한 쟁점 역시 전혀 인식되지 않았다는 것이다.[22] 즉, 포르노그라피와 마찬가지로 외설규제법에서 역시 여성의 지위를 전혀 고려하고 있지 않고, 모호한 기준에 의해 허용되는 성과 허용되지 않는 성을 판단한다는 점에서 문제가 있다.

'일반인'의 기준과 같이 모호한 기준이 외설을 판단하는데 적용된다면, 그 모호한 기준의 판단자로서 권력의 영향력을 잠정적으로 상정할 수 있을 것이다. 외설규제법이 '외설'이 무엇인가에 대해 결정하는 것과 유사하게, 포르노그라피처럼 수용될 수 있는 표현으로 받아들여지는 것도 모두 권력에서 기인함을 알 수 있다. 맥키넌은 문학이나 예술을 그 배경과 구분하기 어려운 것처럼 성적 자유도 성적 강제의 배경이나 기준과 구분하기 어려움을 지적하면서, 법적 기준은 실제로 강제하기 어려울 뿐 아니라 젠더의 불평등에 대해 직접적으로 언급하기 전에는 이 문제를 해결하기 보다는 재생산할 것이라고 한다.

그리고 '공공연히 불쾌한 방법'으로의 의미에 대해서도 그 의미가 모호하여 해악에 대해 오해를 불러일으킬 뿐임을 지적할 수 있다.[23] 포르노그라피는 사회질서의 핵심이고 정확한 사회적 행위로서, 남성 우위를 표현하는 행위이다. 하지만 포르노그라피는 광범위한 파급력과 효과적인 성공 때문에 남성 우위를 성적으로 표현하고 있는 그 자체의 문제점을 쉽사리 파악될 수 없게 되었다.

외설규제법은 도덕성에 관한 가치판단이며, 헌법상의 한 기준을 제시한 것이라고 할 수 있다. 법원은 법적 개입이 성차별적 시각에 바탕을 두고 있는데, 여성이 제기하는 소송이 자유에 대한 심각한 검열이라고 본 반면에 외설에 대해서는 자유에 대한 침해도 형사상 검열도 아니라고 여긴다. 법은 양성평등에 대해 일보 나아가는 것을 금지하는 것이 오히려 중립적이라고 여기는 것처럼 보이는데, 이는 국가가 사회의 불평등을 반영하기 때문에 남성의 시각에서 보았을 때에는 중립적으로 보이기 때문이다. 이러한 중립성의 보호막 아래서 포르노그라피에 대한 국가의 보호는 공식적 정책이 된다.[24]

포르노그라피에 관한 법은 포르노그라피와 같은 표면적 주제를 가지고 있는데, 이들은 모두 도덕성에 관한 것이고 실제로는 이 모두 모두 '권력'에 관한 것이다. 즉, 이는 에로틱함과 남성에 의한 여성의 지배 사이의 평형에 관한 것이고, 여성은 성적 흥분을 위한 목적으로 존재한다는 것이다. 포르노그라피는 어느 정도는 법에 위반되지만, 완전히 불법적이지 않다는 점이 용인되고 있는 현실이다.

외설규제법은 금지를 통해서 평가절하시키기 원하고 접근을 제한하고자 하는 기준에 대한 가치 판단을 합법적으로 보호하는 기능을 한다고 할 수 있다. 국가권력은 외설규제법에 의해 포르노그라피와 그 문제점을 합법화하여 외설에 대해 일련의 방향제시를 가능케 하는 통제의 수단으로 사용되고 있는 것이다.[25] 표면적으로 포르노그라피와 외설규제법은 성에 관한 것이지만, 여성의 지위를 위태롭게 하는 데 일조한다.[26]

포르노그라피를 허용할 것인가에 대해 맥키넌과 스트로센의 입장은 다르지만, 외설규제법의 문제점에 대해서는 스트로센 역시 비판하고 있다. 스트로센은 외설규제법이 정치적이거나 종교적 쟁점에 있어서 마음에 들지 않는 생각을 가지지 않은 사람에게 불리하게 작용해 왔다는 점을 지적한다.[27] 미국 역사 초기에는 종교적 정통성을 해치는 표현에 대해 외설규제법이 적용되었던 예가 있다.[28] 문제는 이러한 패턴이 현재에도 지속되는 점인데, 특히 상대적으로 힘이 없거나 주목받지 않는 집단을 견제하는데 이 법이 사용되어 왔다. 예컨대, 신시내티(Cincinnati)시가 게이와 레즈비언 서점과 그 소유주 및 지배인을 상대로 외설로 기소하여, 이들이 투옥되었던 사례를 들 수 있다.[29] 그들이 이탈리아 파시즘 이면의 섹슈얼리티를 소재로 한 영화 비디오를 빌려주었다는 죄로 외설규제법의 강력한 처벌을 받았던 것이다. 그리고 그 당시에 게이와 레즈비언의 권리를 보장하는 법안에 대해서도 소송이 제기되었고, 논란의 대상이 되었다.[30] 이와 같이 스트로센 역시 외설규제법으로 인한 여성의 피해보다는 외설규제법이 소수자에 대한 상대적으로 더 큰 차별의 기제로 작용할 수 있음을 지적하고 있다.

이상에서 살펴본 바와 같이 포르노그라피에 대한 외설규제법은 규제의 역할을 하기보다는, 모호한 기준으로 해석상 어려움을 야기하여 결과적으로는 포르노그라피를 법적으로 보호해 주는 역할을 하기도 한다. 이와 함께 차별받는 집단의 사람들이 그 차별을 정당화하고자 하는 사람들에 의해 선별적으로 법의 규제대상이 될 위험성도 있다. 그러므로 진정으로 외설을 규제하고자 한다면, 그 목적에 맞는 법의 내용과 실효성이 보장되어야 하며 위와 같이 오히려 '허용된 외설'을 증가시키는 역할을 해서는 안 될 것이다.

V. 나가며

이 글에서 포르노그라피의 사회적 의미와 그에 대한 법적 규제의 내용과 역할에 대해서 살펴보았다. 이 글에서는 맥키넌의 포르노그라피에 대한 비판과 법학계의 논쟁을 통해 포르노그라피에 대해서 다시 한 번 더 고찰해 볼 수 있었다.

자유주의 시대를 거쳐서 다양성의 시대를 맞이하여 포르노그라피도 다양성의 한 표현으로서 인식될 수 있을 것이다. 하지만 맥키넌의 주장과 같이 포르노그라피가 남성 지배의 현실이라면, 그리고 남성의 지배를 보다 공고히 하여 여성과 아동과 같이 사회적으로 힘이 없는 집단을 더욱 차별하는 결과를 낳는다면 그 문제점이 간과되어서는 안 된다. 포르노그라피의 사회적 영향에 대한 맥키넌의 주장과 반포르노그라피법 입법에 대한 시도는 의미 있는 방향성을 제시해 준다.

포르노그라피에 의한 여성에 대한 평등권 침해이며 차별이라는 주장과 드워킨과 함께 입안하였던 반포르노그라피법이 '표현의 자유' 보장을 주장하는 사람들에 의해 비판받고 있지만, 그녀가 지적한 포르노그라피의 사회적 해악과 법적 성격의 왜곡에 대해서는 충분히 동의할 수 있을 것이다. 그리고 한편으로는 심각하게 여겨지지 않았던 포르노그라피의 문제점을 충분히 환기시키고 있다는 점을 부인할 수는 없을 것이다. 오늘날 증가되어 가고 있는 여성과 아동에 대한 성범죄를 살펴볼 때, 성과 포르노그라피의 사회적 현실은 매우 절박하고 심각하다.

포르노그라피의 한계에 대해서도 법적·사회적으로 충분히 논의를 거쳐서 이에 대한 실질적 대책이 마련되어야 할 것이다. 그런데 법과 법적 규제 역시 모호한 기준과 해석으로 목적을 달성하지 못한다면 다른 해결 방안을 강구해야 한다. 포르노그라피에 대한 문제점에 대한 근본적이고 지속적인 논의를 통한 '의식고양'의 방법도 유의미한 고려 대상이 될 수 있다. 법보다 더디게 변화하는 것이 인간의 의식이지만, 이에 대한 논의를 통해서 궁극적으로는 법의 내용을 실질적인 문제점 해결을 위한 방향으로 개정하고, 법 적용과 해석에 있어서도 충분한 변화가 있어야 할 것이다. 즉, 표현의 자유에 대한 보장만으로는 간과될 수 없는 포르노그라피의 해악과 심각성에 대해서 지속적으로 관심을 가지고 이에 대한 규제 방안을 강구해 나간다면, 성폭력 감소와 여성 지위 향상에 기여하게 되리라고 여겨진다.

7. 낙태법제에 대한 이론적 고찰

Ⅰ. 들어가며

낙태에 대한 법적 금지에도 불구하고 한국 사회에서는 많은 낙태가 행해져 왔고 처벌받는 경우도 극소수였다. 낙태 금지와 낙태의 현실에 주목하면서 낙태에 대한 연구가 과거부터 지속적으로 이루어져 왔지만, 한국사회의 기록적인 저출산 문제와 관련하여 한국 사회의 시대적 배경과 함께 낙태에 대한 규제의 필요성이 다시 한 번 더 주목받고 있다.[1] 이 글에서는 낙태법제의 실효성 확보를 위해 낙태관련 법을 살펴보고 낙태에 대한 이론적 고찰을 하고자 한다.

낙태에 대한 이론적 고찰을 위해서 첫째로, 낙태 금지와 허용에 대한 이론적 근거를 살피고 낙태 처벌과 자유화에 대한 이론적 성찰을 하도록 한다. 둘째로, 낙태죄 관련 법제와 판례를 살펴보고 낙태 금지 및 허용의 법적 근거와 법리를 살펴보도록 한다. 셋째로, 법적 금지에도 불구하고 실제로는 높은 낙태율을 보이고 있는 현실을 극복하기 위한 낙태법제의 실효성 확보 방안을 고찰하기로 한다.

Ⅱ. 낙태 금지와 허용에 관한 이론적 고찰

낙태의 가벌성을 인정하는 근거로서 '태아의 생명권 보호 논리'(pro-life), 종교적 이유, 사회 · 경제적 이유를 주장하는 입장이 있고, 낙태를 허용하자는 입장에서는 프라이버시권 보장, 임부의 자기결정권 보장 논리(pro-choice) 내지 여성의 재생산권에 대한 보호 등을 주장한다. 이 장에서는 첫째로 태아의 생명권 보호 논리, 둘째로 여성의 재생산권,[2] 낙태에 대한 논의에 앞서서 양성의 불평등을 문제시하는 이론 등을 재구성하여 논의하고자 한다.[3]

1. 낙태 금지 이론에 대한 고찰

낙태의 가벌성을 인정하는 견해는 태아의 생명권 보호, 종교적 이유, 사회 · 경제적 이유로 한 낙태 금지를 주장한다.

태아의 생명권 보호가 낙태죄의 보호법익이라고 주장하는 견해는 인간 존엄성과 신체의 자유를 비롯한 기타 기본권의 기초로서의 생명권을 강조하면서 명문의 규정이 없더라도 생명권은 헌법상의 기본권으로 인정해야 한다고 한다.[4)]

우리나라 대법원은 "인간의 생명은 잉태된 때부터 시작되는 것이고 회임된 태아는 새로운 존재와 인격의 근원으로서 존엄과 가치를 지니므로 그 자신이 이를 인식하고 있던지 또 스스로를 방어할 수 있는지에 관계없이 침해되지 않도록 보호해야 하는 것이 헌법 아래에서 국민일반이 지니는 건전한 도의적 감정과 합치된다"[5)]고 하여 태아의 생명권 보호를 명시하고 있다.

태아의 생명이 사람의 생명과는 구분된다고 하더라도 태아의 생명을 경하게 여기는 것이 궁극적으로 인간의 존엄성과 연결되므로 낙태를 허용해서는 안 된다는 주장[6)]도 태아의 생명권 보호를 낙태죄의 보호법익으로 하고 낙태의 가벌성을 인정하는 견해라 할 수 있다. 이에 반해 "태아의 생명은 사람의 생명이 아니라 생성중인 생명에 지나지 않으므로 사람의 생명과 같이 절대적으로 보호해야 할 법익이라고는 할 수 없으며, 따라서 일정한 범위 내에서는 낙태의 자유도 허용되어야 할 것이다."는 입장에서 태아의 생명과 사람의 생명의 가치를 구분하면서, 임신 후 일정한 기간까지만 낙태를 허용하고 출산 직전에는 낙태를 금지하자고 주장하는 견해도 있다.[7)]

종교적인 이유로 낙태를 금지해야 한다는 주장이 있다. 종교에 따른 낙태에 대한 한국형사정책연구원의 인식조사에 따르면 천주교와 기독교는 낙태에 대해 부정적인 입장을 취하고, 불교와 무종교 집단에서는 낙태에 대해서 비교적 관대한 입장을 취한다는 통계를 제시한 바 있다.[8)] 사회적 · 경제적 이유로 한 낙태를 금지해야 한다는 이론이 있다. 예컨대 인구조절을 위한 규제를 위해 낙태를 금지할 수도 있다는 입장이다.[9)]

낙태 금지를 주장하는 위의 입장 중에서 가장 강력하게 주장되는 이론이 '태아의 생명권 보호'이다. 태아를 사람이라고 정의하기는 어렵지만 생명을 가지고 있고 권리능력을 가지고 살 수 있는 인간의 직전단계의 생명이라는 점을 고려할 때, 낙태 허용의 논리를 전개하더라도 태아의 생명에 대해 간과하기는 어려울 것이다.[10)]

2. 낙태 허용에 관한 이론

낙태허용에 관한 이론으로 첫째로 프라이버시권(the right to privacy)을 존중하는 견해, 둘째로 여성의 재생산권 내지 자기결정권을 존중하는 견해가 있다.

첫째로 미국에서는 낙태에 대한 허용의 근거로 Roe v. Wade 사건[11)]과 같이 여성의 프라이버시권을 낙태 허용의 근거로 드는 입장이 있다. 국가의 간섭으로부터 자유로울 수 있는 프라이버시권은 광범위한 범위에서 인정되며 낙태금지법에 대한 위헌판결은 미국 헌법에서 거의 절대적인 지위를 차지하는 사생활의 자유에 대한 적용이자 해석인 것이다.

로(Roe) 사건에서 블랙먼(Blackmun) 대법관은 "프라이버시권이 수정헌법 제14조상의 개인의 자유의 개념에 속하든 그렇지 않든 혹은 수정헌법 제9조의 주정부의 행위에 대한 제한에 속하든 그렇지 않든 간에, 프라이버시권은 여성이 자신의 임신을 종결시킬 것인지를 결정할 권리를 포함할 만큼 넓은 개념이다."[12)] 라고 주장하였다. 즉, 프라이버시권이 헌법상에 직접적으로 명문화되어 언급되어 있지 않다고 하더라도, 이 권리는 광범위하게 보호됨을 명시한 것이다.

둘째로 여성의 재생산권 내지 자기결정권을 존중하는 견해가 있다. 여성의 재생산권이란 1995년 제4차 세계여성회의에서 합의 도출된 개념으로서 성적 건강과 여성의 인권으로서 보장되어야 하는 권리고서 재생산권을 상정하고 이를 가장 기본적인 권리로 강조한다.

인구 및 개발에 관한 국제회의 행동강령(International Conference on

Population and Development Program of Action)[13] 제8원칙에서 "모든 사람은 가능한 최고수준의 육체와 정신적 건강을 누릴 권리가 있다. 남녀평등의 기반 위에서, 가족계획과 성적인 건강을 포괄하는 재생산 건강관리가 포함된 건강관리 서비스에 대한 보편적인 접근을 보장하기 위하여, 국가는 모든 적절한 수단을 강구해야 한다. 재생산 건강관리 프로그램은 어떠한 형태의 강요도 없이 최대한의 서비스를 제공해야 한다. 모든 커플과 개인들은 자유롭고 책임 있게 그들이 자녀의 수와 터울을 결정할 권리를 가지며 이를 위한 정보, 교육, 수단을 획득할 권리를 가진다."[14]

낙태와 관련한 재생산권리에 대해 '성적인 권리와 건강의 측면,' '재생산의 권리에 대한 측면'을 논의할 수 있다. 낙태의 주요 원인으로 들 수 있는 미혼과 10대 임신은 여성의 성적인 권리의 측면으로 고려될 수 있을 것이다.[15] 만약 미혼인 여성이 출산하는 것이 사회적 편견과 차별의 대상이 되지 않는다면 미혼여성의 낙태가 현재보다는 훨씬 낮아질 것이다. 그리고 성의 개방화가 진행되고 있는 현대 사회에서 임신했을 경우에 대한 사회적 · 경제적 대책이 마련되지 않은 상황에서는 십대인 임신여성이 낙태를 선택할 가능성이 높을 것이다. 미혼여성과 10대 여성의 성적인 권리에는, 피임을 하더라도 완벽하게 피할 수는 없는 임신, 낙태, 출산에 대한 권리도 포함된다고 할 수 있다. 하지만 기혼여성이 아닌 미혼여성의 경우 나이를 불문하고 임신과 출산에 대해 사회적 제약이 있으며, 출산한다고 하더라도 미혼모로서 낙인찍힌 삶을 살아가야 한다. 그러므로 임신한 미혼여성이 사회적 제약 때문에 낙태를 선택한다면, 그들의 성적인 권리는 완전히 보장되지 않는 것이다.

기혼여성도 상호존중과 합의에 기초하지 않은 성관계 및 피임이 이루어지지 않은 상태에서 임신하였고, 그들이 원하지 않는 임신으로 낙태를 선택할 수밖에 없었다면 그들의 성적인 권리와 건강은 크게 침해되는 것이다. 더욱이 낙태의 결과가 여성 자신의 육체적 건강과 직접적으로 관련되어 있음에도 불구하여 여성 자신만이 책임을 진다면 여성만이 과도한 부담을 지는 것으로서 여성의 성적인 건강과 관련하여 큰 문제가 있는 것이다.

다음으로 여성의 재생산에 관한 권리를 논의할 수 있을 것이다. 여성의 재생산권은 1994년 9월 카이로에서 열렸던 UN 인구 및 개발에 관한 국제회의(International Conference for Population and Development, ICPD)에서 채택된 행동프로그램(Program of Action) 제7.3 에서 "재생산권은 이미 국가 법률, 국제인권법에 그리고 기타 UN이 합의한 문서에서 인식되는 인권의 어떤 측면을 포함한다. 재생산권이란 모든 커플과 개인들이 그들의 자녀의 수, 터울, 시기를 자유롭고 책임 있게 결정할 수 있는 기본적 권리 및 그 권리를 행사할 수 있는 정보와 수단, 그리고 가장 높은 수준의 성적 재생산적 건강을 누릴 권리를 포함한다. 이 권리를 행사함에 있어서, 개인과 가족들은 그들의 삶, 미래의 자녀, 그리고 공동체를 향한 그들의 책임을 고려해야 한다. 모든 사람들의 재생산 권리가 책임 있게 실현되도록 만드는 것은, 정부가 지원하는 가족계획을 포함한 재생산 건강 정책과 프로그램의 기초가 되어야 한다."[16]고 정의하고 있다.

재생산권을 통해 정립된 주요 원칙은 여성의 관점에서 인권을 재구성했다는 점, 성적인 권리를 재생산의 권리와 연관시켜서 '가장 높은 수준의 성적 재생산적 건강을 누릴 권리'로 구성했다는 점이다. 재생산의 상호 불가분성으로서 여성과 국가적 지원의 관계, 성적 권리와 임신과 출산에 있어서 평등, 임신과 출산에 있어서 사회 경제적 권리의 포함 등과 같은 측면에서 "시민, 정치, 경제, 사회, 문화적 권리 간의 상호 불가분성, 재생산권 및 성관계에서의 존중과 젠더 평등과의 상호 불가분성, 사회 경제적 권리와 자녀 임신 결정 간의 상호 불가분성, 정부와 시민사회 간의 상호 불가분성"[17]을 들 수 있다.

3. 낙태에서 양성의 불평등을 비판하는 이론

세계성평등지수를 조사한 세계경제포럼(WEF) '글로벌 젠더 보고서'(The Global Gender Gap Report 2011)[18]에 따르면 한국이 조사대상 세계 135개국 중 107위를 차지하여 이전 해 보다 3단계 하락한 하위권에 머물렀다.[19] 이처럼 우리나라는 경제적 발전에도 불구하고 성평등지수는 여전히 하위권에 머무르고 있는데, 여성이 사회적으로 평등하다면 낙태율이 사회적으로 불평등할 때보다는 낮아질 것은 분명할 것이라고 예측할 수 있다.

전통적으로 자유주의 페미니스트들은 낙태를 할 수 있는 권리를 여성들의 가장 중요한 권리 쟁취라고 주장해왔다. 그들은 성적인 행위에 대한 자유주의적 자율권(autonomy)과 사생활(privacy) 보호를 중시했고,[20] 이는 국가의 법적 규제로부터 여성 자신이 낙태에 대한 자유로운 권리를 누릴 수 있는 것을 의미했다. 낙태논의에서 여성의 자율적인 결정권 내지 사생활보장권 대신에 양성 불평등의 관점을 더욱 강조하면서 낙태에 대한 논의를 한 대표적인 학자인 맥키넌(Catharine A. MacKinnon)의 이론은[21] 시사점이 크다. 역사상 여성의 프라이버시권을 이유로 낙태를 허용하게 된 획기적인 판결인 Roe vs. Wade 사건을 논의하면서, 맥키넌은 이 판결이 기존의 여성의 권리신장에 큰 공헌을 하였다는 평가[22]와는 다른 논의를 펼치고 있다.

첫째로, 맥키넌은 사생활보장권은 방해받지 않을 권리 내지 정부의 개입으로부터 자유로울 수 있는 권리를 의미하는데, 한편으로는 개인에게 주어지는 이러한 권리는 강자에게 정부의 심사나 고려 없이 약자를 억압할 수 있는 강력한 자유를 준다고 한다. 비록 사생활보장권이 어떤 개인을 억압하는 정부의 힘을 제한하지만, 사생활보장권은 개별화된 형태의 억압을 촉진하다는 것이다.[23] 예를 들어, 여성은 생리학적 관련 요소와 피임에 대한 무지로 국가가 피임을 금지하지 않더라도 임신을 방지할 수 없는 경우도 있다.[24] 이러한 이유로 임신을 하게 되는 배경으로 가난, 미성숙, 지정학적 위치, 다른 사람의 반대 등으로 피임을 하고 싶어도 할 수 없는 경우가 있다는 것이다. 그리고 성관계를 대비해서 항상 피임약을 준비하기 어려운 여성이 있을 수 있고, 도덕적 이유 때문에 피임을 적극적으로 준비하지 못하는 경우도 있을 것이다.

자유주의 페미니스트들은 자율권과 사생활보장권에 입각하여 선택의 자유를 강조하였다.[25] 하지만 선택의 자유를 이유로 낙태를 허용하기 이전에, 위와 같이 여러 가지 이유로 여성 자신의 성관계에 대비한 피임을 하지 못하는 경우의 임신은 개인의 사생활 문제로 보기에는 너무나 사회적 장애가 많이 작용한다는 점에서 맥키넌의 견해가 일리가 있다고 여겨진다.

둘째로, 맥키넌은 사생활보장권에 있어서 자유와 평등이 남성-지배적 가족과 이성애자의 친밀감과 연결되어 있다고 비판한다. 맥키넌은 프라이버시는 친밀감과 연관되어 있기 때문에 억압을 성적인 불평등과 부자유를 영속시킨다고 한다. 즉, "친밀한 결합의 현존하는 형태를 보호함으로써, 사생활보장권은 성역할(sex-roles), 성관계 파트너의 선택, 성적인 행위와 가족적인 관계들에 대한 개인의 차이를 억압한다. 친밀감이란 이름하에 남성에 대한 여성의 종속을 영속화함으로써, 사생활보장권은 "사회공공질서로서 여성의 친밀한 지위격하"를 활성화하는데 기여한다."[26]고 주장한다. 억압적이고 착취적인 관계들을 친밀하다는 이유로 받아들임으로써, 사생활보장권은 다른 대안에 영향을 미치게 된다.

셋째로, 맥키넌은 사생활보장권이 평등권과 양립할 수 없다고 주장하면서, 그 이유로서 공사(public/private)구분의 유지를 승인하거나, 정치적인 것(political)과 사적인 것(personal)을 구분하는 것이라고 한다.[27] 자유주의자들은 사생활보장권이 국가의 권력의 사용이 객관적이고 중립적인 수단을 보장하기로 되어있다고 믿어왔고, 이것은 국가권력은 개인의 자유와 평등에 의해 정당화되고 양립할 수 있다는 점과 필연적으로 연관되어 있다. 개인에게 개인적인 것과 정치적인 것을 구분하는 것을 요구함으로써, 사생활보장권은 국가권력이 권력을 가진 자들의 변덕이나 편견에 의해 결정되기 보다는 시민의 보편적 관심에 의해 결정된다는 점을 승인하도록 한다. 정치적 결정으로부터 시민의 개인적 이해관계를 보호함으로써, 공사구분(the public/private)이 공적 생활에 두려움 없이 참여하는 것을 장려하게 된다고 한다. 사생활보장권에 대한 보호와 공사 구분은 개인의 경쟁적 이해관계 사이의 중립성에 대한 국가 헌신의 증거이기 때문이고, 국가가 공적인 생활과 사적인 생활에 있어서 개인의 자유와 평등을 보장해준다고 한다. 자유주의자들은 이러한 방법으로 공사구분이 헌법상 민주주의의 기초를 지키고, 절대적인 정부권력을 회피할 수 있게 한다고 한다.

맥키넌은 공사구분을 비판하면서, 대신 사적인 것이 정치적이다(the private

is political)라는 명제를 주장한다. 그러므로 그녀는 "사생활보장권에 의한 보호를 주장하면서, 여성의 종속에 관한 이데올로기나 실제에 있어서 '사적'(the private)라는 것의 의미인식을 하지 못하는 것은 여성을 똑같은 방법으로 국가의 도움을 차단하는 것이다"[28]라고 한다.

따라서 출산과 낙태와 같이 사적인 영역에서 이루어진다는 명목으로 사생활보장권을 보호를 주장하는 입장에 따른다면, 개인이 언제든지 정치적 힘과 권력에 종속될 위험이 있다는 점에서 낙태에 있어서 사생활보장권 보장에 선행해서 평등이 보장되어야 할 의의가 있는 것이다. 그렇지 않다면 사생활보장권으로 보호되는 권리도 힘의 논리에 종속될 위험이 있는 권리인 것이다. 더 나아가서 Roe vs. Wade 판결이 평등권을 위반한다고 맥키넌은 주장한다. 여성은 의학적 절차에 따른 낙태를 하지 않은 경우 범죄자로 되고, 임신은 여성만의 경험이라는 점에서 낙태에 대한 이러한 제한은 여성에 대한 불평등 취급이라는 것이다.[29]

낙태 논쟁에서 여성의 종속상태를 비판하는 맥키넌에 대해 드워킨(Ronald Dworkin)은 여성의 낙태권에 대해 우호적인 남성들의 동기들, 태아에 대한 여성의 톡특한 헌신과 관계에 대해 간과하고 있고, 여성이 평등해지더라고 여성의 낙태권에 대한 요구는 없어지지 않을 것이라며 맥키넌을 비판한다.[30]

그러나 여성과 남성의 관계에 있어서 항상 여성에게 우호적인 남성의 견해가 존재하는 것도 아니고, 우호적인 남성이 있다 하더라도 그러한 관계는 남성의 호의에 의존하는 것이다. 또한 태아와의 관계에 있어서도 여성이 태아에 대해 특별한 애정을 가질 수 없는 조건이 존재하고 이러한 조건들이 여성과 태아의 관계에 영향을 미친다. 마찬가지로 평등해지더라고 여성의 낙태권에 대한 요구가 없어지지 않을 것이라는 주장은 아직 평등이 실현되지 않은 현단계에서는 회의적인 예상으로 머무를 수밖에 없다. 그러므로 여성의 불평등과 그러한 상황에서 진정한 자유를 향유할 수 없는 여성의 상황에 대한 날카로운 비판은 여전히 설득력을 가진다.

Ⅲ. 낙태죄와 관련 판례 분석

1. 형법상 낙태죄와 모자보건법상의 예외규정

1) 형법상 낙태죄

형법상 낙태는 태아를 자연의 분만기 이전에 인공적으로 모체 외에 축출하는 행위 및 모체 내에서 태아를 살해하는 행위를 내용하는 죄이다.

현행 형법상 자기낙태죄(제269조 제1항)는 임신한 여성이 약물 기타 방법으로 낙태함으로써 성립하고, 형벌은 1년 이하의 징역 또는 2백만원 이하의 벌금이다. 동의낙태죄는(제269조 제2항)은 부녀의 촉탁 또는 승낙을 받아 낙태하게 한 자를 처벌하는 규정이다.

업무상 동의낙태죄(제270조 제1항)는 의사, 한의사, 조산사, 약제사 또는 약종상이 부녀의 촉탁 또는 승낙을 받아 낙태함으로써 성립하고, 형벌은 2년 이하의 징역에 처한다. 부녀의 촉탁 또는 승낙 없이 낙태하게 한 자는 부동의 낙태죄(제270조 제2항)로 3년 이하의 징역에 처한다. 동의낙태죄, 업무상 동의 낙태죄, 부동의 낙태죄를 범하여 부녀를 상해에 이르게 한 때에는 5년 이하의 징역에 처하고, 사망에 이르게 한 때에는 10년 이하의 징역으로 처벌하여 낙태치사상죄를 규정하고 있다.[31)]

낙태죄를 위와 같이 두 개 조문을 두어 낙태행위를 처벌하는 보호법익이 무엇인가에 대해서는 태아의 생명을 보호법익이라는 견해와 임신한 부녀의 신체의 완전성이라는 견해, 태아의 생명과 부녀의 신체의 완전성이라는 견해, 국가의 인구정책상의 이익인가에 대해 견해의 대립이 있어왔다.

낙태죄의 보호법익이 무엇인가에 따라 낙태에 대한 처벌의 경중이 달라질 것이고, 더 나아가서 낙태를 처벌 여부까지 결정될 수도 있을 것이다. 우리나라는 태아와 생명과 부녀의 신체의 완전성을 함께 포함하는 것이 낙태죄의 보호법익이라고 보는 견해가 통설이다.

낙태죄의 위법성에 대해 전통적으로 종교적 근거, 인구 정책적 근거, 인도주의적 근거, 윤리적 근거가 있어왔다. 그러나 역사적으로 낙태를 규제하는 시대에도 실제로 낙태행위가 많이 있었고, 낙태를 법으로 금지하여 처벌하는 데에는 현실적 한계가 있었다. 낙태행위를 금지하더라도 일정한 경우에는 낙태죄의 예외조항을 두어 낙태를 허용할 수 있는 규정을 두는 것이 오히려 낙태죄의 실효성을 담보한다는 점에서, 의학적 적응성, 우생학적 적응성, 윤리적 적응성, 사회적 경제적 적응성[32] 등을 고려하여 낙태죄의 위법성을 조각하는 입법례가 있다.[33]

우리나라에서는 낙태죄의 적용이 배제되는 경우를 모자보건법에 규정하여 일정한 경우 낙태를 허용하고 있다. 1973년 제정된 모자보건법은 인구폭발이라는 사회적 배경 하에서 인구억제정책과 맞물려서 가족계획의 일환으로 시행된 법이라고 평가하는 견해도 있다.[34]

2) 모자보건법상 낙태죄

모자보건법 제14조에서 인공임신중절수술의 허용한계를 규정하여 일정한 요건을 갖춘 경우 낙태를 허용하고 있다. 동법상 인공임신중절수술을 할 수 있는 경우로서 본인이나 배우자가 대통령령으로 정하는 우생학적(優生學的) 또는 유전학적 정신장애나 신체질환이 있는 경우, 본인이나 배우자가 대통령령으로 정하는 전염성 질환이 있는 경우, 강간 또는 준강간(準强姦)에 의하여 임신된 경우, 법률상 혼인할 수 없는 혈족 또는 인척간에 임신된 경우, 임신의 지속이 보건 의학적 이유로 모체의 건강을 심각하게 해치고 있거나 해칠 우려가 있는 경우를 들고 있다.

그리고 모자보건법 제14조 제2항에 의해 배우자의 사망·실종·행방불명, 그 밖에 부득이한 사유로 동의를 받을 수 없으면 본인의 동의만으로 그 수술을 할 수 있는 경우를 규정하고 있고, 제14조 제3항에서 본인이나 배우자가 심신장애로 의사표시를 할 수 없을 때에는 그 친권자나 후견인의 동의로, 친권자나 후견인이 없을 때에는 부양의무자의 동의로 각각 그 동의를 갈음할 수 있다고 규정하고 있다.

모자보건법 제28조는 이 법에 따른 인공임신중절수술을 받은 자와 수술을 한 자는 형법 제269조 제1항 · 제2항 및 제270조 제1항에도 불구하고 처벌하지 아니한다고 한다. 모자보건법상 낙태를 한 경우, 형법상 낙태죄의 적용이 배제되고 합법적인 낙태가 가능함을 명시하고 있는 것이다. 하지만 이 법이 허용하는 낙태를 제외한 경우의 낙태행위는 형법상 낙태죄로 처벌된다.

2009년 개정된 모자보건법 시행령 제15조 제1항은 인공임신중절수술의 허용한계로서 모자보건법 제14조에 따른 인공임신중절수술은 임신 24주일 이내인 사람만 할 수 있다고 하고 있다. 이는 구모자보건법 시행령 제15조 제1항이 법 제14조의 규정에 의한 인공임신중절수술은 임신한 날로부터 28주일 이내에 있는 자에 한하여 할 수 있다고 한 규정을 '07년 전문가회의와 '08년 생명포럼에서 논의한 결과와 영국(24주 이내), 독일(12주 이내), 일본(22주 이내) 등 외국의 입법례를 반영한 것이다.

제2항에서 모자보건법 제14조 제1항 제1호에 따라 인공임신중절수술을 할 수 있는 우생학적 또는 유전학적 정신장애나 신체질환은 연골무형성증, 낭성섬유증 및 그 밖의 유전성 질환으로서 그 질환이 태아에 미치는 위험성이 높은 질환으로 한다고 하며, 제3항에서 모자보건법 제14조 제1항 제2호에 따라 인공임신중절수술을 할 수 있는 전염성 질환은 풍진, 톡소플라즈마증 및 그 밖에 의학적으로 태아에 미치는 위험성이 높은 전염성 질환으로 한다고 규정하고 있다. 이 규정은 구모자보건법 시행령 제15조 제2항에서 허용질환으로 분류되었던 유전성 정신분열증, 유전성 조울증, 유전성 간질증, 유전성 정신박약, 유전성 운동신경원 질환, 혈우병, 현저한 범죄경향이 있는 유전성 정신장애의 7가지 질환을 의학적 근거가 미약하거나 치료가 가능한 질환으로 신경정신의학회 등 의견을 반영하여 제외하였다.

위에서 살펴본 바와 같이 모자보건법은 의학적 적응성, 우생학적 적응성, 윤리적 적응성이 있는 경우 낙태죄의 적용을 배제하지만, 사회적 · 경제적 이유의 낙태를 허용하고 있지 않다.

2. 낙태 관련 판례 고찰

1) 낙태죄에 대한 우리나라 판례

우리나라에서는 낙태에 대한 형법상 엄격한 금지에도 불구하고 낙태죄로 입건되어 기소되고 처벌된 경우가 손에 꼽을 정도로 드물었다. 대검찰청 통계자료에 따르면 낙태죄로 기소된 건수는 최근 30년 동안 제일 많았던 경우가 1981년 13건이고 몇몇 경우를 제외하고는 대부분 10건 이내였다.[35] 그리고 기소된 경우에도 법원에서는 대부분 낙태를 시술한 의사에 대해 징역형 선고 대신에 선고유예 판결을 내리는 것이 관행이었다. 최근 저출산시대와 맞물려서 낙태에 대한 강력한 규제의 필요성이 사회적으로 큰 이슈가 되고 있다. 지난 2010년 9월 29일 울산지방법원의 의사에 대한 징역형의 집행유예 선고가 있었고, 최근 5년 간 늘어난 징역형 선고는 주목할 만하다.[36] 한편 임부에 대해서도 대부분 선고유예가 내려졌고, 징역형의 집행유예가 선고된 경우는 극히 드물었다.[37]

이와 같이 실제 행해지고 있는 낙태에 대한 기소도 지극히 적었고, 기소된다고 하더라도 선고유예에 그치는 것이 관행이었지만, 최근에서야 그보다 중한 징역형의 집행유예 판결을 각 지방법원에서 선고하고 있다. 그렇지만 여전히 매년 40여 만건에 이르는 전제 낙태에 비하면 실제적 형을 선고받을 확률은 0.005%에 불과하다.[38] 이렇게 낮은 처벌률에도 불구하고 낙태를 처벌해야 한다면 우리나라 대법원에서 낙태에 대해서 어떤 근거를 제시하고 낙태죄 처벌을 정당화하는지 살펴볼 필요가 있다.

많지는 않지만 우리나라에서 지금까지 대법원에서 다루어졌던 낙태에 대한 주목할만한 판례의 주요 쟁점은 첫째로 낙태행위의 가벌성, 둘째로 낙태시술을 하였으나 태아가 살아서 미숙아 상태로 출생한 경우의 낙태죄 처벌 여부, 셋째로 장애가 있는 아이를 출산한 것이 부모의 낙태결정권을 침해한 것인지 여부였다.

첫째로 낙태죄의 가벌성에 대해서 대법원은 "인간의 생명은 잉태된 때부터 시작되는 것이고 회임된 태아는 새로운 존재와 인격의 근원으로서 존엄과 가치를 지니므로 그 자신이 이를 인식하고 있던지 또 스스로를 방어할 수 있는지에 관계없이 침해되지 않도록 보호되어야 한다 함이 헌법 아래에서 국민일반이 지니는 건전한 도의적 감정과 합치되는 바이므로 비록 모자보건법이 특별한 의학적, 우생학적 또는 윤리적 적응이 인정되는 경우에 임산부와 배우자의 동의 아래 인공임신 중절수술을 허용하고 있다 하더라도 이로써 의사가 부녀의 촉탁 또는 승낙을 받으면 일체의 낙태행위가 정상적인 행위이고 형법 제270조 제1항 소정의 업무상 촉탁낙태죄에 의한 처벌을 무가치하게 되었다고 할 수는 없으며 임산부의 촉탁이 있으면 의사로서 낙태를 거절하는 것이 보통의 경우 도저히 기대할 수 없게 되었다고 할 수도 없다."고 판결하였다.[39] 인간의 생명은 태어났을 때부터 시작되는 것이 아니라 잉태되었을 때부터 이미 생명을 가진다는 이 견해는 태아의 생명권을 존중하고 인간의 존엄과 가치의 근원적 존재로서의 태아를 인정하고 있다.

둘째로, 낙태시술을 하였으나 태아가 살아서 미숙아 상태로 출생한 경우 낙태죄 처벌 여부에 대해 대법원은 "산부인과 의사인 피고인이 임신 28주 상태인 공소외 1에 대하여 약물에 의한 유도분만의 방법으로 낙태시술을 하였으나, 태아가 살아서 미숙아 상태로 출생하자 그 미숙아에게 염화칼륨을 주입하여 사망하게 한 사건에서 낙태죄의 성립을 인정하여, 살아서 태어난 태아에 대한 살인죄 이외에 업무상 촉탁낙태죄가 성립한다고 하였다.[40] 그리고 낙태죄는 태아를 자연 분만기에 앞서서 인위적으로 모체 밖으로 배출하거나 모체 안에서 살해함으로써 성립하고, 그 결과 태아가 사망하였는지 여부는 낙태죄의 성립에 영향이 없다."[41]고 판단하고 있다. 낙태로 인해 태아가 죽지 않고 살아서 태어났더라도 낙태죄의 성립을 인정하였다는 점에 이 판례의 의의가 있다.[42]

셋째로, 다운증후군에 걸린 아이를 출산한 것이 부모의 낙태결정권을 침해한 것인지 여부에 대해 "의사가 기형아 판별확률이 높은 검사 방법에 관하여 설명하지 아니하여 임산부가 태아의 기형 여부에 대한 판별확률이 높은 검사를 받지 못한 채 다운증후군에 걸린 아이를 출산한 경우, 모자보건법 제14조 제1항 제1호는 인공임신중절수술을 할 수 있는 경우로 임산부 본인 또는 배우자가 대통령령이 정하는 우생학적 또는 유전학적 정신장애나 신체질환이 있는 경우를 규정하고 있고, 모자보건법시행령 제15조 제2항은 같은 법 제14조 제1항 제1호의 규정에 의하여 인공임신중절수술을 할 수 있는 우생학적 또는 유전학적 정신장애나 신체질환으로 혈우병과 각종 유전성 질환을 규정하고 있을 뿐이므로, 다운증후군은 위 조항 소정의 인공임신중절사유에 해당하지 않음이 명백하여 부모가 태아가 다운증후군에 걸려 있음을 알았다고 하더라도 태아를 적법하게 낙태할 결정권을 가지고 있었다고 보기 어렵다고 할 것이어서 부모의 적법한 낙태결정권이 침해되었다고 할 수 없다."[43]고 판결하였다. 즉, 모자보건법상 인공임신중절의 허용사유와 이에 대한 모자보건법시행령에 규정된 구체적인 질환 이외의 장애나 질환에 대해서 대법원은 낙태허용사유에 해당하지 않는다고 하여 이 법과 시행령을 엄격하게 적용하고 있다.

앞에서 살펴본 바와 같이 대법원은 태아의 생명권을 존중하고, 낙태행위에 대해 보다 넓게 해석하는 한편, 낙태허용사유에 대해서는 엄격하게 해석하여 적용하고 있다. 하지만 엄격한 금지에도 불구하고 지속적으로 행해지는 수많은 낙태행위에 대해 지금까지의 해석보다 더욱 실제적이고 유연한 해석이 필요하다. 여성이 낙태를 선택할 수밖에 없었던 이유에 대한 고려와 이에 부응한 의사의 낙태행위에 대한 보다 실질적인 고찰과 배려가 있어야만 낙태죄가 존속한다고 하더라고 법의 위하력이 제대로 작동할 수 있을 것이다. 이를 위해 전통적으로 낙태를 금지하였지만 이제 일정한 요건을 갖추면 낙태를 허용하는 미국과 독일의 예를 살펴보고, 낙태법제에 대해 대안적 모색을 하고자 한다.

2) 낙태 관련 외국 판례: 미국과 독일을 중심으로

(1) 미국의 판례

1973년 미국 역사상 Roe v. Wade 사건에서의 획기적인 판결로 낙태금지는 폐지되기 시작하였고 낙태 자유화가 앞당겨졌다. 그 이후 Planned Parenthood of Southeastern Pa. v. Casey 사건 등에서도 낙태허용의 기본적 논리는 유지되고 있다.

Roe v Wade 사건에서 텍사스에 사는 임신한 독신여성인 로(Roe)는 합법적으로 낙태를 할 권리를 주장하면서 모의 생명을 구하기 위해 의학적 조언에 따라 행해지는 필요한 경우를 제외한 낙태를 범죄로 규정하고 있는 텍사스 주 법이 수정헌법 제1조, 제4조, 제5조, 제9조 및 제14조의 사생활에 관한 권리를 침해한다고 주장하면서 소를 제기하였다.

연방대법원은 "사생활보장권이 수정헌법 제14조 상의 개인의 자유의 개념에 속하든 그렇지 않든, 본 법원은 속한다고 보지만, 혹은 수정헌법 제9조의 주정부의 행위에 대한 제한에 속하든 그렇지 않든 간에, 지방법원은 그렇다고 보았지만, 사생활보장권은 여성자신이 임신을 종결시킬 것인지를 결정할 권리를 포함할 만큼 넓은 개념이다."[44]고 판시하였다. 그러나 이 판결이 완전히 낙태를 자유화하고 합법화한 것이 아니라 모체의 건강과 태아의 생명에 대한 이익과 같은 '중대한 주의 이익'(compelling state interest)을 위해서 낙태가 제한될 수 있다고 하였다는 점에서 낙태에 대한 일정한 제한이 있다고 할 수 있다. 주목할 만 한 점은 이 판결에서 임신의 주기를 3 단계로 나누어 낙태 허용의 기준을 정하였다는 것이다.

구체적으로 살펴보자면 임신기간 중 제1기 3개월 동안에는 국가는 낙태를 금지하거나 엄격한 규제를 할 수 없고, 낙태에 대해 임신한 여성과 의사가 전적으로 결정할 수 있다. 이 시기에 낙태하는 의사가 면허 있는 의사여야 하고 최소한의 필요한 의학적 안전장치가 있을 것을 주는 요구한다.

임신 후 4-6개월인 제2기에는 주는 오직 모의 건강에 관한 주의 이익을 보호할 수 있다. 즉, 낙태가 병원에서 행해져야 한다는 요건과 같이 모의 건강에 합리적인 관련성이 있는 방식으로 낙태를 규제할 수 있다. 이러한 제한들의 합리성 여부는 독립된 사법적 심사에 의해 결정되고, 여성의 건강보호를 위하여 합리적이고 엄격하게 만들어진 낙태에 관한 규정은 유효하다.

마지막 임신 후 7-9개월인 제3기 3개월 동안에는 법원은 낙태를 규제하거나 전적으로 금지까지 가능하다고 한다. 제3기가 시작될 때에는 태아가 모체 밖에서 생존할 수 있는 유의미한 생명을 갖게 되므로 이때부터 주는 태아를 보호하는 중대한 이익을 갖게 되기 때문이라는 것이다. 이러한 경우에도 임부의 생명이나 건강보호를 위한 필요불가결한 경우 예외가 허용된다.[45] 이 판결은 낙태금지가 미국의 전 주에 있어서 주류적 법제였던 시기에 낙태허용의 길을 강력하게 선언한 역사적으로 의미 있는 판결이다.

미국연방대법원은 20여년 뒤 Planned Parenthood of Southeastern Pa. v. Casey 사건[46]에서 로(Roe) 판결의 주된 논지를 재확인하면서 낙태허용의 기준을 재정립하였다. 이 판결에서 태아가 자궁 밖에서 독립적으로 생존할 수 있는 능력(viability)이 낙태의 허용의 기준이 된다. 즉, 법원은 로(Roe) 판결의 3개월 구분원칙(trimester framework)을 적용하지는 않지만, 생존능력(viability)을 기준으로 여성의 낙태를 선택권을 인정한다는 점에서 로(Roe) 사건의 기본논지를 계속적으로 확인하고 있다.

케이시(Casey) 판결에서 낙태의 자유를 인정하면서 "이러한 문제들, 즉 사람이 살아가는 동안 내리게 되는 가장 내밀하고 개인적인 선택들, 인간의 존엄과 자율성에 관한 중요한 선택들은 수정 제14조에 의해 보호되는 자유의 중심적인 것이다. 자유의 중심에는 실존, 의미, 우주, 그리고 인간생활의 신비에 관한 자기 자신의 개념을 정의할 권리가 있다. 이러한 사물들에 대한 믿음은 그 개성적 특징을 정의내릴 수 없고 국가의 강제에 의해 형성되는 것이 아니다."[47]라는 논리를 내세우고 있다.

또한 이 사건에서는 로(Roe) 판결의 기본을 유지하되 "부당한 부담 심사가 기존의 삼분기설에 대신하여 생존가능시점 이전에 낙태를 평가하는 기준으로 사용되어야 한다."고 하며, "이 법에서 규정하고 있는 정보에 대한 동의요구 조항, 24시간의 대기시간 조항, 부동의 조항, 보고 및 기록의무조항은 부당한 부담을 부과하는 것으로 볼 수 없다."고 판시하였다.[48] 이 판결에서는 낙태에 대해 태아의 생존능력을 획득하는 시점에 대한 기간 제한과 함께, 모체의 안전보호 도모를 위한 규제의 합헌성을 인정하고 있다.

(2) 독일의 판례

독일에서 18세기 이래 프로이센 일반국법(ALR), 바이에른 형법, 프로이센 형법에서 명문으로 낙태죄를 규정하여 처벌하여 왔지만, 1975년과 1993년 헌법재판소에서 태아의 생명권에 관한 두 개의 대비되는 주요 판결 이후 낙태를 원칙적으로 허용하게 되었다.

1975년 내려진 제1차 낙태판결[49]에서 독일헌법재판소는 1974년 독일 제5차 개정형법에서의 임신 12주 이내에 임부의 동의 아래 의사가 실시하는 낙태를 처벌하지 않는다는 법률을 위헌이라고 판결하였다. 그 근거로서 태아의 생명권, 국가의 생명보호의무, 임부의 자기결정권 보다 태아에 대한 생명 보호가 우월하므로 임신의 전 기간을 통해 태아의 생명이 임부의 자기결정권에 우선한다는 점, 태아의 생명을 보호하기 위해 다른 방법이 충분하지 않은 경우 형사처벌을 통해 태아의 생명을 보호할 수 있다고 하였다. 다만 임부의 생명이나 건강이 위험할 경우에 낙태에 대해 형사처벌을 할 수는 없다고 한다.

제1차 헌법재판소 판결에서는 임신 전 기간 동안 보호되어야 할 태아의 생명권과 모체의 권리에 우선하는 태아의 권리 보호를 강조하고 있는데, 이는 태아를 임신하고 있는 당사자로서의 여성의 자기결정권에 대해 지나치게 경시하고 있고, 여성의 임신상태에 대한 책임감을 자신의 의지나 낙태를 선택할 수밖에 없는 환경적 요소보다 강조한다는 점에서 문제가 있다고 생각된다.

1993년 헌법재판소의 제2차 낙태판결[50]은 동독과의 통일 후 1992년 제정된 "임신과 가족보조법"이라는 새로운 낙태법에 의해 개정된 형법에 관한 것이었다. 개정형법에서 상당의무를 지킨 임신 12 주 이내의 낙태를 허용하고 있었는데, 이 법률에 대하 위헌으로 무효라는 판결을 내렸다. 그 이유로서 독일 헌법상 국가의 생명권 보호의무에 태아의 생명이 포함된다는 점, 태아는 어머니로부터도 법적인 보호를 받아야 한다는 점, 국가의 태아의 생명권 보호의무는 출산을 위한 영역까지 이른다는 점 등을 들고 있다. 그러므로 "전 임신기간 동안 원칙적으로 낙태는 법적으로 금지"된다고 판단하였다. 더 나아가서 태아의 출산을 위한 긍정적 조건 마련을 위해 국가의 책임 하에 상담절차가 마련되어야 한다고 하였다. 이러한 경우에도 임신의 지속이 심각하게 임산부의 건강이 위협하는 경우 낙태가 허용된다고 한다.

이와 같이 독일에서는 헌법 제2조 2항 1문의 생명권 보호조항을 근거로 국가의 인간에 대한 생명뿐만 아니라 태아에 대한 생명에 대한 보호의무를 두 번의 주요 판결을 통해 부여하였다. 이에 따라 낙태를 임신 전 기간 동안 금지하고, 예외적으로 임산부의 건강을 위한 경우에만 허용하였다.

이후 1995년 개정된 형법 제218조의 a 1항에 의해 독일은 "임신 12주 이내에 임부가 낙태를 요구하고, 적어도 낙태시술 3일 전에 상담을 한 후 상담증명서를 받고, 의사가 낙태시술을 한 때에는 낙태를 허용"[51]하고 있다. 태아의 생명권 보호를 선언했던 헌법재판소의 결정에도 불구하고 낙태를 형법상 허용할 수밖에 없었던 것은 실효성있는 법을 제정하여야 한다는 필요성을 입법부가 반영하였다고 할 수 있다.

Ⅳ. 낙태법제 실효성 제고를 위하여

우리나라는 낙태가 허용되어 있지 않음에도 불구하고 낙태율이 높고, 낙태에 대한 처벌은 거의 이루어지고 있지 않다. 우리나라의 낙태율은 15.8로 OECD 주요국 중에서 다소 높은 수준이다. UN에서 실시한 OECD 주요국 인공임신중절률을 비교하면, 미국이 2008년 18.9%, 프랑스가 2007년, 17.6%, 영국이 2009년 16.8%, 일본이 2008년, 10.3%, 이탈리아가 10.2%, 독일이 7.2%를 차지하고 있다.[52] 미국, 프랑스, 영국 등이 낙태를 허용하고 있다는 점을 고려해 볼 때 낙태를 금지하고 있는 우리나라의 낙태율을 매우 높다고 할 수 있다.[53] 결혼 상태별 비율을 살펴보면, 전체낙태 여성 중 기혼여성이 57.1%, 미혼여성이 42.9%를 차지하고 있다. 이는 기혼 여성이 미혼 여성보다 낙태를 경험한 비율이 높다는 것을 의미한다.[54] 하지만 미혼여성의 낙태율도 결코 낮은 것은 아니다.

많은 학자들이 낙태는 금지되어야 한다고 주장한다.[55] 그러나 형법상 낙태죄가 존재함에도 불구하고 기소율이나 처벌율은 현저하게 낮아서 그 실효성이 의문시되고 있다. 인구 100,000명당 낙태죄 발생건수가 2000년 39명, 2003년 22명으로 검거건수가 2000년 37명, 2003년 18명이라는 대검찰청의 통계를 통해서 형법상 낙태죄 규정에도 불구하고 실제로 낙태죄로 검거되는 사람은 거의 없다는 사실을 알 수 있다.[56] 즉, 실제로 낙태를 하는 여성은 많지만 낙태에 대한 처벌은 거의 이루어지지 않고, 낙태에 대한 처벌사례는 많지 않은 실정이다. 낙태를 금지하고 있지만, 지나치게 엄격한 형법상 낙태죄 적용은 오히려 불법낙태시술과 원정낙태를 조장하게 되어 여성의 건강을 위협할 수 있다. 따라서 낙태법제의 실효성을 제고하기 위해서는 다음과 같은 방안이 필요하다.

첫째로 형법상 낙태죄 자체를 개정하거나 폐지하는 방안을 생각해 볼 수 있다. 매년 공식 조사에 의하면 40여만 건의 낙태가 행해지지만 처벌받는 사람이 극소수라는 점은 낙태죄 규정이 사람들의 승인을 받고 있지 못하다는 점을 반증한다.[57] 그렇다면 낙태죄 자체의 실효성을 높이고 형법의 신뢰성을 제고하기 위해 낙태 허용사유와 금지사유를 형법에 도입하는 방법을 생각해볼 수 있다. 이러한 입장으로서 임신 12주까지 임부의 의사에 따라 의사가 행하는 낙태를 허용하고 임신 최후 10주 동안 낙태를 금지하여야 한다는 견해가 있다.[58] 그리고 인간의 생명과 직결되는 태아의 생명을 고려할 때 낙태를 전면 허용할 수는 없지만 임부의 자유와 책임이 조화되는 범위에서 그 허용사유를 넓혀야 한다는 견해도 낙태죄를 개정하자는 입장이다.[59] 낙태죄를 폐지하자는 주장은 태아를 생명으로 보는 데는 과장이 있으므로 임부의 자유권을 존중하여야 한다는 것이다.[60] 이러한 견해와 낙태에 대한 실태와 대책에 대한 체계적 조사결과를 반영하여 낙태죄 규정에 대한 개정 내지 폐지를 고려하는 것이 하나의 방안이 될 것이다.

둘째로, 낙태법제는 원칙적으로 낙태를 금지하고 모자보건법상 낙태죄 적용제외 조항을 두고 있다. 이러한 현행 낙태법제를 유지시키더라도 낙태법제의 실효성 확보를 위한 개선이 병행되어야 할 것이다. 예컨대, 우리나라 모자보건법은 의학적 적응, 우생학적 적응, 윤리적 적응 사유로 인한 낙태만 허용하고 있고, 사회적 · 경제적 이유로 인한 낙태는 허용하고 있지 않다. 낙태가 의학적, 우생학적, 윤리적 이유뿐만 아니라 법과 사회가 밀접하게 연관되어 있다는 점을 고려할 때 낙태금지와 적용배제에 대한 보다 사회적 · 경제적 이유에 대한 적정한 반영을 통한 보다 현실적인 법제로의 개혁이 필요하다.

셋째로, 낙태를 제한적으로 허용하고 처벌한다고 하더라도 현행과 같이 여성만을 처벌할 것이 아니라 낙태의 원인을 제공한 남성에게도 동등하게 낙태의 책임을 묻어야 한다. 임신이 여성 혼자만으로 이루어지는 것이 아니기 때문에 임신한 여성에게만 낙태의 책임을 묻는 것은 너무나 가혹하고, 여성에 대한 낙태죄 처벌 자체가 임신의 유일한 당사자가 될 수밖에 없는 여성에 대한 차별이기 때문이다. 또한 모자보건법상 낙태가 허용하는 경우에도 배우자의 동의를 얻게 되어 있는데, 이 경우 배우자의 동의를 조건으로 하기 보다는, 임부 자신의 결정권과 의사의 판단을 중시하는 것이 보다 타당하다. 합법적인 낙태를 위해서 엄격한 조건을 충족할 것을 요구하고 있는 모자보건법이 허용하는 낙태라면 굳이 배우자의 동의가 없어도 낙태를 허용해야 할 상황일 것이 확실하기 때문이다. 2007년 제안된 모자보건법 제14조 개정(안)에서도 '본인과 배우자의 동의' 대신 '인공임신중절수술을 받으려고 하는 자'의 요청에 의해 인공임신중절수술을 할 수 있도록 제안하고 있는데,[61] 이러한 제안의 배경에는 배우자의 동의 요건이 부당하다는 점에 대한 문제의식이 있기 때문이다.

넷째로, 성적 자기결정권 내지 재생산권을 가진 주체로서의 여성의 권리를 확인하고 장려하여야 한다. 지금까지 낙태는 태아의 생명 또는 임부의 신체의 완전성이라는 보호법익을 보호하기 위해서 금지되어 왔지만, 임신과 출산의 당사자인 여성 자신의 성적 자기결정권과 재생산권에 대한 논의는 반영되지 않아 왔다. 낙태를 행하는 다수의 여성들이 아이를 원치 않는다는 이유로 낙태를 선택하고 있다.[62] 태아의 생명의 소중함을 알면서도 낙태를 어렵게 선택할 수밖에 없다면, 그 여성 자신의 성적 자기결정권을 고려하고 존중하고, 여성의 재생산권의 적극적 보장이 낙태법제에 반영되어야 할 것이다.

다섯째로, 여성이 임신과 출산으로 인한 차별과 불이익을 배제할 수 있는 보다 실질적이고 지속적인 배려와 제도적 보장이 필요하다. 미혼여성보다 많은 기혼여성이 낙태를 선택하는 이유는 사회적 이유와 경제적 다수를 차지하고 있다. 최근 보건복지부 조사결과에 따르면 여성의 낙태이유는 원치 않는 임신(35.0%), 경제상 양육 어려움(16.4%), 태아의 건강문제(15.9%), 미혼(15.3%)이었다.[63] 경제상 양육 어려움과 미혼을 낙태의 사회경제적 이유로 본다면 31.7%의 여성이 사회경제적 이유로 낙태를 하고 있다는 점을 확인할 수 있다. 즉, 임신과 출산은 미혼여성 뿐만 아니라 기혼여성에게도 큰 사회적 부담이고, 미혼여성과 기혼여성 모두 때로는 임신과 출산으로 인한 사회적 내지 경제적 불이익을 감수해야 하기 때문에 법적 금지에도 불구하고 낙태가 지속적으로 행해지고 있는 것이다. 그러므로 임신과 출산으로 사회에서 여성이 지속적으로 불이익을 받지 않을 수 있는 제도적 보장과 함께, 경제적인 능력 등을 뒷받침해줄 수 있는 여성의 지위 향상이 이루어져야 할 것이다. 그리고 이러한 사회적 · 경제적 지위보장과 임신과 출산으로 인한 여성에 대한 차별 금지, 더 나아가서 양성의 실질적 평등보장을 위한 정책적 배려와 법적 배려는 낙태법제의 실효성 확보에 큰 기여를 하리라 여겨진다.

V. 나가며

형법은 1953년 제정된 이래 몇 차례 개정되었지만, 낙태죄의 가벌성과 허용 한계에 대하여 많은 논란이 되어왔다. 전통적으로 낙태가 금지되었던 시대에도 낙태는 계속 행해져 왔고, 많은 나라에서 낙태를 허용하게 된 현대에도 전적인 낙태의 자유화보다는 기한 등을 정하여 낙태가 허용되는 경우를 한정하고 있다. 우리나라처럼 낙태를 원칙적으로 금지하는 국가에서도 낙태죄 적용이 배제되는 경우를 모자보건법으로 법정하여 일정한 경우에는 낙태를 허용하고 있다.

그러나 모자보건법에 해당하지 않는 낙태가 지속적으로 행해지고, 엄격하게 규제하려는 프로 라이프(pro-life) 운동이 일어나고 있는 현재에도 불법적 낙태가 행해지고 있다면, 낙태죄에 대한 실효성 확보와 법에 대한 신뢰회복을 위해서 낙태법제는 낙태를 선택할 수밖에 없는 상황에 대한 사회적 · 경제적 이유에 대한 반영, 임신과 출산으로 인한 여성에 대한 차별 금지, 성적 결정권과 재생산권의 주체로서의 여성에 대한 권리를 재확인하고 보장하여야 한다.

낙태법제의 개혁은 법과 사회의 간극을 줄일 뿐만 아니라, 낙태법제의 실효성을 확보를 위해서도 필요할 것이다.

8.

현행 입양특례법에 대한 소고

- 미국 입양법과 비교를 통한 미혼모와 입양아의 인권 보호 -

Ⅰ. 들어가며

사회 속에서의 인간관계와는 달리, 자연적인 혈연으로 이루어진 가족들의 관계는 보다 친밀하고 직접적이기 때문에 사회 속에서 만난 인간관계와는 다르다. 혼인과 입양 등으로 맺어진 가족같이 자연적 혈연관계가 아닌 사람들 사이의 가족관계에서는 혈연에 의해 맺어진 가족보다 더 많은 노력이 필요할 것이다. 특히 입양으로 인한 양친자관계는 법정혈족관계이기 때문에 더욱 세심한 고려와 결정이 필요하므로 입양에 대한 사회적 · 법적 배려와 보호가 필요하다.

우리나라에서는 전통적으로 입양에 대해 긍정적이지 않았고, 입양을 할 때에도 가문을 잇기 위한 목적과 같이 특별한 이유가 있는 경우가 대부분이었다. 입양을 하더라도 입양절차를 밟지 않고 자신의 친생자로 허위로 출생신고를 한 예들이 과거에 많아서, 법원에서는 양친자관계를 성립시킬 의사가 있고 입양의 실질적 요건을 갖춘 경우에는 판례를 통해서 입양의 효력을 인정해왔다.[1] 이는 우리나라 사람들이 가진 입양에 대한 부정적인 정서를 법해석을 통해 보완하려는 방안의 하나일 것이다.

입양제도를 개선하기 위해서 2005년 양자의 복리를 위한 친양자제도가 민법에 신설되면서 양친과 양자를 친생자관계로 인정하는 완전양자제도가 도입되었다. 기존 양자제도와는 달리 친양자관계 성립을 위해서는 민법 제908조의 2 제1항에 의해 친양자를 입양하려는 사람이 가정법원의 허가를 받아야 하는데, 가정법원은 친양자의 복리를 위해서는 가정법원이 친양자 입양 청구를 기각할 수 있다.

2011년 8월부터 전면개정되어 시행된 입양특례법은 법 제1조에서 정하듯이 양자가 되는 아동의 권익과 복리를 증진하는 것을 목적으로 하고 있다. 이 장에서는 이 법의 내용과 함께 미국의 입법례 및 사례들을 살펴보고, 입양제도와 관련된 미혼모의 지위에 대해 인권과 정의의 입장에서 검토하고자 한다.

Ⅱ. 입양특례법의 내용

입양에 관한 특별법인 입양특례법은 양자가 되는 아동의 권익과 복지를 증진하는 것을 목적으로 지방자치단체를 중심으로 한 국가의 관리와 감독을 강화하고, 국외입양을 지양하여 국내입양 우선으로 입양이 이루어지는 내용을 중심으로 한다.

크게 이 법은 입양의 요건과 효과, 입양기관, 입양아동에 대한 복지 지원, 입양아동에 대한 정보 공개에 관한 내용으로 이루어져 있다. 개정 전에는 입양을 촉진한다는 내용이 목적에 포함되어 있고 입양되는 자의 부모, 다른 직계존속, 그 후견인의 동의를 얻어 가족관계등록법에 따른 신고를 하면 입양의 효력이 발생하였으나, 개정 후에는 가정법원이 입양을 허가한 허가서를 첨부하여 가족관계등록법에 따라 신고하여야 입양의 효력이 발생하도록 하여 입양의 요건을 보다 까다로워졌다.

이 법은 양자가 될 수 있는 사람으로서 제9조에서 보호자로부터 이탈된 사람으로서 특별시장 · 광역시장 · 도지사 및 특별자치도지사 또는 시장 · 군수 · 구청장이 부양의무자를 확인할 수 없어 국민기초생활 보장법에 따른 보장시설에 보호의뢰한 사람, 부모(부모가 사망이나 그 밖의 사유로 동의할 수 없는 경우에는 다른 직계존속) 또는 후견인이 입양에 동의하여 보장시설 또는 제20조에 따른 입양기관에 보호의뢰한 사람, 법원에 의하여 친권상실의 선고를 받은 사람의 자녀로서 시 · 도지사 또는 시장 · 군수 · 구청이 보장시설에 보호의뢰한 사람, 그 밖에 부양의무자를 알 수 없는 경우로서 시 · 도지사 또는 시장 · 군수 · 구청장이 보장시설에 보호의뢰한 사람 중 어느 하나에 해당하는 사람을 대상으로 하고 있다.

그리고 양친이 될 수 있는 사람의 자격으로서, 제 양친이 될 사람은 양자를 부양하기에 충분한 재산이 있을 것, 양자에 대하여 종교의 자유를 인정하고 사회의 구성원으로서 그에 상응하는 양육과 교육을 할 수 있을 것, 양친이 될 사람이 아동학대 · 가정폭력 · 성폭력 · 마약 등의 범죄나 알코올 등 약물중독의 경력이 없을 것, 양친이 될 사람이 대한민국 국민이 아닌 경우 해당 국가의 법에 따라 양친이 될 수 있는 자격이 있을 것, 그 밖에 양자가 될 사람의 복지를 위하여 보건복지부령으로 정하는 필요한 요건을 갖출 것을 요구하고 있다. 또한 양친이 될 사람은 양자가 될 아동이 복리에 반하는 직업이나 그 밖에 인권침해의 우려가 있는 직업에 종사하지 아니하도록 하여야 한며, 양친이 되려는 사람은 입양의 성립 전에 입양기관 등으로부터 보건복지부령으로 정하는 소정의 교육을 마쳐야 한다고 규정하고 있다. 개정 전과는 달리 입양특례법은 양친이 될 자는 가정법원의 허가를 받아서 입양을 하도록 규정하고 있다.[2] 가정법원의 허가를 받기 위해서 양자가 될 아동의 출생신고 증빙 서류, 제9조 및 제10조의 자격을 구비하였다는 서류, 제12조 및 제13조에 따른 입양동의 서류, 그 밖에 아동의 복리를 위하여 보건복지부령으로 정하는 서류를 제11조에서 요구하고 있다. 그리고 입양을 하기 위해서 제12조에서는 친생부모의 동의를 원칙적으로 요구하고 있다.

이 법의 기본적 내용은 외국의 입법례 중 미국의 입양법과 대체로 일치하지만, 구체적인 내용에서는 차이가 크다. 다음에서 미국 입양법을 살펴보고 시사점을 연구하기로 한다.

Ⅲ. 미국의 통일입양법(Uniform Adoption Act)

1. 통일입양법[3]

1) 미국의 입양제도

미국의 통일입양법은 입양에 대해 광범위하고 자세하게 규정하고 있다. 이 법에서는 일반조항, 미성년자 입양, 미성년자 입양을 위한 절차, 혼인 외의 자에 대한 입양, 성인과 파양된 미성년에 대한 입양, 입양절차에 대한 기록들(기록 보존, 비밀유지, 자료열람에 관한 사항), 입양에 관한 금지 및 허용사항, 기타규정들로 크게 나뉘어서 규정하고 있다.

대부분의 주는 통일입양법을 참조하여 입양의 요건 및 절차에 대한 입양법을 정하고 있다.[4] 미국에서 입양은 원칙적으로 성문법을 따라야 하는 법적 행위이며, 법에 의하지 않고서 당사자들이 사적인 계약으로 입양을 결정할 수는 없다.

입양은 친부모와 양부모 사이의 관계에 따라서 공개입양(open adoption)과 비공개입양(closed adoption)으로 나뉜다. 어떤 지역에서는 두 가지 형태 중 하나의 입양방식을 채택하고, 어떤 지역에서는 공개입양과 비공개입양 두 가지 입양방식을 모두를 허용한다. 공개입양은 아이의 어머니가 입양할 부모를 선택할 수 있는 방식이고, 비공개입양은 친모가 모든 권리를 포기하고 입양담당행정기관이 입양과정을 선택할 수 있는 방식이다.

2) 입양절차

통일입양법에 의하면 입양을 하고자 하는 부모는 두 가지 방법 중 하나를 선택할 수 있다. 첫째는 입양기관을 통한 방법(agency adoption)이고, 두 번째는 친부모가 입양기관을 통하지 않고 직접 입양하는 방법(independent adoption)인데 대체로 변호사가 친부모의 대리인으로 입양하는 부모와의 사이에서 입양절차를 밟게 된다.[5]

입양기관에는 공적인 기관과 사설기관이 있다. 각 주들은 입양이 주의 중요한 관심사이기 때문에 공적인 기관을 설치하여 운영하고 있다. 공적인 입양기관이 개입될 경우 친부모는 입양될 자녀에 대한 모든 권리를 포기하게 되고, 입양과정에 대한 개입권을 가지지 못하게 된다. 공적인 입양기관은 보다 엄격한 기준을 적용하여 입양할 부모의 적합성을 테스트하고 결정하게 된다. 직접 입양하는 경우 친부모가 적합한 입양할 부모를 찾는데 대체로 변호사 등 입양전문가의 도움을 받아 입양을 하면서, 친부모가 자녀에 대한 권리포기를 유예하고 일정한 기간 동안 입양할 부모의 집에 자녀를 맡겨서 입양경과를 당분간 살펴보는 경우도 있다.

입양을 허가받기 위해서는 입양에 필요한 서류를 당사자가 법원에 제출해야 한다.[6] 법원에 제출하여야 하는 서류는 출생신고서나 출생시간과 장소에 관한 다른 기록, 친생부모의 동의나 포기 등에 관한 사항, 미성년자 부모나 후견인의 권리와 의무 소멸에 관한 확정서류, 부모의 혼인이나 이혼 증명서류, 미성년자의 양육이나 방문에 관한 법원의 결정, 입양에 관한 평가서류, 미성년자의 정보에 관한 서류, 특별한 보호가 필요한 경우 미성년자 후원을 위한 공공기관과의 합의서류, 입양절차에 대한 통지를 받을 수 있는 사람의 이름과 주소 등이다. 그러나 위의 입양에 필요한 서류를 마련할 수 없다면, 제출하여야 하는 사람이 그 사유를 설명하는 진술서를 제출할 수 있다고 규정하고 있다.[7] 이와 같이 이 법은 입양허가를 위해서 필요한 다양한 서류와 요건을 규정하고 있지만, 불가피한 사유가 있는 경우에는 그 요건을 그대로 관철시키지 않고 형식적 관료주의를 완화하고자 한다.

3) 친생부모의 권리

친부모는 특별한 예외에 해당하지 않는 한 미성년자인 자의 입양에 대한 동의권을 가진다. 직접입양의 경우 입양을 하기 위해서는 친부모의 동의를 얻어야 하지만, 기관에 의한 입양의 경우에는 친부모가 그 권리를 입양기관에 양도하게 된다. 입양할 부모에 대해서는 입양 전에 그 자격을 갖추었는지 심사를 하게 된다. 이러한 자격에 대한 심사는 입양기관을 통해 입양하든 직접입양을 하든 마찬가지이다.

원칙적으로 모든 친생모는 입양을 할 당시 동의할 권리가 있는데 반면에, 모든 친생부가 입양에 대한 동의권을 가지는 것은 아니다. 친생부라 할지라도 친생모와 혼인하였거나, 자의 출산 이전에 합법적인 혼인을 하려고 한 사람(비록 나중에 혼인이 무효화되었다고 하더라도), 미성년자의 친생부로 확인된 부가 미성년자에 대한 합리적인 양육비를 지불하였고 방문이나 연락을 한 경우[8]에 입양에 대한 동의권을 가지게 된다. 즉, 통일입양법은 친생모가 자를 임신하고 양육하는 과정에서 아버지라고 인정할 수 있는 경우에 부에게 동의권을 준다. 만약 아버지로 추정될 수 없는 사람이라면 그는 부권을 인정받기 위해서 별도의 절차를

밟아야 한다.[9)]

입양에 대한 동의권을 행사 후에는 친생부모는 자에 대한 권리를 더 이상 주장할 수 없게 되지만, 이러한 경우에도 법원은 자의 최선의 이익을 고려할 수 있다.[10)] 반면에 친생부의 권리를 소멸시키지 않는 것이 만약 입양하는 자의 최선의 이익을 침해하게 된다면 친생부의 권리를 소멸시킬 수도 있다. 이와 같이 친생부모라 할지라도 입양 이후에는 자에 대한 권리를 행사할 수 없으며 자의 최선의 이익에 우선하여 권리를 주장할 수 없다.

4) 비밀유지의무

출생기록에 대한 비밀유지에 관한 내용도 중요하다. 많은 주에서 입양된 자의 출생신고서, 입양절차에 관한 서류에 대한 비밀을 유지하도록 법에 규정하고 있다. 이러한 기록은 대체로 밀봉되어 있고 친생부모와 양부모의 이름도 비밀을 유지하도록 하고 있다.

통일입양법은 생부모와 입양하는 부모의 기록에 대한 비밀을 유지하려고 한다.[11)] 그러나 생부모나 입양하는 부모가 자신의 정보에 대한 비밀을 유지하는 것을 원하지 않는다면 이 또한 허용된다.

만약 기록들과 입양에 관한 신분기록이 비밀이라 하더라도, 여전히 정보를 얻을 수 있는 방법은 존재한다. 통일입양법은 공개되지 않는 비밀 기록에 관한 정보를 얻을 수 있는 절차를 제공한다. 그리고 특정한 건강에 대한 정보도 법원에 제공하는 것을 허용하고 있다.

통일입양법은 친부모, 입양하는 부모 등의 신분에 관한 정보를 기록하는 등록부를 요구한다. 이러한 규정과 더불어 통일입양법은 관련 있는 법원에 정보접근권이 부여되지 않은 신분정보를 얻을 수 있도록 신청할 수 있다. 이러한 과정은 정보공개에 관한 특정법에 구속되지 않는 형평을 고려한 것이라고 할 수 있다. 만약 신청자에게 정보를 공개하는 혜택이 정보공개의 대상이 되는 개인에 대한 해악보다 더 크다면 그 정보공개에 대한 절박한 이유가 있다고 여기고, 법원은 정보공개를 허가할 수 있는 권한을 가진다.

친부모가 입양절차에서 제공하여야 하는 정보의 일부에는 건강과 유전적인 질병에 관련된 정보도 포함된다. 이러한 정보는 입양절차를 시작할 때 반드시 제공되어야 하며, 영구적인 기록의 일부가 되어서 입양되는 자도 시간이 지난 후에도 입양하는 부모와 마찬가지로 이 정보를 동일하게 확인할 수 있게 된다.

2. 입양에 대한 주요 판례

미국의 몇몇 주는 공개입양(open adoption)을 허용하여 양부모와 친부모가 서로에 대한 정보를 공개하고, 그들 사이에 자율적인 계약을 인정하고 양부모에게 그 계약을 이행할 것 여부를 결정할 수 있도록 하고 있다. 하지만 몇몇 주는 공개입양에서 자의 최선의 이익을 고려해서 그 계약이행을 강제할 것인지 여부에 대한 법원의 권한을 인정하고 있다.[12)]

Groves v. Clark 사건[13)]에서 친모가 아동의 양부모와 맺은 방문계약의 이행을 위한 소를 제기하였다. 양부모는 이에 반대하는 소를 제기하였는데 법원은 양부모와 친모의 방문계약은 무효라고 판결하였고, 주 대법원은 이 소를 파기, 환송한 후 친모의 방문권은 천부적인 권리이고, 아동의 최선의 이익을 위한 것이라고 하였다. 이러한 근거에서 법원은 원래 방문계약을 수정하여서 친모가 한 달에 한 번씩 방문하고 일주일에 한 번씩 아이와 통화할 수 있다고 하였다. 최종적으로 대법원은 친모의 방문권은 아동의 최선의 이익을 위한 것이고, 방문계약의 수정은 지방법원의 재량권 내에서 행해졌었고, 양부모는 새로 발견된 증거에 의한 다른 소송을 할 수 없다고 판결하였다.

미국에서는 입양을 할 수 있는 연령에 대해서 자의 최선의 이익을 위해서라면 입양 부모의 나이가 입양자격의 제한이 될 수 없다는 판결도 다수 있다. In re Adoption of Michelle T 사건[14)]에서 랄프와 엘리스는 각각 71살, 55살이었는데 입양을 원하는 친모의 어린 아기를 입양하고자 하였다. 그런데 그 주의 보건국에서는 그들은 다른 입양조건을 충족하기는 하지만 나이가 너무 많아서 건강이 위험할 수도 있다는 이유로 입양을 허가하지 않았다. 법원은 입양을 결정하는데 있어서 이 부부가 이 아이를 입양하지 않는다면 고아원에 살아야 하는 다른 대안적 상황을 고려하면서, 입양에서는 '자의 복리 우선'을 강조하면서 나이가 많다는 이유 하나만으로는 입양의 부적격 사유가 되지 않는다고 판결하였다.

그리고 미혼부의 입양 동의권이나 친권행사의 자격에 대해서는 일정한 요건을 충족할 것을 요구하고 있다. Adoption of Michael H 사건[15]에서 결혼하지 않은 미혼부가 그의 친권을 행사하기를 원하였고 그의 친생자가 입양되는 것을 반대하였다. 법원은 미혼부는 친모의 임신 사실을 알았거나 알 수 있었던 즉시 아버지로서의 책임을 지는 행동을 하였다는 것을 증명하지 못한다면, 제3자 입양에 대한 헌법상의 동의권이 없다고 판결하였다. 미혼부인 마크는 임신과 아이가 태어난 당시에는 큰 관심이 없다가 뒤늦게야 관심을 보였기 때문에 헌법상의 동의권이 없다고 판결하였다.

동성애자의 입양에 대해서, In re M.M.D. 사건[16]에서 법원은 결혼하지 않고 같이 살고 있는 동성애자인 커플이 아동을 입양할 수 있다고 판결하였다. 한 사람에 의한 입양이 다른 사람이 입양하는 것을 금지할 수 없으므로, 한 아버지와 한 어머니 대신에 두 명의 모 내지 두 명의 아버지가 있을 수 있다고 한다. 반대의견은 법원이 아니라 입법으로 공동입양에 관한 법을 정하여야 한다고 주장한다. 반면에 In re Robert Paul P 사건[17]에서 입양하고자 하는 게이커플에게 법원은 공공정책(public policy)에 반한다는 이유로 입양을 허가하지 않았다.

여성이 유전적인 질병이나 난치병을 가졌거나 기타 이유로 아이를 가질 수 없는 경우, 게이 커플, 독신 남성 등이 아이를 가지고자 하는 경우 대리모를 구하는 경우도 있다. 대리모 계약은 입양과 단절된 별개 법률행위로 여겨질 수도 있지만, 이 대리모에 관한 여러 법률적 쟁점들은 입양과도 직·간접적으로 연관된다는 점에서 그 중요성을 간과할 수 없을 것이다.

이와 같이 미국에서는 다양한 입양에 대한 사례가 존재해 왔다. 입양은 보통법이 아니라 성문법의 적용을 받는 법적 사안임에도 불구하고, 많은 법원은 '자의 최선의 이익'이라는 원칙을 기초로 법과 형평의 정신에 부합하는 판결을 내려왔다. 다양한 가족관계가 존재하는 현대사회에서도 자를 위한다는 목적이 흔들리지 않는다면 입양의 실효성에 부합하는 법제정과 운용을 할 수 있어야 할 것이다.

3. 미국의 통일입양법의 시사점

미국 통일입양법에 의해서 입양을 위해서는 출생신고를 해야 하고, 공적인 입양기관을 통한 입양과 직접입양 모두 원칙적으로 법원의 허가에 의해서 입양을 할 수 있다.

입양을 하기 위해서는 출생신고서, 부모의 동의서류, 부모의 혼인신고서 내지 이혼 증명서류, 미성년자 양육이나 방문에 대한 법원의 확인서류, 입양절차 진행 중의 평가서류, 입양의 동의나 철회에 대한 필요사항에 대한 서류, 특별한 보호를 필요로 하는 미성년자에 대한 공공기관의 서류, 입양기관을 통해서 입양을 할 경우 필요한 서류 확인 등을 통일입양법 제3조 305항에서 요구하고 있다. 더구나 입양허가서에 입양을 신청하는 사람의 혼인여부, 혼인 외의 자에 대한 입양 여부, 입양되는 자의 출생 일시와 장소를 알 수 있는 경우 관련 정보 등을 포함하도록 하고 있다.[18)]

각 주의 법은 통일입양법과 완전히 동일하지는 않고 차이가 있겠지만 실제로 통일입양법은 입양요건과 절차를 상당히 자세하게 규정하고 있다. 그리고 모든 입양의 목적이 그러하듯이 통일입양법 서문에서 아동의 복지 증진을 최우선으로 하고 있음을 강조하고 있고, 입양이 필요한 아동에게 가정을 찾아주는 것을 목적으로 하고 있다.

그러나 이 법의 입양요건과 절차는 입양되는 아동의 복리를 궁극적으로 지향하고 있고, 실제로도 입양하는 당사자들의 감정적이고 심리적인 측면들도 서문 마지막에서 밝히고 있듯이 고려하고 있다. 그러므로 통일입양법이 각 주의 입양법이 참조하는 모델법이라는 점을 고려해볼 때, 입양당사자의 특수한 상황을 반영할 수밖에 없다면 미혼모와 미혼모 아동의 특수한 상황도 입양허가 시에 완전히 고려의 대상에서 제외시키지는 않고 있다.

Ⅳ. 입양특례법의 실효성

1. 출생신고

우리나라의 입양특례법에 의해서 입양을 하기 위해서는 제11조에 의해 양자가 될 자의 출생신고 증빙서류를 제출하도록 되어 있다. 그러나 사회 · 경제적 차별과 편견 때문에 자녀의 출생을 정식으로 신고할 수 없는 어려운 경우도 많다. 특히 아직까지 결혼제도 내의 출산을 정상적으로 보는 우리나라에서는 미혼모들은 출산 후 사회적 편견과 차별, 자기발전 기회의 박탈 등으로 심리적으로나 사회적으로 힘든 상황에 부딪히게 된다.[19] 우리나라 형법에서 낙태를 금지하고 있음에도 불구하고 낙태를 법적으로 허용하고 있는 나라와 통계상 낙태의 빈도에 있어서 큰 차이가 없다는 사실도 낙태를 결정할 수밖에 없는 여성들의 열악한 상황을 대변해주고 있다.[20]

미혼모로서 출생신고를 공식적으로 하고 한 아이를 기른다면, 한부모가족지원법 등에 의해 일정한 보호를 받을 수도 있고 입양특례법상 합법적인 입양을 할 수도 있다.[21] 하지만 혼자 힘으로 어린 아이를 양육하면서 안정적인 생활을 유지하기에는 상당한 어려움이 따르는 것이 사실이다.

가정법원으로부터 입양허가를 받기 위해서 입양특례법에서 요구하는 출생신고서는 입양되는 아동의 친생부모 확인, 입양할 부모의 알 권리, 입양 전후에 있을 수 있는 신분 확인의 필요 등에 부합하는 제도이다. 하지만 출생사실 자체를 알리는 것을 꺼릴 뿐만 아니라 입양 시에 신분 노출을 꺼리는 미혼모들이 출생신고를 하지 않고 아이를 유기하게 되는 경우가 증가하게 되었다. 이 법 시행 이후에 기하급수적으로 늘어난 기아들의 수가 이 법과 전혀 무관하지는 않을 것이다.

가정법원의 입양 허가를 위해서 제출해야 하는 출생신고서를 작성하기 위해서 부와 모의 정보를 모두 기입하여야 한다. 그러나 미혼모인 경우 미혼부가 자신의 정보를 기입하기를 원하지 않는 등의 이유로 부를 실제로 기입할 수 없는 경우도 있고, 미혼모라는 사실을 출생신고 시에 공적으로 알리기 어려운 경우도 있을 수가 있다. 그래서 실제로 미혼모들이 자신의 자녀에 대한 출생신고를 하지 않는 경우가 많다고 한다.[22]

출생신고를 하더라도 법에서 일주일간의 숙려기간을 거쳐야만 입양을 할 수 있는데, 이 기간 동안 미혼모가 자녀를 안정적으로 보살필 수 있는 심리적, 사회적, 경제적 여건이 충분하지 않다. 출생신고, 입양결정, 입양숙려기간 모두 미혼모와 아이 인권의 향상에 기여하고, 입양하는 부모에게도 도움이 되어야 함에도 불구하고 이에 대한 긍정적인 효과보다는 부정적인 효과가 더 많은 점은 법 자체에 대해서도 내용적으로 고려해야 한다는 점을 반증하고 있다.

이 법 제1조는 "요보호아동의 입양에 관한 요건 및 절차 등에 대한 특례와 지원에 필요한 사항을 정함으로써 양자가 되는 아동의 권익과 복지를 증진하는 것을 목적"으로 하고 있다. 만약 양자가 되는 아동의 권익과 복지를 진정으로 증진하기를 원한다면, 입양이 될 수 있는 자격조차도 부여받지 못하는 기아의 수 증가를 법이 그대로 방치하지는 않아야 할 것이다. 기아가 된다면 입양이 될 수도 없고, 성년이 되기 전까지 보호시설에서 살 수밖에 없는 것이 현 실정이다.

UN 아동권리협약 제3조는 "공 · 사의 사회적 복지기관이나, 법원, 행정부 또는 입법부에서 수행하는 아동에 관한 모든 조치에 있어서는 자의 최대의 이익이 최우선으로 고려되어야 한다."고 규정한다. 그리고 협약 제3조의 2항은 국가는 아동에 대한 보호와 안녕을 위한 배려를 하여야 하고, 이를 위한 모든 타당한 법적 · 행정적 방법을 강구하여야 할 의무를 진다고 한다. 입양되는 아동을 위하여 협약 제21조는 "입양제도를 인정할 경우 당사국은 입양을 결정함에 있어 아동의 이익을 최우선적으로 고려해야 하며, 권위 있는 관계당국에 의해서만 입양이 이루어지도록 보장해야 한다."고 한다. 이와 같이 국제적인 차원에서 아동을 경제적 차원을 넘어서서 인권의 차원에서 보장하고자 노력하고 있다.

우리나라의 입양제도에 있어서도 아동의 이익을 최우선적으로 고려해야 하며, 입양 당사자의 상황을 고려하지 않는 형식적인 입양법에 대해서는 아동의 이익을 어떻게 조화시킬 수 있는지에 대한 고민과 제도적 보완이 필요하다.[23]

2. 베이비 박스

2009년에 처음 아동이 길에 버려지는 것을 방지하기 위해서 베이비 박스(Baby Box)를 설치한 한 공동체에서는 입양특례법 시행 이전과 이후를 비교하였을 때 처음 설치 직후의 3년이라는 기간 보다 지난 1년 동안 베이비 박스를 통해서 들어오는 아동의 수가 몇 배나 늘었다고 한다. 이는 베이비 박스가 늘어났기 때문에 아이를 더 쉽게 버린다는 반대논리를 정당화할 수 없을 정도로 급속한 증가를 보여주는 것이다. 한국의 낮은 출산율을 고려한다면 높아지는 아동유기는 의외의 현상이라고 할 수 있다.

현재 아동법지법에 의하면 유기아동을 보호할 의무는 지방자치단체에 있다. 현행 아동복지법 제15조 제1항에서는 시 · 도지사 또는 시장 · 군수 · 구청장은 그 관할 구역에서 보호대상아동을 발견하거나 보호자의 의뢰를 받은 때에는 전담공무원 또는 아동위원에게 보호대상아동 또는 그 보호자에 대한 상담 · 지도를 수행하게 하는 것, 보호자 또는 대리양육을 원하는 연고자에 대하여 그 가정에서 아동을 보호 · 양육할 수 있도록 필요한 조치를 하는 것, 아동의 보호를 희망하는 사람에게 가정위탁하는 것, 보호대상아동을 그 보호조치에 적합한 아동복지시설에 입소시키는 것, 약물 및 알콜 중독, 정서 · 행동 · 발달 장애, 성폭력 · 아동학대 피해 등으로 특수한 치료나 요양 등의 보호를 필요로 하는 아동을 전문치료기관 또는 요양소에 입원 또는 입소시키는 것, 입양특례법에 따른 입양과 관련하여 필요한 조치를 하는 것을 하도록 하고 있다.

이 중 특히 아동복지시설 입소와 관련해서는, 늘어나는 아동 유기 때문에 보호시설이 포화상태에 이르러서 서울시 한 구청은 더 이상 유기아동을 아동복지시설에 입소시킬 여건이 되지 않으니, 베이비 박스를 운영하는 공동체에게 유기아동의 인계를 연기하겠다고 통보하기도 했다고 한다. 이는 지방자치단체조차도 유기아동을 보호할 공적 보호시설을 충분히 확충하지 못하는 어려움을 드러내는 것이기도 하고, 아동복지법의 법적 의무를 국가가 수행하지 않는 것이기도 하다. 그리고 아동에 대한 법적 보호를 지방자치단체에 맡긴 국가의 책임도 막중

하다고 할 수 있다.[24)]

베이비 박스의 문제점으로서, 베이비 박스는 친생모의 고립된 임신과 출산을 통한 아기와의 분리를 가능하게 하는 장치로서, 자녀의 알 권리를 침해하고 가족관계의 등록 등에 관한 법률 제44조 제1항에 따른 출생 후 1개월 이내 출생신고 의무위반을 가능하게 하게 한다는 지적이 있다.[25)]

베이비 박스를 방지하기 위한 방법으로, 임신한 여성에 대한 무료 의료서비스 및 출산 이후의 과정에 대한 상담 제도를 잘 갖춘 프랑스의 예를 들 수 있다.[26)] 또한 친생부모의 익명성을 보장하는 효과적인 또 하나의 방법으로서, 2014년 시행되게 될 '임신여성 지원확대 및 신뢰출산에 관한 개정법률'과 같이 친생모의 익명 출산의 보장과 자녀의 친생부모 알 권리를 동시에 보장할 수 있는 법안도 있다고 한다.[27)]

베이비 박스에 반대하는 입장에서 보건복지부는 다만 전국의 전체유기아동 중 베이비 박스 유기아동은 10년 4%(4명), 11년 21%(22명), 12년 50.4%(67명)로 늘어나고 있다고 하면서, "베이비 박스 설치는 형법 및 아동복지법 위반죄의 방조에 해당되며, 유엔아동권리위원회는 베이비 박스가 유엔아동권리협약에 명시된 아동의 권리를 침해하고 영아유기에 이용될 수 있다는 점을 들어 운영을 중단하라고 강력하게 권고"하였다. 그러나 베이비 박스 유무가 영아를 유기할 것인지 여부를 결정하거나 조장하는 데에 강력한 영향을 미치는 것은 아닐 것이다.

궁극적으로는 영아유기가 더 이상 생기지 않고 그 결과 베이비 박스가 없어지는 것이 가장 바람직하지만, 이마저도 없다면 영아가 유기되어 보호받지 못하는 다른 장소에서 영아가 사망할 가능성을 완전히 차단할 수 없을 것이다. 문제는 베이비 박스 존재여부가 아니라, 미혼모에 대한 법과 제도적 보완에 있을 것이다.[28)] 국가가 미혼모에 대해 더 적극적이고 광범위한 복지정책을 시행하지 않는다면, 대부분의 미혼모는 지금과 같이 낙태, 고립된 출산, 영아유기, 양육과 입양 사이의 갈등의 기로에서 혼자 고통을 부담하게 되며 그 부작용은 사회에 점차적으로 드러나게 것이다.[29)]

3. 입양특례법에 대한 국회의원 법률안 발의

2012년 7월 6일 강기윤 의원외 12명은 입양특례법 일부개정법률안을 발의하였다. 양친이 될 사람이 각종 범죄 및 약물중독 경력이 있을 시에는 입양을 할 수 없지만, 양친과 동거하는 사람의 경력을 규정하고 있지 않아서 법 실효성에 문제가 있다는 점을 이 법률안은 지적한다. 이 법률안은 "양친이 될 사람뿐만 아니라 양친과 동거를 하는 사람 또한 각종 범죄 및 약물중독 경력이 있다면, 입양을 하지 못하게 함으로써 입양아동이 건전하게 양육될 수 있도록"(안 제10조제1항 제3호) 하고자 하는 것을 주요 내용으로 하고 있다.

그리고 2013년 1월 18일 백재현 의원 등 18인은 입양특례법 시행 이후 '영아유기'기 늘어나는 현상에 대한 대책으로 장애아동과 한부모가족의 자녀에 대해서는 예외적 조항을 마련하는 법률안을 발의하였다. 이 법률안에서 출생신고를 하여야만 가정법원의 입양허가를 얻을 수 있는 법에 대한 예외적인 규정으로 미혼모에 대해서는 제23조에 2항을 신설할 것을 제안하였다. 즉, "가족관계의 등록 등에 관한 법률 등 다른 법률의 규정에 불구하고 한부모가족지원법 제4조 제1호의2에 따른 청소년 한부모가 가족관계등록이 되지 아니한 본인의 혼인·외 출생자에 대한 가족관계 등록 창설 절차의 개시를 요청하는 경우에는 입양기관의 장이 대법원규칙으로 정하는 바에 따라 그 아동에 대한 가족관계 등록 창설 절차를 거친다. 이 경우 해당 아동을 민법 제781조 제4항에 따른 부모를 알 수 없는 자로 본다."라고 하여 미혼모가 출생신고로 공적 기록을 남기는 것을 두려워서 영아유기, 불법입양, 낙태를 하는 경우를 줄이자고 제안하였다.

또한 입양에 대한 1주일간의 숙려제도를 두어 입양을 신중하게 하고자 하는 취지는 좋으나 청소년 미혼모의 경우 현실적으로 1주일 동안 출산한 아이를 보호할 수 없는 경우가 많아서 극단적인 선택을 하는 것을 방지하기 위한 대책으로 13조 1항 단서에 "한부모가족지원법 제4조 제1호의2에 따른 청소년 한부모가 본인의 혼인 외 출생자에 대한 입양을 동의하는 경우에는 해당 아동의 출생일부터 1주일이 지나지 아니한 때에도 입양의 동의가 이루어질 수 있다."는 조항을 신설할 것을 주장하였다.

그리고 장애아동에 대해서는 사회적 인식과 국내입양의 어려움을 고려해서 "입양기관의 장은 제7조 제2항부터 제4항까지에도 불구하고 장애아동복지지원법 제2조 제1호의 장애아동의 입양이 의뢰된 경우에는 국내입양과 국외입양을 함께 추진할 수 있다."는 조항을 신설할 것을 제안했다.

4. 소결

미국의 통일입양법은 우리나라 친족상속법이나 입양특례법에서 요구하는 절차보다 더 자세한 절차를 규정하고 있지만 입양의 목적에 적합한 범위 내에서는 실질적인 법해석과 적용의 가능성을 열어두고 있다. 예컨대 입양을 위해 법원에 제출해야하는 출생신고서가 없다면 그 사유서를 법원에 제출하도록 하여 입양에 대한 결정을 할 수 있다.[30] 즉, 법원은 제출된 서류와 제출하지 못한 서류에 대한 사유서를 참조하여 입양허가에 대한 결정을 할 수 있다.

우리나라 입양특례법 제11조에서는 양자될 자의 출생신고 증빙서류를 법원의 입양허가를 위해서 제출하여야 한다. 부모는 자녀를 출생한 후에 일반적으로 출생신고를 하게 되므로 법원에서는 신분확인을 위해서도 입양절차에서 이를 요구하는 것이 당연할 것이다. 그러나 출생신고를 할 수 없어서 출생신고서가 없는 아동의 경우에는 그 사유와 상관없이 입양을 법원에 신청할 수 없고, 이에 대한 구제조항이 아직 우리나라 입양특례법에는 마련되어 있지 않다.

입양특례법 제1조에서는 이 법의 목적이 '양자가 되는 아동의 권익과 복지 증진'을 위해서라고 명시하고 있다. 이러한 법의 목적을 고려한다면 사회적, 경제적, 심리적으로 어려운 미혼모 내지 친생부모의 상황 때문에 입양이 되어야 하지만 필요한 서류를 갖추지 못한 아동에 대해서, 형식적 입양요건을 보완하는 규정을 두는 것도 법의 실효성을 높이는 하나의 방법이 될 것이라고 여겨진다.

V. 미혼모의 인권과 보호

우리나라에서 미혼모들은 여전히 차별받고 있고, 그들에 대한 사회복지 역시 최소한에 머무르고 있다. 또한 저출산국가인 우리나라가 최근까지도 높은 해외 입양률을 보이는 것은 한국사회에서 입양을 결정하는 미혼모 대부분이 아이를 제대로 양육할 환경이 되지 않음을 간접적으로 보여주는 한 예이기도 하다.[31]

미혼모는 법률혼 이외의 가족관계에서 출산한 경우의 친모를 의미한다. 사회는 다변화되고 있고 성 문화도 개방되어 있으나 개방된 사회에 따라 변화하는 가족관계에 대한 보호는 아직까지 충분하지 못하다. 한부모가족지원법에 의해 미혼모와 그 자녀가 보호받고 있으나 이는 덴마크, 스웨덴 등에서의 미혼모에 대한 복지혜택에 비해서 상당히 부족한 상황이다.[32]

한국에서도 마찬가지지만 미국에서도 입양되는 아이의 상당수가 미혼모의 자녀라고 한다. 많은 아이들 중에서 유독 미혼모의 자녀가 입양의 주된 대상이 되는 이유가 무엇일까? 입양의 원인에 대한 법사회학적 분석은 필연적으로 미혼모들의 열악한 사회적 현실에 귀결된다. 대부분 청소년 미혼모들은 임신, 출산, 양육 전 과정에서 경제적인 어려움뿐만 아니라 가족의 지지와 배려는 물론이고 미혼부의 보살핌조차도 받지 못한다. 그러니 미혼모는 출산 직후에도 짧은 시간 안에 아이를 보살필 여유조차도 없이 바로 입양여부를 결정해야 하는 현실에 직면하게 된다.[33] 하지만 아이를 직접 양육하는 경우에는 청소년인 미혼모의 학업과 장래 사회, 경제활동에 그렇지 않은 경우보다 큰 장애가 있는 것으로 여겨진다. 출산까지 한 미혼모는 출산하기 전까지 낙태의 권유 및 유혹의 과정을 거치면서 큰 어려움을 겪는 경우가 많다. 출산 후에는 입양여부에 대한 결정과 과정 자체가 쉽지 않고, 입양을 보낸 후에도 자녀상실의 슬픔에 시달린다는 점에서 그들에 대한 사회복지적 차원의 배려가 필요하다.

우리나라에서 입양을 하는 미혼모와 양육 미혼모 모두 그 수는 계속 증가하고 있다.[34] 특히 보호시설에 입소한 미혼모 중 10대는 20대 미혼모에 비해 늘어나고 있다.[35] 이 중 출생신고를 하지 않은 미혼모를 포함하면 10대와 20대의 미혼모는 더 크게 증가하고 있다고 추정할 수 있다. 미혼모의 학력도 예전에 비해서 고학력화 되었고, 학생을 포함해 직업군도 다양화되고 있다.[36]

점점 양육을 선택하는 미혼모가 늘어나고 한부모가족지원법 등 미혼모 및 미혼모 자녀에 대한 복지혜택을 이전보다 늘어나고 있다. 현행 미혼모에 대한 기존의 법적 보호도 중요하지만 효과적인 보호를 위해서는 입양을 결정하는 미혼모에 대한 상담, 의료보호, 사회복지의 범위도 적극적으로 확장해야 할 것이다.

양육하는 미혼모를 위해서, 한부모가족지원법은 사실혼 관계를 제외한 미혼자를 포함하여 배우자와 사별 또는 이혼하거나 배우자로부터 유기(遺棄)된 자, 정신이나 신체의 장애로 장기간 노동능력을 상실한 배우자를 가진 자, 교정시설·치료감호시설에 입소한 배우자 또는 병역복무 중인 배우자를 가진 사람에 해당하는 부 또는 모가 양육하는 자가 있는 가정에게 제12조는 국가나 지방자치단체는 복지 급여의 신청이 있으면 생계비, 아동교육지원비, 아동양육비를 지원하도록 하고 있다.[37]

그러나 입양을 선택하는 미혼모를 위한 복지제도는 충분하지 않고, 오히려 심리적인 압박으로 입양 자체를 더 어렵게 하는 것처럼 보인다. 한부모가족지원법 제5조의2에서는 특례조항을 두어 출산 후 해당 아동을 양육하지 아니하는 미혼모는 제19조 제1항 제3호의 미혼모자 가족복지시설을 이용할 때에는 이 법에 따른 보호대상자가 된다고 하여, 미혼 여성의 임신·출산 시 안전 분만 및 심신의 건강 회복을 지원하고, 공동생활지원 방법으로써 출산 후 해당 아동을 양육하지 아니하는 미혼부 또는 미혼모에게 일정 기간 동안 공동생활을 통하여 자립을 준비할 수 있도록 주거 등을 지원하고 있다. 하지만 이 지원제도는 출산을 한 미혼모에 대한 특례규정일 뿐 입양을 선택하는 미혼모에게 실질적인 상담과 도움을 줄 수는 없다. 입양을 선택하기까지 상담과 법률적 조언이 필요하고, 출생신고를 할 경우 출생신고서 상의 정보에 대한 비밀유지의 범위, 국내입양과 국외입양에 대한 양면적 고려 등 형식적 숙고가 아니라 실질적 숙고의 기회가 주어져야 한다.

나아가서 임신, 출산, 양육에 대한 고민과 갈등이 미혼모에게 일방적으로 주어져 있는 현실 속에서 미혼부에 대한 법적 책임부과와 책임을 다하지 않은 경우 부권의 제한이 이루어져야 한다.[38] 예컨대 미혼부에게 양육비를 청구할 수 있는 법을 신설하여 미혼부에게도 경제적으로 자에 대한 책임을 질 수 있도록 하고 출산과 양육의 책임을 미혼모와 나누어 질 수 있도록 하거나, 미혼부에게도 양육의 의무를 부담할 수 있도록 해야 할 것이다.

Ⅵ. 나가며

입양특례법이 아동의 권익과 복지를 증진하는 것을 목적으로 하고 있고 '자의 최선의 이익'을 중시하는 점은, 우리나라와 미국뿐만 아니라 전 세계에서의 그 핵심적 가치는 공통된다고 할 수 있다. 이 법은 가정법원이 허가하여야 입양을 할 수 있고 입양의 효력이 발생한다는 점에서 자의 최선의 이익 보장에 대한 확실한 제도적 장치를 마련하고 있고, 1주일간의 입양숙려제를 통해서 입양보다는 양육을 장려할 수 있도록 장려하고 있다.

가장 바람직한 부모와 자의 관계는 친부모가 직접 자를 양육하는 형태의 관계일 것이다. 그러나 미혼모나 아동을 양육할 수 없는 상황에 있는 모 또는 부가 입양하기로 결정할 수밖에 없을 때에는 법도 그들의 상황을 이해하고 지원할 수 있는 방향으로 제정되고 운용되어야 할 것이다. 입양특례법이 목적으로 하고 있는 '자에 대한 최선의 이익과 복리', 그리고 국외입양을 지양하고 국내입양을 장려하는 정책들 모두 그 자체로 충분히 정당하다고 할 수 있지만, 이러한 목적을 위한 형식적 요건들이 입양의 사회학적 현실을 고려하지 않아서 지나치게 형식주의적이라는 점은 큰 문제이다.

특히 출산기록이 공적인 문서에 남는 것을 두려워하지만 입양을 원하는 미혼모는 가정법원의 허가를 받을 수 없고 결과적으로 입양을 제대로 할 수 없게 되어서, 입양 절차를 밟지도 못하고 낙태나 영아유기를 할 수밖에 없는 경우가 증가하고 있다. 유기된 영아는 그 부모의 정보를 알 수 없고 출생정보를 정확히 알 수 없어서 출생신고서를 작성하기도 어렵고, 따라서 입양의 절차를 정식으로 진행하기 어렵다. 이러한 현상은 아동을 위해서나 친모를 위해서나 바람직하지 않을 것이다. 그리고 입양자격을 갖춘 입양부모와 입양을 원하는 당사자가 있는데도 불구하고 입양특례법이 요구하는 출생신고라는 형식적 요건 때문에, 부득이하게 출생신고서가 없는 아동이 가정에서 입양될 기회를 원천적으로 박탈하는 것도 아동을 위해서는 적합하지 않다. 또한 일주일간의 숙려기간도 미혼모에 대한 충분한 심리적, 사회적, 경제적 보호가 없다면 오히려 입양과 양육 결정에 장애가 될 수도 있다.

입양특례법은 좋은 취지와 목적에도 불구하고 입양을 하는 친부모와 자 모두에게 그에 상당하는 법적 보호와 실효성이 아직까지는 담보되지 않은 문제점을 가지고 있다. 그러므로 자의 복리를 향상시킬 수 있는 보충적인 규정을 두어서 아동과 친부모, 양부모 모두에게 도움이 될 수 있는 입법적 개혁이 필요하다.

9.

동성애자에 대한 사회적·법적 고찰

Ⅰ. 들어가며

플라톤(Plato)은 인간이 살아가는 방식을 탐구함에 있어서 이상적인 것에로 상승하려는 인간영혼의 기본적 욕구를 사랑이라 하고, 그런 사랑을 인간의 삶에서 가장 가치 있는 것으로 묘사하였다. 이러한 사랑은 육체적 사랑인 세속의 에로스와 정신적 사랑인 천상의 에로스로 나뉘는데, 두 종류의 사랑 모두 이성에 대한 사랑과 동성에 대한 사랑을 구분하지 않았다. 세속의 에로스에서 남성과 여성 간의 이성애적 사랑뿐만 아니라 남성들 간의 동성애를 당연하게 여기고 있고,[1] 더 나아가서 천상의 에로스에서는 성인남자의 어린 남자를 통한 즐거움 추구와 어린 소년이 성인남자에게서 덕을 배울 수 있다는 점도 강조하고 있다.

현대 사회에서는 동성애자임을 밝히는 것조차 부담스러울 정도로 동성애자들이 큰 차별을 받고 있다. 동성애자들은 자신의 성적 정체성을 깨닫게 된다고 할지라도 가족이나 직장에서 받게 될 냉대가 두려워서 동성애자임을 밝히지 못하고, 같은 동성애자들과 어울리면 자신이 이성애자가 아니라는 점이 탄로날까봐서 그들의 성적 정체성을 쉽게 밝히지 못한다.[2] 가족이나 친구들과의 관계에서도 이러할진대, 사회에서 동성애자임을 스스로 밝힐 때에는 커밍아웃(coming out)이라는 다소 도전적인 용어가 암시하고 있듯이 그들의 사회적 생명을 담보하는 것만큼이나 큰 모험을 감수해야만 한다. 이러한 사회적 인식으로 인해 그들은 소위 '성적 소수자'[3]로 살아가고 있다. 한국사회에서는 이성애를 바람직한 성적 지향(sexual orientation)으로 규정하고, 동성애에 대해서는 바람직하지 못한 성적 지향으로 받아들이고 있다.

이 글에서는 먼저 동성애에 대한 사회적 고찰을 위해서 동성애자의 성적 정체성, 성적 착취의 문제, 성에 대한 정형화된 사고와 동성애자에 대한 차별을 논의하기로 한다. 동성애에 대한 법적 고찰을 위해서는 우리나라 보다 활발한 논의와 다양한 사법적 판결이 내려졌던 미국에서의 동성애자에 대한 사회적 인식과 동성애 커플의 혼인에 관하여 논의할 것이다.

Ⅱ. 동성애자에 대한 사회적 고찰

1. 동성애자의 성정체성과 성적 착취의 문제

동성애자란 같은 성을 가진 사람에게 성적인 매력을 느끼는 여성이나 남성을 말한다. 성별이 동일한 상대방과의 사랑이나 성관계를 표현하는 단어로 가장 흔하게 사용되고 있는 호모섹슈얼리티(homosexuality)라는 용어는 1869년 카를 마리아 케르트베니(Karl Maria Kertbeny)라는 헝가리 의사가 프러시아의 반동성애법 철폐를 주장했던 한 소책자에서 처음으로 사용하였다.[4)]

미셸 푸코(Michel Foucault)는 동성애적 정체성과 관련하여 "가정에서 부모와 부부는 성의 장치의 주요한 주동자가 되고 이에 따라 외부적으로 의사, 교육자, 나중에는 정신과 전문의가 디딤돌의 구실을 하며, 내부적으로는 인척관계가 이중화될 뿐만 아니라 오래지 않아 '심리학'이나 '정신의학'의 영역으로 편입되기에 이른다."고 주장하면서, 동성애란 정의 자체가 기존 사회의 성의 장치에 의해 통제대상이 되는 인위적인 카테고리의 일종이라는 의견을 제시하였다.[5)] 즉, 동성애자는 비정상인으로 분류되는 탈선한 성의 영역에 속한다는 것이다.

푸코는 비정상인의 예로서 괴물, 교정불가능자 등을 예로 들었는데, 동성애는 한 몸에 남성과 여성의 성징을 모두 가지고 있는 양성성이라는 자연의 괴물성이 아니라, 여자가 여자를 또는 남자가 남자를 사랑하는 변태적 취향을 가진 '행동의 괴물성'을 지닌 사람으로 취급받는다고 말했다.[6)] 법률적 권력도 아니고 의학적 권력도 아닌 규격화된 권력이라 불릴 수 있는 제3의 권력이 '비정상인'을 규정지으며,[7)] 동성애자도 비정상인으로서 억압의 대상이 된다는 것이다.

일반적으로 인간은 이성애적 정체성도 동성애적 정체성도 없는 아동기를 지나서, 청소년기에 성적 정체성(sexual identity)이 발달하게 된다. 성적 정체성은 성적 및 심리적인 측면에서 자신을 동성애자, 이성애자, 양성애자로 지각하는 것이다. 동성애적 정체성은 자신이 심리적으로나 성적으로 동성애임을 자각하는 일종의 태도이다.[8)]

여성과 남성 모두 자신의 선택과 상관없이 태어나서 각각 생물학적・사회적 성역할을 수행하여 살아간다. 아마도 그러한 상황에 대해서 재인식을 한다면 동성애에 대하여 다른 시각을 가질 수 있을 것이다.

한편 사회에서 보편적으로 받아들여지고 있는 이성애자라 하더라도 도덕적 규율로부터 자유로운 것은 아니다. 근친상간이나 불법적으로 행해지는 매춘 등은 이성을 주로 대상으로 하고 있지만 금기시되고 있다. 그리고 혼인 배우자를 찾을 때에는 연령, 사회적 배경 등 수다한 요소들이 섬세하게 또 노골적으로 고려된다.

이성애자라 하더라도 사회적 편견은 그대로 때로는 너무나 폭력적으로 적용되고 있는 것이다. 더욱 문제가 되는 것은 동성애자들은 성정체성의 문제뿐만 아니라 이성애자에게 요구되는 성정체성의 문제들까지도 동시에 감당해야 한다는 점이다. 그들 사이에서도 성적 착취가 존재하며,[9)] 결혼을 한다면 그 결혼이 성립할 것인가 또는 사실혼으로서 어떻게 유지해 나아갈 것인가의 문제가 발생하여, 성전환시에 전환된 성으로서 겪어야 하는 법률문제가 발생하고,[10)] 자녀가 동성애자의 자식[11)]으로서 겪게 될 사회적 편견까지를 감내해야 하는 상황에 처하게 된다.

때문에 많은 경우 여성 동성애자나 남성 동성애자들은 자신의 성적 정체성을 밝히는 것을 기피하고 두려워한다.[12)] 그리고 동성애자라는 자신의 정체성을 밝히기를 주저하는 경우가 많기 때문에 동성의 동료나 친구들과의 친분관계에도 어려움을 겪게 된다.

동성애적 정체성을 가진 청소년은 가족 구성원에게 밝히는 것조차도 두려워서 자신의 정체성을 숨기거나 오랫동안 억압하면서 살아가는 경우가 대부분이다.[13)]

동성애자인 남자 청소년은 대부분 가족, 학교나 또래집단으로부터 거부당하면서, 성인 동성애자 클럽에서 자신들의 정체성을 드러내지만 오히려 성인 남자 동성애자에게 성적 착취를 당하는 경우가 많다.[14] 이러한 청소년들은 학교생활에서도 제대로 적응하지 못하게 되는 경우가 허다하다.[15]

동성애금지법을 미국수정헌법 제14조 적법절차규정에 위반된다고 판단한[16] 미국에서도 동성애자인 청소년에 대해서는 특별한 보호규정의 마련이 시급하다는 견해가 제시되고 있다.[17] 그러나 많은 사람들이 동성애적 정체성과 동성애 행위는 구분해야 한다고 생각하고 있으며, 사람들은 이미 자신의 동성애적 정체성을 발견하게 된 청소년이 동성애를 할 수 있다는 사실에 대해서 충분히 고려하거나 이에 대한 대책마련에는 관심을 기울이지는 못하고 있다.[18]

동성애에 대한 금기가 청소년 보호라는 이름 하에서 정당화되는 상황에서, 동성애자인 청소년은 더욱 자신의 정체성을 숨기게 되어 자존심의 저하, 죄의식, 우울현상을 경험하게 되어 심지어 자살에 이르는 경우도 생긴다. 때로는 가출청소년이 되어 생존하기 위해서 절도나 매춘을 하게 되는 경우도 생긴다.

성적 정체성의 형성시기에 있는 청소년기의 동성애자들에 대한 대책과 보호는 한 사람의 사회적 미래와 생명에 관련되는 문제이다. 이에 대한 법적 규제보다도 더 시급한 것은 그들에 대한 인식변화와 사회적 보호책의 마련이다.[19] 그러므로 우리나라에서는 동성애에 대한 법적 문제해결과 함께 청소년의 성정체성에 대한 관심과 배려 및 동성애자인 청소년에 대한 보호가 함께 해결되어야 할 문제로 남게 된다.

2. 성에 대한 정형화된 사고와 동성애자에 대한 차별

동성애자들이 사회적 차별을 가장 절실하게 느낄 때는 사람들 간의 사랑과 혼인은 이성간에만 가능하다는 성에 대한 정형화된 사고방식에 마주할 때일 것이다. 미국에서 동성애자들이 혼인할 권리를 획득하기 위해서 주장했던 “동성 간의 혼인을 금지하는 것은 이성 간에만 합법적인 혼인을 인정하는 것으로서 성차별"이라는 논거는 그다지 설득력이 없었다.[20] 오히려 성에 대한 정형화된 사고방식이 동성 간의 혼인금지의 주된 근거라는 점이 동성애자들을 차별하는 보다 설득력 있는 이유가 될 수 있을 것이다.

하지만 동성 간의 혼인금지가 다음과 같이 성에 대한 정형화된 사고방식과 밀접히 관련되어 있다는 점에서 이는 여전히 동성애자에 대한 차별의 한 예로 여겨질 수 있다. 첫째로, 자녀들은 다른 성을 가진 부모에 대한 기대가 있다는 점이다. 둘째로, 남성과 여성은 가정에서 다른 역할을 할 것이라고 가정하기 때문이다. 셋째로, 혼인은 경제적으로나 성적으로 불안정한 지위에 놓인 여성을 보호하는 역할을 하며, 이성간의 관계에서 자녀를 가지게 된다는 점이다.[21]

미국에서 행해진 연구결과에 따르면 동성부부 사이의 자녀도 이성부부 사이의 자녀와 다름없이 잘 지내고 있음이 입증되었다.[22] 하지만 동성 간의 혼인에 대하여 판단하는 많은 경우에 있어서 법원은 남성인 아버지와 여성인 어머니가 자녀에게 이상적인 부모의 역할 모델이 된다는 생각을 가지고 있다. 이성으로 이루어진 가정에서의 자녀들이 성역할에 대해 어떠한 영향을 받게 되는가에 대한 충분한 고려 없이, 이성가정의 전형적인 성역할 모델을 무조건적으로 옹호하는 것은 그 주장의 근거가 미약하다.[23]

그리고 법원에서 동성 간의 혼인에 대하여 판결을 내릴 때 혼인생활에 있어서 여성과 남성은 다른 역할을 하기 때문에 이성으로 이루어진 혼인이 바람직하다는 논거를 전개하는 것도 성에 대한 정형화된 사고방식에 기반을 두는 것이라고 볼 수 있다.[24]

동성 간의 혼인을 금지하고 이성커플에 한하여 합법적인 혼인을 인정하는 주장은 혼인관계 내에서의 출산과 양육을 "책임감 있는 출산"으로 여기고, 이러한 입장이 취약한 지위에 놓인 여성과 자녀들을 보호한다는 점을 암묵적으로 인정하고 있다고 할 수 있다.[25] 이성 간의 혼인관계 내에서의 출산이 남성으로 하여금 사회적으로 취약한 지위에 있는 여성과 자녀를 보다 확실하게 보호하게 한다는 논리는 성에 대한 정형화된 사고방식으로서 성차별과 연관된다고 여겨진다. 위와 같이 전통적으로 인정되어 온 이성애와 이성 간의 혼인에만 법률적 보호를 부여할 때에는 성역할이 고착화되고 그 이외의 관계에 대해서 관심과 보호의 여지가 줄어들 가능성이 있다.

Ⅲ. 동성애자 간의 혼인인정 여부에 관한 법적 고찰

1. 서설

동성애는 오랜 시간동안 금기시되어 왔지만 어느 시대에도 동성애가 존재하지 않은 적은 없다. 이제는 동성애를 관대하게 받아들이는가 여부를 뛰어 넘어서 동성 간의 결혼(same-sex marriage)을 허용하는지 여부가 현대사회의 주된 이슈가 되고 있다.

동성애자로서 겪는 사회적 냉대로 인하여 발생하는 정체성의 혼란과 음지에서 행해지는 성적 착취와 같은 사회적 문제는 성전환자의 문제와, 동성애자들 간의 혼인을 허용하는가의 문제 및 혼인 후 자녀 출산과 입양 등과 같은 법률적 문제를 고찰한다면 동성애자의 성정체성 혼란에 관한 문제도 보다 부드러운 해결책을 찾을 수 있을 것이다.[26] 다음에는 동성애자에 대한 판결과 입법례를 통하여 위의 쟁점들을 고찰해 보기로 한다.

2. 미국에서 동성애자에 관한 법적 고찰: 대법원의 결정을 중심으로

미국에서는 동성애를 법적으로 금지하여 왔으나, 1969년 스톤월(Stonewall) 사건 이래로 동성애자들이 자신들의 권리를 합법적으로 보장받으려는 움직임이 활발하게 일어났다.[27] 동성애자에 대한 법적 고찰을 위해서는 연방대법원과 미국 각 주 대법원 판결 및 그에 따른 동성애자들의 법적 지위를 살펴보는 것이 필요하다.

2003년 미연방대법원은 동성애행위를 금지하는 텍사스주법이 수정헌법 제14조 적법절차조항에 의한 개인의 자유보장을 침해하는 것으로서 위헌이라는 판결을 내렸다.[28] 즉, 동성애자들은 정부의 간섭이나 법적 금지 없이 자유롭게 그들의 집에서 동성애를 할 수 있다고 판시하여, Bowers v. Hardwick 사건[29]에서 동성애를 금지하였던 이전의 연방대법원의 결정을 뒤엎는 판결을 내렸다. 이러한 연방대법원의 판결은 많은 동성애자, 특히 게이들의 지지를 받았고 그들의 법적 권리인정에 대한 긍정적인 전망을 가능하게 해 주었다. 하지만 연방대법원은 동성애를 법으로 금지하는 것이 개인의 자유보장이라는 관점에서 위헌이라는 입장을 밝힌 것이고, 동성 간의 혼인에 대하여 합법적인 권리부여를 선언한 것은 아니다.

동성애자에 대한 법적 고찰을 위해서는 연방대법원에서 내려졌던 동성애행위를 법으로 금지할 수 있는가에 대한 판단보다는, 그들에게도 합법적인 혼인과 그에 부수하는 권리를 인정할 수 있는가 여부가 현 시대의 흐름에 부합하는 쟁점이라 여겨진다. 그러한 쟁점들에 관해서는 미국 각 주 대법원 판결들을 살펴본다면 보다 풍부한 논의가 가능해질 것이다. 예컨대 하와이주는 1993년 동성커플의 혼인에 대한 권리를 인정하지 않는 것이 주헌법에 위배된다는 판결을 미국에서 최초로 내렸는데, 이를 시작으로 미국 각 주 대법원에서 동성커플에게 합법적인 권리를 인정하는 예가 늘어나게 되었다.[30]

그리고 1999년 버몬트주 대법원은 이성 간의 혼인에 인정되는 혜택과 보호를 동성커플에게 동등하게 인정하지 않는 것이 버몬트주 헌법에 위배된다는 판결을 내렸다.[31] 주대법원은 입법부로 하여금 버몬트주 혼인법을 개정하든가 "다른 동등한 법적 대안"을 마련하는 것 중 양자택일을 요구했다. 이에 입법부는 후자를 선택하여 시민연합법(civil union laws)을 통과시켰다. 그로 인해 미국에서 처음으로 동성애 커플에게 시민연합이라는 제도를 마련해 줄 수 있게 되었다. 버몬트주의 "시민연합"은 "분리하지만 동등한"(separate but equal)의 법리에 따른 것으로서, '혼인'과 단지 용어의 차이만 있을 정도의 것이었다. 동성애 커플들도 이제 법적으로 '혼인'과 유사한 대우를 받게 되었다.[32] 즉, 버몬트주에서는 혼인한 부부가 누릴 수 있는 특권과 유사한 권리를 동성애 커플들은 시민연합법에 의해 누릴 수 있게 된 것이다.

버몬트주의 법원판결과 입법을 통한 동성애 커플에 대한 보다 강한 보호는 다른 주의 입법이나 법원에게도 큰 영향을 주었다. 코네티컷주[33]도 동성애 커플에게 결혼과 유사한 제도를 시민연합법을 통하여 허용하였다. 버몬트주에서 간접적으로나마 인정되기 시작한 동성 간의 혼인에 대한 보호는 각 주에 영향을 미치기 시작하였다. 2004년 5월에 메사츠세츠주[34]는 동성 간의 '시민연합'과 같이 혼인과 분리되지만 유사한 취급을 하는 제도가 아닌, 동성 간의 '혼인'을 인정하는 첫 번째 주가 되었다.

이와 같이 동성 간의 혼인에 대한 진보적인 판결들은 증가하고 있지만, 여전히 각 주의 입법자들과 미연방은 동성 간의 혼인에 관하여 호의적이지 않은 입장을 유지하고 있다. 예컨대 알라스카주 항소법원에서 혼인의 상대방을 정할 수 있는 권리는 개인의 사생활에 관한 권리라고 하면서 동성 간의 혼인허가 거부는 주헌법의 평등보호조항에 위배된다고 판결하였으나,[35] 알라스카주는 혼인은 이성 간에만 성립할 수 있다고 헌법을 수정하였다. 최초로 동성 간의 혼인을 인정하는 판결을 내렸던 하와이주도 곧 헌법을 수정하여 이성 간에만 혼인이 성립한다고 규정하였다.[36]

그리고 1996년 연방국회가 제정한 혼인보호법(Federal Defense of Marriage Act)[37]은 여전히 동성애자들 간의 혼인을 금지하고 있다. 따라서 각 주의 판결이나 법이 연방차원의 법에 대립될 때 여전히 해결해야 할 문제점은 남아 있다고 할 수 있다.

특이할만한 점은 연방혼인보호법 통과 이전에는 각 주의 법에 따른 합법적인 혼인이 유효한 것으로 인정되어 졌다는 점이다. 연방혼인보호법은 '혼인'은 "한 남성과 한 여성이 남편과 아내로서 맺은 법적 연합체이다."라고 규정하고 있으며, '배우자'에 대해서는 "남편과 아내 각각 다른 생물학적 성을 가져야 한다."고 명백히 규정하고 있다.[38] 그러므로 미 연방 중 한 주에서 합법적인 혼인을 한 동성커플이라 할지라도 종합소득세의 공제 등을 포함한 혼인에 수반하는 연방차원의 혜택들, 권리들, 특권들은 누릴 수 없다.

연방차원에서는 동성 간의 혼인에 대한 거부 이외에도, 연방혼인보호법은 혼인과 관련한 관계에서의 공적 기록이나 사법절차 등의 공식적인 효력을 각 주로 하여금 부인하도록 요구하지는 않지만 권고하는 방향으로 나아가고 있다.[39] 연방정부의 태도 때문에 동성커플은 다른 주을 여행할 때 그들 결혼의 유효성에 대해서 장담할 수 없는 경우가 많이 생기게 된다. 이러한 문제점 등으로 많은 학자들이 연방 혼인보호법의 합헌성에 대해서 의문을 제기하고 있고, 게이권리보호연합회 등은 미국연방헌법을 개정해야 한다는 주장까지 하고 있다.[40]

버몬트주와 코네티컷주를 제외한 미국의 나머지 40여개 주가 점점 동성애를 인정할 것인지 여부에 대해 심각하게 고민하고 있는 것과는 대조적으로 연방정부가 여전히 위와 같이 강력한 조치를 취하고 있는 사실은 동성 간의 혼인 허용 여부가 얼마나 첨예한 국가적인 이슈인지를 잘 보여준다.[41]

혼인에 관한 연방법의 입장과는 반대로 2003년 매사츠세츠주 대법원은 Goodridge et al v. Department of Public Health 사건[42]에서 동성애 커플에게 혼인허가증을 발급하지 않는 것이 주 헌법이 보장하는 평등권과 존엄성에 위반된다고 판결하고, 동성 간의 혼인을 합법적인 혼인으로 인정하고 있다. 그리고 동성 간의 혼인에 대하여 버몬트 주는 시민연합(civil union)이라는 용어를 사용한 반면, 매사츠세츠주 대법원은 동성커플에게도 '혼인'이라는 용어를 사용함으로서 혼인의 개념을 다른 주보다 광범위하게 인정하고 있다. 공적인 혼인을 원하는 동성애자들에게 공적인 혼인에 유사하거나 준한 제도가 아닌 '혼인'이라는 용어를 직접적으로 사용하고, 기존의 혼인관계에서 누릴 수 있는 법적 혜택을 동등하게 부여하는 것은 성적 소수자인 동성애자들에 대한 보호에 획기적인 기여를 하게 되는 계기가 되는 판결이다.

2008년 캘리포니아주 대법원에서도 혼인을 남성과 여성 간의 결합만을 인정하는 가족법이 주법의 평등보호조항에 위배한다는 판결을 하여,[43] 동성애 커플들도 이성 간의 결합과 같은 법적 혼인을 인정받고 공적인 혼인허가증을 발급받을 수 있게 되었다. 하지만 불과 1년 후인 2009년에는 주민투표로 결정된 동성

간의 혼인을 금지하는 법안(Marriage Protection Act)의 유효성을 인정하는 판결을 내려서 동성애자들은 더 이상 혼인할 수 있는 권리를 인정받을 수 없게 되었다.[44] 이와 같은 예는 동성애자들에게 법적 권리를 부여하는 법원의 판결이 있었다고 하더라도 '혼인'에 대한 보수적인 입장을 가진 사람들에 의해 법안에 대한 주민투표 등을 통해 언제든지 그 결정이 바뀔 수 있는 여지가 있다는 점에서 동성애자들의 법적 지위가 아직까지 완전히 안정적이지는 않음 보여준다.

위에서 살펴본 바와 같이 캘리포니아주와 같은 일부 예외가 있긴 하지만, 미국에서는 대법원 판결이나 입법에 의해서 동성애자들에 대한 기본적 자유와 권리를 긍정적으로 인정하는 주가 증가하고 있다. 그렇다면 미국 각 주 대법원 판결이나 입법에 의해서 인정된 동성애자들의 혼인에 대한 권리와 법적 지위를 살펴보는 것도 그들의 지위를 재확인 한다는 점에서 의미있다고 할 수 있다.

3. 동성애 커플의 법적 지위

미국에서는 동성애 커플들의 법적 이익을 여러 가지 방법으로 보호하고 있다. 버몬트 주에서는 위에서 살펴본 바와 같이 Baker v. Vermont 사건[45] 이후 동성애 커플에게 시민연합(civil union)을 인정하고 있다. 2000년 제정된 시민연합법에 의하면 의사능력을 가진 18세 이상이고 혈연관계에 있지 않는 동성커플은 버몬트주 사무원에게 시민연합허가서를 접수하고 판사, 치안판사, 성직자 중의 일원이 동 허가를 증명하면 시민연합증명서를 교부받아 혼인한 자와 동등한 법적 권리와 의무를 지게 된다. 이에 따라 동성커플은 배우자가 의사무능력자가 되었을 때 보호자가 될 수 있는 권리, 이혼할 수 있는 권리와 재산분할청구권, 이혼시 자녀에 대한 양육권과 부양청구권, 배우자 사망시의 상속권 등을 가질 수 있다.

하와이주에서는 Baeher v. Lenin 사건 이후 상호 수혜자(reciprocal beneficiary) 제도를 법으로 제정하였다.[46] 이 법에 의해서 상호 수혜자로 등록한 동성커플들에게 그들의 자녀에 대한 건강보험혜택, 혼인한 부부에게 주어지는 권리와 같은 상속권인정, 가정 내의 폭력에 대한 불법행위법상의 청구권도 인정되는 등, 하와이주는 동성애 커플들에게 60여개 이상의 법적 보호를 보장하고 있다.

캘리포니아주에서는 '가정파트너쉽'(domestic partnership)제도를 도입하여 동성애 커플에게 합법적인 혼인과 완전히 같지는 않지만 유사한 관계를 유지할 수 있는 권리를 인정하게 되었다. '가정파트너쉽'에 등록된 18세 이상으로서 6개월 이상 동거한 동성애 커플은 서로 생활비를 부담하고, 혼인한 부부에게 인정되는 것과 동일한 건강보험 혜택을 받을 수 있다. 그리고 워싱턴 D.C.에서도 '가정파트너쉽' 등록부에 등록된 동성애 커플에게도 혼인관계에 인정되는 권리들을 부여하고 있다. 즉, 동성애 커플들도 건강보험에 관한 권리, 생존자가 파트너의 사망시 부당한 사망으로 인한 소송을 할 권리, 부검과 묘지에 관한 권리, 상속권, 유언 없이 파트너 사망시 재산을 관리할 권리 등을 인정하고 있다.

한편 매사츠세츠주에서는 2004년 Goodridge v. Department of Public Health 판결 이후 동성애 커플에게 시민연합이라는 명칭과 같은 혼인유사제도가 아닌, 이성 간에 인정되는 혼인과 동일한 명칭과 권리들을 미국에서 처음으로 인정하게 되었다.

우리나라에서도 동성애 커플이 증가되고 있는 상황을 고려해 볼 때 그들의 지속적인 관계보호를 위해서도 위에서 살펴본 미국의 판례와 입법례가 참조가 될 수 있으리라 여겨진다. 예컨대 오랜 동안 관계를 유지한 동성애 커플에게도 민법, 주택임대차보호법, 공무원 연금법, 사립학교교원연금법 등에서 혼인한 자 내지 사실상 혼인관계자에게 주어지는 법적 권리를 부여하는 방안을 제시하는 것이 바람직할 것이다.

4. 종교적 입장에서 본 동성애

동성애에 대한 기독교의 입장을 살펴보기 위해서는 성경에 나타난 동성애에 대한 한 입장을 고찰해 볼 수 있을 것이다. 성경의 많은 부분에서 동성애는 비정상적인 행위 내지 비도덕적인 행위로 묘사되고 있다.[47] 그렇다면 인간의 가장 근본적인 정신세계를 대변하는 대표적 종교인 기독교적 입장에서 동성애를 무조건적으로 금지해야 하는가가 문제된다. 만약 동성애를 완전히 금지할 수 없다면 기독교적 입장과 동성애 내지 동성 간의 혼인은 어떻게 타협할 수 있을까?[48] 신이 인간 사이의 사랑을 중시한다면 어쩔 수 없이 동성애자가 된 사람에 대해 관용할 가능성이 없지는 않다. 그리고 현실세계에서 동성애자의 목소리를 충분히 고려하고 법적용의 형평에 대한 어떤 방향을 제시해 줄지도 모른다. 이성애자가 주류를 이루는 현대 사회에서 동성애자들은 스스로를 방어할 수 없는 사람들로 분류될 수 있다.

동성애에 대한 종교적 입장에 관하여 논의할 때 동성 간의 혼인 허용이 가진 종교적 의미와 그와 관련된 법적 보호에 대하여 고려해 볼 수 있다. 기독교에서의 동성애자에 대한 비판은 출산, 상호헌신과 자녀양육을 함께 할 공동체로서 동성 간의 결합보다는 이성 간의 결합이 당연시 여겨지는 점과도 관련될 수도 있다.[49] 대부분의 국가는 종교의 자유를 보장하고 국교를 금지하고 있다. 예컨대 미국수정헌법 제1조는 "연방의회는 종교설립에 관한 법률이나 종교행사를 금지하는 법률을 제정하여서는 아니된다."라고 하여 종교설립의 자유에 관한 규정(establishment clause)과 종교활동의 자유(free exercise clause)에 관한 규정을 두고 있다.

종교설립의 자유조항은 국가가 종교에 관여하거나 특정 종교를 다른 종교와 다르게 취급하는 것을 금지하는 국가의 종교적 중립성을 선언하는 조항이다. 즉, 국가가 종교에 개입해서도 안 되고, 종교와 국가가 지나치게 밀접한 관계를 유지해서는 안된다는 것이다.[50] 국가가 법으로 동성 간의 혼인을 인정하지 않는 것에 합리적인 이유가 있거나, 일부다처나 일처다부제와 같이 공공의 복지를 해할 정도로 동성 간의 혼인이 사회적 위해가 된다면 이를 금지하는 것이 타당할 것이다.[51] 그리고 국가가 동성 간의 혼인을 금지할 만한 합리적인 이유나 공공의 복지를 해할 정도로 사회적 위해가 되는지에 대해서 충분한 입증을 해야만 하는 시점이 언젠가 올 수 있다.

자신의 성적 지향을 그대로 유지하고 상대방과 지속적인 관계를 유지하고 싶어 하는 사람이라면, 그들이 동성애자라는 이유로 합법적인 혼인으로 누릴 수 있는 권리들을 부여하지 않는 것은 가혹할 가능성은 있지만 종교적 정신과의 조화도 필요하다.

Ⅳ. 나가며

동성애는 고대에서 현재까지 계속 사라진 적이 없었지만, 역사적으로 이성 관계나 이성 간의 혼인관계에서 누릴 수 있는 혜택과 보호를 누린 적은 거의 없었다고 할 수 있다. 오히려 동성애는 종교적, 사회적, 법적으로 금기시되어 왔고 그에 따라 동성애자들 역시 금지된 행위를 하는 자로 취급되고 사회적으로 억압의 대상이 되는 경우가 대부분이었다.

벨기에, 캐나다, 네덜란드, 스페인이 동성애자들에게도 합법적인 혼인을 할 권리를 부여하고 있고, 미국은 최근부터 캘리포니아주와 매사추세츠주 등 몇 개의 주에서 동성애자들에게 이성애자와 동등한 혼인에 관한 권리를 인정하기 시작하고 있다. 이 글에서는 비교법적 연구를 위해 미국에서 동성애와 동성 간의 혼인에 관한 사법적 판결과 입법례 등을 살펴보았는데, 그 결과 우리나라 동성애 커플의 법적인 지위에 관한 시사점을 제공할 수 있을 것이다.

10.

조선시대 균분상속제도와 그 의미

Ⅰ. 들어가며

재산에 대한 소유권과 인간의 기본적인 권리는 밀접하게 연관되어 있다. 그러나 모든 인간이 당연히 누리야 한다고 생각하는 소유권이 근현대 이전에는 대부분의 여성에게 강하게 보장되지 못하였다.

상속제도는 가족관계에 관련되어 있기도 하지만 동시에 재산에 대한 소유권의 포괄적 이전이라는 점에서 재산에 관련된 제도이기도 하다. 우리나라는 여성에 대한 균분상속과 이에 대한 재산 소유권을 조선시대에도 법적으로 보장했다는 점에서 시대사적으로 독특한 의의를 가진다. 중세시대에는 서구세계를 비롯한 전 세계에서 여성에게 재산권을 대부분 인정하지 않았고, 여성이 상속을 받는다고 하더라고 균분상속이 아니었다. 상속받은 재산에 대해 여성은 재산권의 주체가 될 수 없었기 때문에 남성의 그 상속된 재산의 권리자가 되었다. 조선시대는 강한 가부장적 사회였음에도 불구하고 여성에 대한 재산권 보장이 균분상속제도 등을 통해서 행해졌던 혁신적인 사회이기도 했다.

고려 이후 조선은 유교를 개국의 정신적 기초로 삼아서 법과 사회에 적용하였다. 유교는 중국 전통의 기초 이념이었고, 대명률(사례들)을 비롯한 중국 법에 막대한 영향을 미치던 사상이었다. 대명률에 역시 효에 관한 법들이 상당 수 있었고, 효에 반하는 행위를 가중하여 처벌한 경우를 보더라도 이를 확인할 수 있다. 유교를 국치로 삼아 신분에 따른 수직적 상하관계를 기반으로 한 통치이념은 당연히 가정에도 영향을 미쳤다. 그래서 혼인 유지와 이혼 결정에 있어서 남성의 부모와 남성의 의사가 일방적으로 우위에 있었다. 부부관계에 있어서도 부가 처에게 가해행위를 한 경우와 처가 부에 대해 가해행위를 한 경우 처벌이 달랐다. 법에서도 장유유서와 가부장적 가족제도가 뿌리 깊게 반영되었던 차별적 사회였다. 이러한 차별은 현대사회에는 당연히 사라졌을 것이라고 추측할 수도 있겠지만, 21세기에도 유교적 전통에 바탕을 둔 가부장제 사회의 성격이 우리나라 가족관계에 여전히 남아 있다.

그렇다면 조선시대에는 더 심한 남녀차별과 여성에 대한 불평등한 대우가 행해졌으리라고 추론할 수 있을 것이고, 조선시대 유교사회를 연구하는 것은 현재의 가부장적 사회를 이해하는 데도 큰 도움이 될 것이다. 하지만 조선사를 들여다보면 가부장제와 어울리지 않는 남녀균분상속이 17세기 이전까지 오랜 동안 전통으로 자리 잡아 왔음을 발견할 수 있다. 이 글에서는 조선시대 균분상속제도의 배경, 내용, 그 한계와 의미에 대해서 살펴보고, 보다 평등한 사회로 나아가기 위한 작지만 중대한 기원을 알아보기로 한다.

Ⅱ. 조선시대 혼인제도와 그 시대적 배경

조선사회는 그 당시 동아시아에 광범위한 영향을 주고 있었던 중국의 정치철학 뿐만 아니라 혼인에 대한 관례를 따르려고 시도했음에도 불구하고, 한편으로는 오랜 동안 전승되어 오던 남귀여가혼의 전통을 쉽게 바꿀 수 없었다. 이러한 조선전기의 특별한 혼인양식은 여성의 사회적 지위와도 밀접하게 연관되어 있었다.

1. 남귀여가혼의 전통

남귀여가혼 내지 서류부가혼은 신랑이 신부 집에서 혼례를 치루고 그 후로도 오랜 동안 처가에서 살며 자식을 낳고 기르는 우리나라의 전통적인 혼인양식이다. 이러한 혼인은 이미 고려시대에 광범위하게 행해졌으며 가부장적 혼인제도가 공식적으로 도입되기 시작한 조선시대에 와서도 지속되었다. 이 전통에 따른 혼인절차는 대체로 사흘에 걸쳐 진행되었다.[1] 첫째 날에 사위가 자신의 아버지와 함께 종자를 데리고 처가에 도착하고, 둘째 날에는 처가와 신랑의 하객들과 잔치를 하고, 셋째 날에는 신랑과 신부를 위해 음식을 마련하여 잔치를 하고 상견지례를 하게 된다. 그리고 이날 잔치에서 남은 음식은 시댁에 보내었다. 이런 절차를 마친 후 시부모에게 인사를 드리러 가게 되는데 언제 시부모에게 인사를 하러 가는지는 정확히 알려져 있지 않았고, 정해져 있지도 않은 것으로 보인다.

남귀여가혼의 관행은 혼인 기간 중 여자 쪽 집안의 경제적 능력과 지원이 있어야 한다는 단점이 있기는 하였지만[2] 여성에게 유리하게 작용하는 측면이 분명히 있었다. 이를테면 혼인 후 가정 내에서 여성의 지위가 혼인 전과 큰 차이가 없이 유지될 수 있었고,[3] 딸이 그 부모와 상당 기간 동안 동거하는 것이 재산의 상속에도 상당히 영향을 미쳤다고 할 수 있다.[4] 즉, 처가에서 혼인한 딸과 그 가족과 함께 오랜 동안 생활하게 되면, 혼인한 딸은 물론이고 그 자녀까지도 가족에 대한 친밀도가 높아질 수 있었고, 재산상속 시에 딸에 대해서도 동등한 권리를 보장하고 존중하려는 태도를 취할 가능성이 훨씬 높다고 할 수 있다. 이는 처가에 아들이 없는 경우에 제사를 위한 입양을 하지 않고, 사위 또는 외손이 제사를 지내는 사례가 증가하는 현상과도 연계되어 있었다.[5] 즉, 원칙적으로 남자가계를 위한 봉사나 제사도 남귀여가혼에서는 여성의 가문에 대한 봉사로 변화되어서 시행될 수 있었던 것이다. 이는 주거장소에 따라 변화하는 보이지 않는 권력이 어떻게 구조적으로 작용하는지를 파악할 수 있는 실례이기도 하다.

처가에서 혼인생활을 하는 경우 일부일처제를 유지할 가능성이 남자의 본가에서 혼인생활을 하는 경우보다 많게 되었을 것이다. 예컨대 고려시대에는 일부다처제도가 용인되었음에도 불구하고 실질적으로 일부다처를 하는 사례가 일부에 불과했다는 점도 남귀여가혼의 흔적이 아닌가 한다. 그리고 남귀여가혼에 의해 혼인하여 처가에서 생활하였던 조선전기 남성도 일부다처를 실제로 하기는 어려웠을 것이다. 이러한 일부일처제의 지속은 가정 내에서 여성 지위의 안정적으로 유지하는 데에도 기여를 하였다고 할 수 있다.[6]

2. 친영제도의 도입

고려시대 이후 사회에서 광범위하게 행해지던 남귀여가혼의 관행에도 불구하고 중국의 유교에 바탕을 둔 가족제도를 받아들였던 조선시대에는 정책적으로 남성 집안을 중심으로 한 혼인인 친영제를 시행하였고 이를 사회에서도 장려하였다.[7] 예를 들어 세종의 경우 왕실에서 솔선수범하여 친영하기로 하였으나 결과적으로 왕실은 물론이고 일반인에게도 잘 지켜지지 않았다. 그 뒤 중종[8]과 선조시대에도 친영제도를 입법화하여 강행하고자 하였으나 큰 효과는 없었다.

중국의 전통적 가례가 도입된 후 유교적 가례에 따른 '육례'라는 의식을 갖춘 혼인양식을 도입하였다.[9] 육례는 납채, 문명, 납길, 납폐, 청기, 친영의 여섯 가지의 의식을 말한다. 즉, 여자 집에 예물을 보내는 납채, 여자의 생년월일을 묻는 문명, 생년월일을 바탕으로 길조를 알려주는 납길, 청혼의 징표로 보내는 납폐, 남자 집에서 혼인 날짜를 정하여 여자 집에 알려주며 지장이 있는지 물어보는 청기, 신랑이 처가에 가서 신부를 맞이하여 신랑 집으로 데리고 와서 혼례식을 행하는 친영이 그것이다. 우리나라에서는 육례보다 간소하게 주자가례에 따른 의혼, 납채, 납폐, 친영의 네 가지 의식인 사례를 따랐다.

명종 대부터는 반친영의 기록이 있다. 반친영은 신부 집에서 혼례식을 치르고 혼인 당일에 신랑과 신부가 상견지례를 하는 제도다.[10] 남귀여가혼이 사흘째에 상견지례를 하였음에 반해 반친영에서는 혼인당일에 하는 차이가 있었다.[11] 그러나 반친영도 혼례식을 신부 집에서 하였으므로 일정기간은 처가에서 거주하였을 것으로 추정할 수 있을 것이다.

'육례'라는 중국 전통의 유교적 가례와 주자가례가 도입되었고 왕실과 당시 혼인제의 변화를 추구하던 학자들이 친영제를 정책적으로 옹호하고 장려했음에도 불구하고, 우리나라에 관행적으로 행해지는 남귀여가혼의 전통은 완전히 쉽게 바뀌지 않았고,[12] 조선후기에 반친영제 내지 남귀여가혼과 친영제의 혼합적인 형태로 변화하여 남아 있게 되었다. 그리고 이러한 전통은 재산상속과 제사승계에도 상당한 영향을 미쳤음을 추정할 수 있다.[13]

Ⅲ. 상속제도

1. 균분상속의 원칙

균분상속이라는 남성과 여성에 대한 평등한 대우는 조선시대 가장 기본이 되는 법이었던 경국대전에도 명문으로 입법화되어 있었다. 이 법은 유교사상에 의해 공적으로 장자우선의 원칙을 내세웠던 조선초기에도 왕권과 정책으로도 제어할 수 없어서 그 사회의 관습을 반영할 수밖에 없었던 시대적 배경에 기인하기도 하였다.[14)]

경국대전 형전 사천조에서 "나누지 않은 노비는 자녀의 생존여부와 관계없이 분급한다. 몫에 미치지 않는 경우에는 적자녀에게 균등하게 준다. 만약 나머지가 있으면 승중자에게 우선적으로 주고, 또 남은 것이 있으면 장유의 차례로 준다."[15)]고 하여 균분상속의 규정하고 있다. 그리고 서자들에 대한 상속분도 규정되어 있어서 경국대전에 의한 법정상속만이 허용되는 것으로 생각할 수 있으나, 재산상속 문서로 알려진 분재기를 통한 상속과 같이 유언으로 상속할 수도 있었다.[16)]

재산상속법상 상속재산의 대상은 중국의 가족공산제의 가족 공동재산이 아니라 부모 각자가 단독소유하는 고유재산이었다. 그리고 상속의 대상이 되는 재산의 대부분은 노비와 토지였다.[17)] 그래서 경국대전에도 상속의 대상이 되는 재산으로서 대부분 노비와 토지의 분배에 대해 규정하고 있다. 상속분은 적출자녀이면 아들과 딸, 기혼과 미혼 여부에 관계없이 차별없이 균분하여 상속하는 것이 원칙이었다. 다만 제사를 지내는 상속인인 장남은 봉사조라는 명목하에 2할을 고유상속분에 가급하고, 가묘가 있는 가옥을 상속할 수 있었다.

이 균분상속은 소송절차에 있어서도 특별한 보장을 받았다. 조선시대 민사소송은 5년 동안의 소송기간이 정해져 있었지만, 상속에 관한 분쟁은 제소기간의 제한 없이 언제든지 제기할 수 있었고, 불균등 분배로 확인되면 관에서 균분하여 나누어주었다. 이러한 상속에 관한 소송은 장자를 우대하여 상속하기 전인 조선 중기까지 빈번하게 행하여졌다.

그러나 17세기 이후 장자를 우선하는 상속제도가 사회에서 용인되었고 받아들여지게 되었고 상속분에 대한 소송도 이전보다 빈번하게 행해지지 않았다. 즉, 균분상속제도가 완전히 폐지되지는 않았지만 장자를 다른 아들보다 우선하고 아들을 딸보다 우선하여 상속하는 제도가 사회에서 실제로 정착되게 된 것이다.[18] 이러한 불균등상속은 장자에게 봉사조를 과다하게 배정하고 상속분을 늘이는 방식으로 행해졌다. 그뿐만이 아니라 장자를 우대하는 상속제도를 받아들이는 사회적 분위기가 형성되어서 상속에 대한 소송도 줄어들었다.

상속을 받을 수 있는 제1순위의 상속인은 자녀이고, 제2순위 상속인은 배우자, 제3순위의 상속인은 피상속인의 4촌 이내의 본족이었다.[19] 1순위인 자녀는 적출자녀이기만 하면 남녀를 불문하고 동순위의 상속인이 되었고 자녀가 없는 경우에 배우자가 상속하였고, 배우자와 자녀 모두 없는 경우 피상속인의 본족에게 재산을 상속할 수 있게 하여 원래 재산을 돌려주게 하였다. 예컨대 배우자가 사망한 처가 자식이 없이 사망한 경우 그 재산은 남편의 친족이 아닌 자신의 친족에게 상속되었던 것이다.

배우자가 사망한 경우에 상속에 대해서, 경국대전은 처가 사망한 경우가 아니라 남편이 사망한 경우에 대해서만 규정하고 있다.[20] 즉, 제2순위인 배우자 중 처는 재가하지 않는 조건으로 상속을 받았다.[21] 하지만 처가 사망한 경우 남편이 처나 첩을 얻을 경우에 대해서 특별한 상속의 제약은 없었던 것으로 보인다. 만약 양자가 있는 경우 배우자가 아닌 양자에게 상속되었다. 마지막으로 자녀가 없는 경우, 배우자가 사망하거나 개가한 경우 피상속인의 4촌 이내의 본족이 상속하였다.

균분상속제도는 딸의 경제적 지위와 독립성을 강화하기도 하였지만, 동시에 사위들의 경제적, 사회적 안정에도 기여하였다. 조선 초기 왕권의 확립과정에서의 왕조교체와 사회변동 중 남성들의 지위가 불안정해지는 경우가 많았다. 이럴 때 남성들은 안정적 가문과의 결혼 내지 어머니 가문의 재력을 통해서 자신의 사회적 지위를 보다 안정적으로 유지할 수 있는 기회를 얻을 수 있었다. 유성룡과 같은 많은 사대부들이 처가와 외가의 경제적 도움을 받았다는 점은 균분상속의 사회적 영향과도 거리가 멀지 않다.[22]

균분상속은 자녀에게 균등하게 재산을 나누어 주는 우리나라 고유의 인본주의적 평등사상의 구현으로도 볼 수 있을 것이다.[23] 이러한 상속제도 하에서 여성은 여성이라는 신분적 제약 하에서도 최소한의 평등한 가족제도를 경험할 수 있었다. 예컨대 조선전기 족보에는 딸도 아들과 함께 친가의 족보에 기재될 수 있었다.[24] 즉, 평등한 재산관계라는 물적 토대가 사적인 친족관계에도 영향을 미쳤음을 알 수 있다.

그러나 재산을 자녀들에게 분산하여 나누어 주게 되면 재산이 분산되므로 대대로 한 가문이 큰 재산을 유지하기는 실제로 어려웠고, 이러한 사실은 소유할 수 있는 재산이 희소하게 되었던 17세기 사회적 변동 후 여성이 균분상속에서 소외되는 하나의 사회적 배경이 되기도 하였다.

하지만 조선전기 균분상속이 지켜졌던 때에도 부인의 자녀가 아닌 서자들에게는 차별적 상속이 이루어졌다. 이는 신분제 사회라는 시대적 한계, 실질적인 일부다처제도의 허용, 서자에 대한 정책적 차별에 기인하였다고 할 수 있다. 그러나 동시에 그들의 상속분을 법정하여 차별에 대한 최소한의 보장을 해주려는 의도라고 볼 수도 있을 것이다. 그럼에도 불구하고 서자에 대한 차별은 부인이 아닌 일부다처제 아래의 여성에 대한 차별이었기도 하며 크게는 여성 전체의 불평등한 시대적 상황을 대변하는 것이기도 하다. 경국대전 형전 사천조에 있는 균분상속의 예외를 살펴보는 것은 그 사회를 이해하는 데 큰 도움이 될 것이다.

2. 균분상속의 예외

조선시대는 원칙적으로 중혼을 금지하였으나 실제로 부인 이외에 여인과 가정을 이루는 경우도 있었으므로 경국대전에서 그들을 위한 상속분을 법률로 정하였다. 그리고 서자는 어머니의 신분고하에 따라 상속분에서 차별을 받았다.

경국대전 사천조에 의하면 적출자녀가 없는 어머니인 적모는 그의 재산인 노비를 양첩자녀에게는 전체의 7분의 1을 주고, 승중자에게는 3분을 더 주며, 나머지는 본족에게 돌려주었다. 또한 형제자매가 없으면 삼촌에게 삼촌이 없으면 사촌친에게 준다고 규정하였다. 또한 적출자녀가 없는 어머니는 그 노비를 양자녀에게 전체의 7분의 1을 주고, 3세 전이면 모두 준다고 하여 적출자녀가 없을 때 양부모가 소유한 재산인 노비를 일정한 비율로 상속할 것을 규정하고 있다. 그리고 "자녀가 없는 부부의 노비는 비록 상속문서가 없더라도 생존자가 처분하며, 본족 이외에는 줄 수 없다."[25]고 하여 자녀가 없는 경우에는 본족에게 상속하도록 명시하고 있다.

만약 적모에게 딸만 있는 경우에는 노비를 상속할 때 양첩자녀의 승중자에게는 7분의 1을 주되 3인이 넘지 못하고, 천첩자가 승중자이면 10분의 1을 주나 3명을 넘지 못한다고 규정하고 있다.[26] 그리고 토지를 상속할 때에도 그 비율을 같이 정하고 있다.[27]

이처럼 경국대전에 의해서 원칙적으로 자녀에게 균분하여 상속하였지만, 서자에 대해서는 현저히 낮은 상속분을 주었고, 서자도 어머니가 양인인가 천인인가에 따라서 차별을 하였다. 자녀들이 공동 상속시에 양첩자녀는 적출자녀의 6대1, 천첩자녀는 적출자녀의 10대1로 하였다.[28] 따라서 서자인 아들은 적출인 딸보다도 상속분이 낮았다.

서자의 상속분에 관한 법은 어머니의 신분에 따라 상속분을 차별하는 신분제 사회의 한계를 반영하기도 하였지만, 동시에 여성들 사이의 갈등을 반영하는 법이기도 했다. 만약 서자를 낳은 어머니가 정식 부인이 된다면 그 자녀는 더 이상 서자가 아니고 적출자녀가 되는 것이었다. 그들의 불안정한 지위는 그 아들인 서자에게 그대로 반영되었고, 서자의 어머니의 가정과 사회에서의 지위도 안정되지 못한 차별적 지위에 놓여 있었다. 실질적으로 용인된 일부다처제도 하에서는 혼인한 적실 부인도 유교 윤리 하에서 이러한 상황을 인내하는 삶을 받아들여야 했고, '첩'이라고 불리었던 여성도 그 자신뿐만 아니라 자식까지 차별받는 상황을 감내해야 하는 힘든 삶을 살았던 것이다. 그리고 이러한 차별적 상속에 관한 법을 부정적으로만 바라보아야 하는 것인지, 아니면 차별적인 시대적 상황

속에서 서자에 대한 상속분에 대한 최소한의 보장이라고 평가하여야 하는지에 대해서는 생각해볼 여지가 있다. 다만 법이 그 당시 사회의 변화를 반영하였고 혹시 생길지도 모르는 서자에 재산분배를 예측하여 법률로 정하려고 노력했다는 점에 대해서 그 의의를 인정할 수 있을 것이다.

Ⅳ. 상속제도의 변화

조선후기에 들어오면서 여성은 상속분에서 차별을 받게 되었는데, 이는 첫째로 혼인 양식의 변화, 둘째로 가문의 대를 잇기 위한 유교적 종법제의 강화, 셋째 토지에 대한 인식변화 등을 그 이유로 들 수 있을 것이다.[29)]

남귀여가혼의 혼인 양식에 따라 처가에서 혼인 후 오랜 동안 머물던 관습이 차차로 약화되어 명조대 이후 반친영제 등이 도입되었고 여성은 혼인 후 잠시 동안만 자신의 부모님과 함께 지낸 후 남편의 집으로 멀리 떠나서 시집살이를 하게 되었다. 이렇게 남편의 친가에서 혼인생활을 하게 되면서 자신의 가족과는 지리적으로나 심리적으로 거리가 멀어져서 혼인한 딸에 대한 상속의 당위성이 자연스럽게 약화되는 결과를 낳았다.

그리고 고려 말 도입되었으나 큰 효과가 없었던 종법제가 17세기 이후 점진적으로 강화되면서 경국대전에서 정하고 있는 균분상속의 원칙까지 유명무실하게 되는 사안들을 양산했다. 아들은 딸, 특히 결혼한 딸보다 많은 상속분은 받게 되었고, 장자 우선의 원칙이 확고히 자리잡게 되었다. 특히 장자는 '봉사조'라는 명목 하에 장자는 가계계승에 중대한 위치를 차지하게 되었고 그 가문의 세습재산을 우선적으로 상속받을 수 있었다.

상속의 대상이 되었던 토지와 노비의 상당수가 장자에게 상속되었고, 이는 장자의 경제적 권력 강화를 의미하는 것이었다. 이는 딸들이 봉사조를 받지 못하는 것과는 별개로 장자를 포함한 적자인 아들들과 비교했을 때 차등상속을 받게 되는 결과를 야기하기도 하였다.[30] 딸에게 상속을 하더라도 딸 명의 대신 사위 명의로 재산을 상속받게 하는 사례도 있는 등, 상속에 있어서 여성의 지위는 현저히 약화되었다.[31] 이혼 시에 예전에는 여성의 본족에 재산이 귀속되었으나 이후에는 여성이 소유했던 재산에 대한 권리가 제대로 인정받지 못하게 되었다.[32]

또한 장자는 다른 아들보다 우선해서 상속받게 되어서, 차남을 비롯하여 장자가 아닌 다른 아들들은 상속에서 차별을 받게 되었다. 이는 아들 사이에서도 또 다른 차별이 본격적으로 시작되었음을 의미한다.[33]

상속은 그 가문의 대를 잇는 수단으로 변화하여서 여성과 장자 이외의 아들들의 지위를 현저히 약화시키게 된 것이다. 결혼을 한 후 상속받은 재산도 결혼한 집안의 재산으로 편입되는 등 경국대전에서도 처가로부터 받은 여성재산의 상당부분이 시댁에 편입되게 되어, 여성의 상속권뿐만 아니라 재산 소유권이 현저히 약화되었다. 여성이 가졌던 경제적 권리와 독립성이 약화는 여성지위의 하락과 직결되었다. 따라서 조선전기부터 시행되었던 자녀들의 윤행봉사의 제사 관행도 정지되고 딸이 윤회하여 지내던 제사도 반납하는 경우가 생겨서,[34] 제사를 지낼 수 있는 사람이 장자로 한정되는 결과를 낳게 된 것이다. 즉, 이는 재산상속과 함께 가문을 위한 제사승계도 아들만 할 수 있다는 제사불윤행의 표방이기도 하였다.[35] 또한 조선전기 제사나 가문 계승을 위한 입양이 적었지만, 17세기 이후에는 제사를 위해 입양하는 양자가 증가하게 된 계기가 되었다.[36]

17세기 이후 장자우선의 상속이 이루어진 이유 중에 경제적 환경의 변화를 들 수 있다.[37] 15세기 이후 인구는 증가하였으나 토지가 부족해지자 그 당시 주요 재산이었던 토지의 희소성과 경제적 가치가 비례하여 증가하게 되었다. 이에 대한 대응책으로 제례를 혁신하여 균분으로 인한 토지 분산을 막는 방법을 강구하게 되었다. 그래서 가문을 계승할 수 있는 대표로 장자를 중시하게 되어서 장자에게 봉사조를 과다하게 가급하고 이와 동시에 상속도 더 많이 받을 수 있도록 하는 관행이 정착된 것이다. 이전에는 여성들이 자신 가문의 사당에서 제사를 지낼 수 있었으나 조선후기에는 장자인 남성만이 제사를 지내게 되고, 이것은 여성이 자신의 가문으로부터 소외되고 차별받는 결과를 낳은 것이다. 경제적 환경의 변화에 따라서 여성이 이에 대한 희생을 감수해야 했다는 사실은 그 당시의 유교 이데올로기가 주도하는 사회에서 남성에 종속된 여성의 지위를 반영하는 가혹한 현실이었다.

V. 조선시대 여성의 지위와 균분상속의 의미

남녀관계에 있어서 유교는 가정 내에서 남성 우위의 가부장제를 그 기초로 하고 있다. 남성은 여성보다 우위에 있으며, 여성은 가정 내부에서 활동할 수 있는데 그쳤다. 그리고 삼종지도에 따라 결혼 전에는 아버지를, 결혼 후에는 남편을, 남편이 사망한 이후에는 아들을 따르도록 하는 유교적 이데올로기의 내면화를 교육받았다. 여성은 가정 내에서 남성에게 종속된 지위에 있었고, 사회적, 정치적 영역은 남성에게 속해 있었으므로 여성의 지위와 역할은 가정 내에서 크게 벗어날 수 없었다.[38] 그러나 가정이라는 한정된 공간에서 여성은 재산에 대한 소유권과 관리권을 가지고 있었으므로, 외부적으로 드러나는 남성의 권력 행사에 견주어 가정 내에서 재산권을 통한 일정한 지위를 존중받을 수 있었다.

하지만 여성의 지위는 기본적으로 남편의 지위고하에 따라서 결정되었고, 가정 내에서는 자식 유무에 따라서 결정되었다. 심지어 자식을 출산 못 하는 경우 칠거지악 중 하나로서 남성과 남성 집안에서의 일방적 이혼 통보 사유가 되기도 하였다.[39] 결혼 후 시가에서 살기 시작하면서 여성은 남편뿐만 아니라 남편 가족에게도 종속된 지위에 놓이게 되었다. 그리고 대를 잇기 위한 자식 출산이 남성 가문에서 보다 안정적인 지위를 누릴 수 있는 계기가 되었다. 자식 출산 이후에도 여성은 법적으로나 의례에 있어서도 아들의 후순위에 위치하였다. 사망한 배우자의 재산을 상속받을 때에서 아들을 비롯한 자녀가 있는 경우 처인 배우자는 후순위자가 되므로 상속을 받을 수 없었고, 제사승계도 아들이 하였으므로 의례적으로도 아들보다 열등한 지위에 놓이게 된다.

이러한 열등한 여성의 지위는 17세기 이후 균분상속제도의 약화로 인해 더욱 악화되었다고 할 수 있다. 재산을 소유할 수 있는 권리는 여성의 경제적 지위, 나아가서는 사회적 지위와 연관되는데, 장자라는 남성위주의 상속제도는 여성의 경제적, 사회적 지위의 약화와도 연계되어 작용하였다.

서구사회를 비롯하여 전세계적으로 유례를 찾기 힘든 중세시대 조선의 균분상속제도가 17세기 이후로 약화된 것은 유교에 바탕을 둔 여러 사회적, 경제적, 정치적 이유로 인한 균분상속에 부정적 성격 강화에 기인하였다.[40] 임진왜란과 병자호란 이후 사회적 변화, 인구의 증가, 가문의 계승이라는 종법제의 강화, 토지의 가치 상승 등은 사회적 약자인 여성에게 불리하게 작용하였다. 이러한 균분상속제의 약화는 평등한 혼인 관습과 상속제도를 전통적으로 가지고 있었던 우리나라 여성의 사회적, 경제적 지위에 부정적 영향을 미쳤다. 그러나 실질적으로 여성의 상속분이 축소되고 상속권 보장이 약화되었음에도 불구하고, 여성은 여전히 재산을 독립적으로 소유할 수 있는 권리를 가지고 있었고 상속에서 완전히 배제되지는 않았다는 점도 간과할 수는 없는 중요한 법적, 사회적 의의를 가진다. 여성이 재산권의 주체로 재산을 관리 및 처분할 수 있었다는 사실은 그 당시 서양에서도 일반적으로 받아들여지지 않았던 혁신적인 사회적 특징이었던 것이다.

그러나 일제시대를 거치면서 조선사회가 지닌 가부장적 성격의 단점만을 과대하게 부각시켜서 비판하거나, 전통사회는 전반적으로 여성에 대해 차별적이었으리라고 강조하는 부정적 시각이 주류를 이루게 되었다. 예컨대 원래 일본에서 시행되었던 남성 위주의 호주제도 우리나라 고유의 가부장적 전통의 일부라고 과대하게 왜곡하는 경향이 생긴 것도 왜곡된 역사관의 일부다.[41]

일제는 호주상속을 조선 고유의 상속제도라고 주장하며 적장자에 대한 단독상속제를 확립하였고 여성을 상속에서 배제시켰다.[42] 조선 후기에 장자를 우선하는 상속제도와 제사승계로 균분상속이 약화되기는 하였지만, 경국대전의 균분상속은 수정되거나 폐지되지 않았고 영조시대 편찬된 속대전[43]에서도 균분상속제를 재확인하고 있다. 그럼에도 불구하고 일제는 가부장적 신분상속제와 재산상속제도를 우리나라 고유의 전통이라고 왜곡하고 강제로 이식하여 입법화하였고, 해방 이후에도 우리나라의 가부장적 성격이 과장되고 잘못 알려져서 민법에 여성에 대한 차별적 대우가 입법화되었다는 사실은 안타까운 일이다.

또한 조선말기까지 전면적으로 폐지되거나 박탈당하지 않았던 여성의 행위능력으로서 재산권 행사능력에 대해서도 일제는 부인하였고 조선시대 여성이 재산 처분능력이 없었다는 관습조사서를 작성하여 강조하면서 여성의 재산권행사를 제한하였다. 그래서 독자적으로 처분할 수 있던 재산에 관한 권리는 제한되었고, 남편의 동의를 얻어야 행사할 수 있도록 조선민사령에 규정하였다.

조선시대가 남녀평등사회가 아니었고 차별적 사회였음은 결코 부인할 수 없다. 하지만 여성에 대한 최소한의 인본주의적 존중이 존재했던 사회였고, 조선 전기 균분상속제도와 제사윤행제도는 이러한 사회적 풍토를 반영하였던 법과 제도였다는 점에서 남성위주의 가문승계와 제사제도와는 다른 의미를 발견할 수 있다.

Ⅵ. 현대 친족상속법에 남아있는 차별의 흔적

고려시대 이후 조선전기에는 자녀들이 윤행하면서 차례로 제사를 지내고 제사 비용을 균분하여 상속받은 재산에서 충당하였다.[44] 그러나 경국대전에 승중자라는 명목으로 재산을 가급하는 규정과 많은 사례들을 통해서 알 수 있듯이, 조선 초가 지나면서 재산상속과 함께 제사를 승계하는 경우에는 정해진 상속분에 가급하여 따로 봉사조를 받도록 규정되어 있었다. 보통 2할 가량을 상속분에 가급하였고,[45] 이 제사승계자는 경국대전에 비추어 볼 때 적자와 서자를 불문하고 장자인 아들이 우선이었다. 그리고 아들이 없고 딸만 있는 경우 딸에게 균분상속하고 제사를 동등하게 지내도록 부탁한 사례도 있다. 그리고 17세기 이전까지 외손들도 친손과 함께 생활한 경우가 많았고 외가의 묘산을 공용하여 딸과 사위

의 묘를 아들들의 묘와 함께 사용한 사례도 있었다.[46)]

그러나 경국대전의 봉사조에 대한 규정에도 불구하고, 조선전기에 실제로 봉사조를 따라 승중자에게 주는 경우는 적었다고 한다. 이는 이황이 봉사조를 따로 준비하여 주지 않는 가문을 비판한 사례에서도 나타나 있다.[47)] 그렇다면 봉사조에 관한 법은 조선전기에는 실제로 명목적인 규정으로서 효력이 거의 없었다는 의미이기도 하다. 그러나 17세기 이후에는 봉사조에 관한 법을 단순히 지키는 것을 넘어서 실제로 장자가 더 많은 재산을 상속하게 되는 현상이 주류를 이루게 된다. 조선후기에는 균분상속제가 해소되어 차등분급이 실제로 행해졌고, 그와 동시에 제사를 지내는 장자에게 주는 봉사조가 과다하게 책정되게 된 것이다.

장자우선원칙은 종법제[48)]가 본격적으로 정착되는 과정과 함께 이루어졌다. 예전에 아들과 딸이 윤행하며 지내던 제사는 아들로 한정되게 되었고 그들은 재산상속과 제사승계로 받는 봉사조에서 현저하게 유리한 지위를 차지하게 된 것이다. 제사를 지내는 장자는 승중자로서 노비를 가급하여 상속받을 뿐만 아니라 제사를 위해서 설정된 위토를 상속받아서, 실질적으로는 상속을 많이 받게 되었다. 비록 제사를 위한 위토의 매매가 제한되기는 하였지만 종중이나 다른 자손의 동의하에 매매할 수 있었으므로 제사를 지내는 아들은 가문에서 높은 지위를 차지하였을 뿐 아니라 경제적으로도 큰 이득을 누릴 수 있었다.

우리나라 민법에서는 지정된 상속분이 없는 이상 자녀균분상속을 법정상속분으로 하고 있다. 그러나 민법 제1008조의 3에서 분묘에 속한 1정보 이내의 금양임야와 600평 이내의 묘토인 농지, 족보와 제구의 소유권은 제사를 주재하는 자가 승계한다고 규정하여 실질적으로 제사를 주재하는 상속인에게 더 많은 재산을 물려받을 수 있는 합법적인 근거를 마련해 주고 있다.[49)]

해방 이후 자녀균분상속제도가 정착되기까지 몇 차례의 개정이 있었고, 구민법에는 혼인한 딸은 아들 상속분의 4분의 1을 상속 받았고, 호주를 승계하는 아들에게도 상속분을 가급하는 법조문이 있었다. 현재의 자녀균분상속제도가 정착되기까지 해방 이후 수십 년이 흘렀고, 상속분에 관한 법 개정은 오랜 남녀평등운동의 구체적인 성과임이 분명하다. 그러나 수십 년에 걸친 민법 개혁에도 불구하고 친족상속법에서 위 제사용 재산의 승계에 관한 규정에 대해서는 구체적으로 문제가 제기되지 않았다.

물론 제사용 재산은 상속의 문제가 아니라 제사승계의 문제로서 상속과는 다른 차원의 문제라고 평가할 수도 있지만, 21세기 가정과 사회의 법에 오래된 유교적 제사를 위한 재산승계에 관한 규정까지 명문으로 포함시켜야 하는지는 의문이다.

'제사'와 '제사용 재산의 승계'는 조선시대 종법제와 제사승계자인 승중자를 위해 규정되었던 '봉사조'를 연상시킨다. 그리고 상속재산의 장자독점과 봉사조의 과다한 책정이 토지가 귀해지기 시작하던 조선 후기라던 점도, 토지의 재산적 가치가 높은 현재 제사용 토지 승계를 규정한 친족상속법과도 그 흐름이 일치하는 것을 볼 수 있다. 제사를 지내기 위한 비용이 아무리 많이 든다고 하더라도 상속분 이외에 상당한 가치를 가진 토지를 제사승계자에게까지 더 주면서 충당시킬 만큼은 아닐 것이다. 조선시대에는 현대보다 제사의 횟수도 많았으므로 그 부담이 클 수도 있었겠지만, 제사가 조선시대보다 빈번하게 행해지지 않는 현대에서까지 특별한 봉사조 형태의 제사용 재산 승계는 타당하지 않다고 여겨진다. 따라서 현대의 평등한 민주사회에서 제사용 재산이 실질적으로는 장자 위주의 한정된 상속인에 대해 승계되는 제도는 언젠가 반드시 개선되어야 할 것이다.

Ⅶ. 나가며

당시 중세 서양뿐만 아니라 중국에서도 그 유례를 찾기 힘든 균분상속에 관한 법과 관습이 우리나라에서 시행되었던 이유는 우리나라 특유의 혼인양식과 이에 바탕을 둔 뿌리 깊은 전통, 그리고 인본주의 사상 때문이었을 것이다.

법과 철학에서 가장 큰 영향을 미쳤던 중국에서도 시행되지 않았던 균분상속제도는 여성 존중에 대한 우리나라의 독자적인 문화라고 할 수 있다. 여성의 공적인 대외활동이 허용되지 않았고, 가정에서도 남성우위의 문화에 종속되어서 차별과 불평등을 감내할 수밖에 없었던 여성에게 상속에 의한 독립적 소유권은 여성에 대한 차별을 조금은 누그러뜨리는 역할을 하였을 것이다. 물론 그 한계와 문제점이 없는 것은 아니지만 혼인 여부와 상관없이 아들과 동등한 대우를 했다는 사실은, 그 당시 여성의 지위에 중대한 의미를 지녔었다. 또한 유교사상을 건국이념으로서 확고히 받아들이고자 했던 조선시대의 이러한 상속제도가 가지는 의미는 크다.

그러나 우리 고유의 사상이 아니었던 유교적 종법제도와 조선 후기 사회적, 경제적 변화로 인한 여성에 대한 부당한 차별은 일제시대를 거쳐서 해방 이후 상속법과 제도에도 영향을 미쳤고 현재에도 그 흔적을 찾아볼 수 있다.

남녀평등사상이 법에 반영되었고 사회에서 가부장적 성격이 중세와 근세시대의 조선에 비해 약화되기는 하였지만, 여전히 종법제의 차별적 흔적은 제사승계자에 대한 토지 승계라는 특별한 법을 통해 남아 있다. 이렇게 우리나라 고유의 전통이라는 왜곡된 사상에 의해 당연히 받아들여지고 있는 사회와 법에서의 문제점들은 개혁되어야 하고 변화되어야 할 것이다. 더 나아가서 우리나라 전통에서 부정적으로 작용하였던 가부장적 성격을 비판하여야 하지만, 동시에 조선시대 균분상속제도와 같이 시대를 앞서 갔던 제도를 조명하여 그 의미를 되살리는 일은 간과할 수 없을 것이다.

참고문헌

1. 페미니즘 입장에서 본 정의론에 대한 비판적 고찰

1) John Rawls, *A Theory of Justice*(Cambridge, Mass: Harvard University Press, 1991), 111, 126면.
2) Susan Moller Okin, *Justice, Gender and the Family*(New York; Basic Books, Inc., 1989), 94면.
3) Rawls, 위의 책(주1), 183면.
4) 여성에게 이익이 되고 수용될 수 있을 때에만 '차등의 원칙'에 의해 남성이 여성보다 더 많은 기본권을 누릴 수 있는 불평등이 정당화될 수 있다; Rawls, 위의 책(주1), 84-85면, 어느 누구도 기본권이 인종 등의 차이에 따라 달리 적용되어야 한다는 원칙을 내세울 수는 없을 것이다. 129면.
5) Okin, 위의 책(주2) 95면.
6) Rawls, 위의 책(주1) 257면.
7) Okin, 위의 책(주2), 92면.
8) Rawls, 위의 책(주1), 7면.
9) 위의 책, 405면.
10) Mari J. Matsuda, "Liberal Jurisprudence and Abstracted Visions of Human Nature: A Feminist Critique of Rawls' Theory of Justice," in Kelly Weisberg (ed.), *Feminist Legal Theory: Foundations*(Temple University Pres, 1986), 481면.
11) Rawls, 위의 책(주1), 167면.
12) Matsuda, 위의 글(주10), 481면.
13) Rawls, 위의 책(주1), 118-119면.
14) 이러한 사실은 롤즈가 발표한 논문에서도 스스로 인정한 바 있다; Rawls, "Fairness to Goodness," Philosophical Review 84 (1975), 537.
15) Rawls, 위의 책(주1), 118-119면.
16) Okin, 위의 책(주2), 91.
17) Rawls, 위의 책(주 1), 120-121면.

18) Matsuda, 위의 글(주10), 477면.
19) 위의 글, 480면.
20) Rawls, 위의 책(주1), 124면.
21) 위의 책, 125면.
22) Rawls, 위의 책(주1), 53면 ; 존 롤즈, 황경식 옮김, 『정의론』(이학사. 2003), 105면 해석 재인용.
23) Matsuda, 위의 글(주10), 478면.
24) Rawls, 위의 책(주1), 53면.
25) 위의 책, 53면.
26) Okin, 위의 책(주2), 93-94면 ; 628 F. Supp. 1264 (N.D. Ⅲ. 1986), aff's, 839 F. 2d 302 (7th Cir, 1988).
27) Rawls, 위의 책(주1), 267면.
28) Okin, 위의 글(주2), 94면.
29) Deborah Kearns, "A Theory of Justice-and Love; Rawls on the Family" 참조; Rawls, 위의 책(주1), 405. 429면.
30) Okin, 위의 책(주2), 95면.
31) Rawls, 위의 책(주1), 238-242. 267-272면.
32) Okin, 위의 책(주2), 95면.
33) 위의 책, 98면.
34) Rawls, 위의 책(주1), 267면.
35) 위의 책, 405-406면.
36) Okin, 위의 책(주2), 97면.
37) Okin, 위의 책(주2), 97면.
38) 위의 책.
39) 허란주, "도덕적 성숙에 관한 한 페미니스트의 관점", 『철학과 현실』 제18권 (철학과 현실사, 1993), 316면.
40) Martha Chamallas, *Introduction to Feminist Legal Theory*(New York: Aspen Law & Business, 1989) 62면.
41) Carol Gilligan, *In a Different Voice*(Cambridge: Harvard University Press, 1982); Nel Noddings, *Caring: A Feminine Approach to Ethics and Moral Education* (Berkely: University of California Press, 1984); Seyla Benhabib, "The Generalized and the Concrete Other: The Kohlberg-

Gilligan Controversy and Feminist Theory," in *Feminism as Critique*, ed. Benhabib and Kohlberg: "Implication for Moral Theory," *Ethics* 98, no. 3(1988) 참조.

42) Matsuda, 위의 글(주10), 311면.

43) 위의 글, 314면.

44) 오병선, "남녀평등과 적극적 평등화조치", 『법철학연구』 제4권 제1호(세창출판사, 2001), 201-202면.

45) Okin, 위의 책(주2), 15면.

46) John M. Broughton, Women's Rationality and Men's Virtues: "A Critique of Gender Dualism in Gilligan's Theory of Moral Development," *Social Research* 50, no (1983).

47) Leslie Bender, "A Lawyer's Primer on Feminist Theory and Tort," 38 J. Legal Educ. 3 in Katharine T. Bartlett & Angela P. Harris(eds), *Gender and Law: Theory, Doctrine, Commentary*(New York: Aspen Law and Business, 1998), 728면.

48) Leslie Bender, "An Overview of Feminist Torts Scholarship," 78 Cornell L. Rev. 575 (1993).

49) Bender, 위의 글(주48), 728면.

50) Yania v. Bigan, 155 A. 2d 343 (1959).

51) Bender, 위의 글(주48), 728면.

52) Buch v. Amory Mfg. Co., 69 N.H. 257; 44 A. 809 (1897).

53) 위의 글, 729면.

54) 위의 글.

55) 위의 글.

56) 위의 글.

57) 위의 글, 728면.

58) 위의 글, 730면.

59) Richard A. Posner, "Conservative Feminism," U. Chi. Legal F. 191, 214면. (1989); Richard A. Posner, Francesco Parisi(ed), *The Economics of Private Law*(Edward Elgar Publiching, inc., 2001), 374-374면.

60) 미국의 불법행위의 종류는 가해자의 책임(liability)정도에 따라 나뉘는데, 고의에 의하여 피해자에게 불법행위를 가한 경우의 가해자의 책임인 고의책임(intentional liability), 과실에 의한 불법행위의 경우 가해자가 부담하는 과실

책임(negligence liability), 가해자에게 아무런 고의나 과실 등의 귀책사유가 없는 경우의 불법행위 책임인 무과실책임(strict liability)으로 나뉜다. 이상윤, 『영미법』(박영사, 1996), 223면.

61) Posner, 위의 글(주59), 214면.

62) 위의 글.

63) Bender, 위의 글(주48), 729면.

64) Posner, 위의 글(주59), 214면.

65) Susan Moller Okin, *Justice, Gender and the Family*(New York; Basic Books, Inc., 1989), 9면.

66) 그 예로서 Okin은 Bruce Ackerman's *Social Justice in the Liberal State*, Ronald Dworkin's *Taking Rights Seriously*, William Galston's *Justice and Human Good*, Alasair MacIntyre's *After Virtue and Whose Justice? Which Rationality?*, Robert Nozick's *Anarchy, State, and Utopia*, and Robert Unger's *Knowledge and Politics and Critical Legal Studies*를 들고 있다.

67) 위의 책.

68) John Raws, "Kantian Construction in Moral Theory," The Journal of Philosophy 77, no. 9. 1980.; John Rawls, "Justice as Fairness: Political Not Metaphysical," Philosophy and Public Affairs 14, no. 3. 1985.

69) Matsuda, 위의 글(주10), 476면.

70) 위의 글, 481면.

71) 위의 글, 482면.

72) Okin, 위의 책(주2), 170면.

73) 위의 책, 171.

74) Okin, 위의 책(주2), 90면; Matsuda, 위의 글(주 256), 480면.

75) Matsuda., 위의 글(주10), 477면.

76) Myra Jehlen, *Archimedes and the Paradox of Ideology*(University of Chicago Press.1983), 189면.

77) Vickers, "Memories of an Ontological Exile: Methodological Rebellion of Feminist Research", in A. Miles & G. Finn eds, *Feminism in Canada: From Pressure to Politics*(Black Rose Books 1982), 30면. Susan Moller Okin, 위의 책(주2), 124면.

78) Matsuda., 위의 글(주10), 478, 479면.

79) 위의 글, 479면.
80) 위의 글, 480면.
81) 위의 글.
82) 위의 글. 490-481면.
83) Okin, 위의 책(주2),171, 175, 180면.

2. 존 스튜어트 밀의 자유주의 이론과 여성의 권리

1) 미국 헌정사 초기 대표적인 평등주의자들은 남성이었다. "1776년 7월 독립선언문의 채택에 찬성했던 제2차 대륙회의 대표자 55명은 모두 남성이었으며, 이들 중 누구도 참정권과 그 외 수많은 정치 사회적 기본권을 여성에게까지 확대해야 한다고 생각하지 않았다. 당시 여성은 그 시대의 법률에 따라, 그 이후에도 한 세기 동안이나, 그들의 아버지나 남편의 법적인 소유물이었을 뿐이다." 로버트 달, 『미국헌법과 민주주의』, 박상훈·박수형 역, 『후마니타스』, 2007, 216면.
2) 밀에 의하면 인간에게 충분한 자유를 주는 것이 사회 발전에 중요하고, 이것이 철학적 진리의 기초가 된다고 한다. 존 스튜어트 밀, 최명관 역, 『존 스튜어트 밀 자서전』, 창, 2010, 254면.
3) 밀은 자유론에 영향을 미친 대표적인 사상가로서 훔볼트(Humboldt)를 들고 있다. 밀, 앞의 책 257면.
4) 존 스튜어트 밀, 『자유론』, 서병훈 역, 책세상, 2005, 32-33면.
5) 앞의 책.
6) 인간사회에서 효용의 강조는 합리적 인간형을 그 기초로서 상정한 것이었다.
7) 위의 책, 44면; 토크빌(Alexis de Tocquevill)이 지적했던 '다수의 횡포'에 대한 우려를 지적하면서, 밀 역시 다수 여론에 의한 횡포를 비판했다. 이근식 『자유주의 사회경제사상』, 한길사, 1999, 159면.
8) 밀, 『자유론』, 50면.
9) 앞의 책, 112면.
10) 앞의 책, 112면; 훔볼트는 인간사회에서 자유와 다양성의 중요성을 강조하였다. Wilhelm von Humboldt, *The Sphere and Duties of Government* (Nabu Press, 2012), 11-13면.
11) 밀, 『자유론』, 129면.
12) 옷을 고를 때도 심사숙고하는데, 자신의 취향이나 정신적 발전상태가 다른 개인

이 정형화된 삶을 살아가는 것은 더 어렵고 힘들다는 것이다.

13) 밀, 앞의 책, 130면.

14) 앞의 책, 143면.

15) 앞의 책, 155면.

16) 실제로 『자유론』이 그의 부인과 공동으로 토론하고 저술된 것이라고 밝히고 있는데, 이 저서에서는 간 전반의 불가침의 자유와 권리를 강조하고 있다. 보다 구체적으로는 1861년에 완성되고 1869년에 출간된 『여성의 종속』에서 여성의 자유와 평등한 권리보장을 강력히 주장한다. 이근식 『자유주의 사회경제사상』, 한길사, 1999, 163면.

17) 밀은 자유자이면서 동시에 공리주의자이기도 했는데, 그의 진보주의적 성격에 대해 "진보주의는 최대다수의 최대행복을 가치판단의 기준으로 삼는 공리주의의 당연한 귀결이다."라고 해석할 수 있을 것이다. 이근식, 『자유주의 사회경제사상』, 178면.

18) 존 스튜어트 밀, 『여성의 종속』, 서병훈 역, 책세상, 2011.

19) 밀, 앞의 책, 13면; Christine Di Stefano, 'Rereading J.S. Mill: Interpolations from the (M)Otherworld', in M. S. Barr and R. Feldstein eds, *Discontented Discourses. Feminism/Textual Intervention/Psychoanalysis* (University of Illinois Press, 1988), 164-167면.

20) 임정아, "다문화사회외 밀(J.S. Mill)의 여성주의: 『여성의 종속』을 중심으로," 『한국동서철학회 논문집』, 2012, 303면; William Stafford, "Is Mill's "liberal" feminism "masculinist"? Journal of Political Ideologies 9 (2). 159-179면.

21) Nadia Urbinati, 'John Stuart Mill on Androgyny and Ideal Marriage,' Political Theory 19 (1991), 628-649면.

22) 이근식, 『자유주의 사회경제사상』, 15면.

23) 앞의 책, 39면.

24) 앞의 책, 34면.

25) 미국에서도 1875년쯤에 대부분의 주들이 부인에게 독립적인 소유의 권한을 인정하는 법을 통과시켰다. Stephen B. Presser, Jamil S. Zainaldin, *Law and Jurisprudence in American History*, 7th ed. (West, 2009), 661면.

26) 존 스튜어트 밀, 『여성의 종속』, 67면; Olive M. Stone, "The Status of Women in Great Britain," The American Journal of Comparative Law 20 (4)(1972), 592면; Stephen B. Presser, *Law and Jurisprudence in*

American History, 637-638면.

27) 존 스튜어트 밀, 『여성의 종속』, 96면.

28) 앞의 책, 66면.

29) 앞의 책, 82면.

30) 앞의 책, 제4장.

31) Julia Elizabeth Annas, "Mill and the Subjection of Women," Philosophy 52 (1977), 179-194면; Susan Moller Okin, *Women in Western Political Thought* (Princeton University Press, 2012), 20-21면.

32) 존 스튜어트 밀, 『여성의 종속』, 192면. 밀에 의하면, 여성에 대한 차별 철폐는 정의로운 사회에 기여하고 인간사회의 정신능력을 두 배로 향상시킨다고 한다.

33) 앞의 책, 제4장.

34) Martha Chamallas, *Introduction to Feminist Legal Theory* (New York: Aspen Law & Business, 1989), 24면.

35) Charles M. Cook, *The American Codification Movement: A Study of Antebellum Legal Reform* (Praeger, 1981).

36) 335 U.S. 464 (1948).

37) Pub.Acts Mich.1945, No. 133, § 19a.

38) Carter v. Virginia, 321 U.S. 131 (1944).

39) Tigner v. State of Texas, 310 U.S. 141 (1940).

40) 반면에 소수의견을 낸 루트리지(Rutledge) 대법관은 이 법이 자의적으로 남성 주점주인과 여성 주점주인을 차별한다고 비판한다. 남성인 주점주인은 주점에 없더라도 그의 부인과 딸을 바텐더로 고용할 수 있으며, 여성인 주점주인은 남성이 보안을 위해 상주하고 있다고 하더라도 바텐더로서 일할 수도 없고 자신이나 딸을 바텐더로 고용할 수도 없다고 루트리지 대법관은 비판하면서, 이 법이 정당하지 못한 차별이고 평등조항을 위배한 법이므로 무효화해야 한다고 주장한다.

41) 404 U.S. 71 (1971).

42) 아이다호 주법 (Idaho Code), §§ 15-312, §§ 15-314.

43) 미국 수정헌법 제14조 제1항: 미합중국에서 출생하거나 귀화하고, 미합중국의 관할권에 속하는 모든 사람은 미합중국 및 그 거주하는 주의 시민이다. 어떠한 주도 미합중국 시민의 특권과 면책권을 박탈하는 법률을 제정하거나 집행할 수 없다. 어떠한 주도 적법절차에 의하지 아니하고는 어떠한 사람으로부터도 생명 · 자유 또는 재산을 박탈할 수 없으며, 그 관할권 내에 있는 어떠한 사람에

대하여도 법률에 의한 평등한 보호를 거부하지 못한다.

44) 429 U.S. 190 (1976).

45) 429 U.S. 190, 204 (1976).

46) 오클라호마 주법은 실제로 21세 이하의 남성에게 주류 판매를 금지했지만, 이미 주류를 소지하게 된 이후에 해당 연령의 남성이 술을 마시는 것을 금지하지 않았다.

47) Stanton v. Stanton, 421 U.S. 7 (1975).

48) 서병훈, 『자유의 본질과 유토피아: 존 스튜어트 밀의 정치사상』, 사회비평사, 1995, 149면.

49) 존 스튜어트 밀, 『여성의 종속』, 44-46면.

50) Susan Moller Okin, *Justice, Gender and the Family* (Basic Books, 1991), 20-21면.

3. 급진적 페미니즘과 문화적 페미니즘

1) Catharine, A. MacKinnon, Feminism *Unmodified: Discourses on Life and Law* (Cambridge: Harvard University Press, 1987)

2) Catharine, A. MacKinnon, "Feminism, Maxism, Method, and the State: An Agenda for Theory". 7 Signs: J. Women in Culture & Soc'y p. 515 (1982).

3) MacKinnon, 위의 글(주 20), 49면.

4) Martha Chamallas, 위의 글(주 1), 53면.

5) Simone de Beauvoir, *The Second Sex*(New York; Knopf, 1970), 249면.

6) MacKinnon, 위의 글(주 21), 530-531면.

7) Catharine, A. MacKinnon, *Sexual Harrassment of Working Women* (Yale University Press, 1979).

8) Catharine, A. MacKinnon, *Toward a Feminist Theory of the State* (Harvard University Press, 1989), 168면.

9) 410 U.S. 113(1793).

10) Catharine, A. MacKinnon, "Privacy v. Equality: Beyond Roe v. Wade," in *Feminism Unmodified: Discourse on Life and Law* (1983), 99면.

11) Catharine A. MacKinnon, "Difference and Dominance: On Sex Discrimination," in *Feminism Unmodified on Life and Law,* 40면.

12) American Booksellers Ass'n, Inc. v. Hudnut, 771 F.2d 323, 324 (7th Cir. 1985)

13) Carol Gilligan, *In a Different Voice: Psychological Theory and Women's Development* (Cambridge, M.A. and London: Harvard University Press, 1982).

14) "Feminist Discourse, Moral Values, and the Law– A Conversation". 34 Buff. L. Rev, 11, 39 (1985).

15) Carrie Menkel–Meadow, "Portia in a Different Voice: Speculations on a Women's Lawyering Process". 1 Berkely Women's L.J. 39, 46 (1985).

16) "Feminist Discourse, Moral Values, and the Law– A Conversation." 34 Buff. L. Rev, 11, 39, 47–48 (1985).

17) Mary Joe Frug, "Progressive Feminist Legal Scholarship: Can we claim 'A Different Voice'?" 15 Harv. Women's L.J. 37, 50 (1992).

18) Mary Joe Frug, "Progressive Feminist Legal Scholarship: Can we claim 'A Different Voice'?" 15 Harv. Women's L.J. 37, 50 (1992).

19) Clare Dalton, "Where We Stand: Observations on the Situation of Feminist Legal Thought." 3 Berkeley Women's L.J. 1, 7–8 (1987–88).

20) Leslie Bender, "A Lawyer's Primer on Feminist Theory and Tort," 38 J. Legal Educ. 3, 33–36 (1988).

21) Kit Kinports, Evidence Engendered, U. of Ill. L. Rev. 413, 443–44 (1991). 연방대법원은 심리적인 문제에 대한 증거법상의 특권(the psychological privilege)을 사회복지사(social workers)에게까지 연장시켰다. – Jaffee v. Redmond, 518 U. S. 1 (1996) 참조.

22) Judith Resnik, "On the Bias: Feminist Reconsideration of Aspiration for Our Judges," 61 S. Cal. L. Rev. 1877 (1988).

23) Joan C. Williams, "Deconstructing Gender," 87 Mich. L. Rev. 797, 780 (1989)

24) Remarks of Catharine A. MacKinnon. "Feminist Discourse, Moral Values, and the Law– A Conversation." 34 Buffalo L. Rev. 11, 27 (1985).

25) Clare Dalton, 위의 글(주 28).

26) 연방평등고용기회위원회(Equal Employment Opportunity Commission)
27) 11 Signs: J. Women in Culture & SOc'y, 757, 766 (1986) 참조.
28) Christine A. Littleton, "Reconstructing Sexual Equality," 75 Cal. L. rev. 1279 (1987).

4. 포스트모던 페미니즘과 법

1) Martha Chamallas, *Introduction to Feminist Legal Theory*(New York: Aspen Law & Business, 1989), 23면 ; Patrica A. Cain, "Grounding the Theories," 4 Berkeley Women's L.J. (1989-1980), 191면, 198-205면 ; Clare Dalton, "Where We Stand: Observations on the Situation of Feminist Legal Thought," 3Berkeley Women's L.J. (1987-1988), 1면.
2) Robert L. Hayman, Jr., and Levit Nancy, *Jurisprudence: Contemporary Readings, Problems, and Narratives*(West Publishing Co. 1994), 508면.
3) Jane Flax, "Postmodernism and gender relations in feminist theory," in Mary Becker, Cynthia Bowman & Torrey Morrison, *Cases and Materials on Feminist Jurisprudence: Taking Women Seriously*(St. Paul, MN, West Publishing, 1994, 2nd). 161면; 이창순 · 정창순 편역, 『페미니즘과 포스트모더니즘의 만남』, 서울:도서출판 한울, 1997, 96-98면.
4) Robert L. Hayman, Jr. and Nancy Levit , 위의 글(주 2). 508면.
5) 김욱동, 『포스트모더니즘의 이론: 문학 예술 문화』, 민음사, 1992, 85면.
6) 김성곤, 『탈모더니즘 시대의 미국문학』, 서울대출판부, 1989.
7) 김욱동, 위의 글(주 5). 87면.
8) Nancy Fraser and Linda J. Nicholson. "Social Criticism without Philosophy: An Encounter between Feminism and Postmodernism" in Nicholson, Linda J.(ed.), Feminism/ Postmodernism (New Yok and London: Routledg, 1990), 20면.
9) Micheline R. Malson, Jean F. O'Barr, Sarah Westphal-Whil and Mary Wyer, Feminist Theory in Practice and Process (Chicago: University of Chicago Press, 1989), 72면.
10) 위의 글.

11) 김재원, '포스트모던 법이론-법의 해체적 논의', 『현대법철학의 흐름』, 한국법철학회, 법문사, 1996, 337면.

12) Mary Joe Frug, *Postmodern Legal Feminism* (New York: Routledge. 1991), 129면.

13) 위의 글, 140면.

14) 위의 글, 141면.

15) Carol Smart, "The Quest for a Feminist Jurisprudence" in Mary Becker, Cynthia Bowman & Torrey Morrision, *Cases and Materials on Feminist Jurisprudence: Taking Women Seriously*(St. Paul, MN, West Publishing, 1994, 2nd.), 164면.

16) 위의 글. 그러므로 법은 페미니즘이라는 다소 급진적인 형식의 접근에는 반감을 보이지만, 평등이나 차이라는 추상적인 개념으로 접근하였을 때는 오히려 거부감을 느끼지 않는다.

17) 위의 글. 165면.

18) 위의 글.

19) 위의 글, 165면.

20) 위의 글.

21) 위의 글.

22) 위의 글.

23) Judith Greenberg, "Introduction to Postmodern Legal feminism," in Mary Joe Frug, *Postmodern Legal Feminism*(New York and London: Routledge, 1992), xxiii면.

24) Mary Joe Frug, *Postmodern Legal Feminism*(New York and London: Routledge, 1992).

25) 법이 어떤 방식으로 젠더화되어 있는지 살펴보기 위해서는, Lucinda Finley, "Breaking Women's Silence in Law: The Dilemma of the Gendered Nature of Legal Reasoning," 64 Notre Dame L. Rev. 886 (1989); Frances Olsen, "The Sex of Law," in David Kairys(ed.), *The Politics of Law* (Basic Books, 3rd, 1988) 참조.

26) Frug, 위의 글(주 24), 49면.

27) Martha Minow, "Beyond Universality," U. Chi. Legal F. 115 (1989); Judith Greenberg, "Introduction to Postmodern Legal feminism," 위의 글(주 24), xxiii면.

28) Dawson, Harvey, and Henderson, *Contract*(Aspen Publishers, Inc., 4th eds.,1982).
29) Frug, 위의 글(주 24), 104면 참조.
30) "계약법 구제절차의 목표"라는 제목은 교과서를 읽는 독자에게 법적 구제수단에 대한 안도감을 느끼게 하는데, 이 장에 굳이 홈즈 판사의 위압적인 모습을 담은 사진을 선택해야할 절실한 이유가 있지는 않는 것으로 보인다.
31) 이러한 비판을 의식해서인지 도슨(Dawson)은 제5개정판부터 맥레인의 사진을 다른 평범한 사진으로 대체하였다. :Dawson, Harvey, and Henderson, *Contract*(Aspen Publishers, Inc., 5th eds.,1987).
32) 미국계약법에서 상사계약에 관한 U.C.C.(Uniform Commercial Code)는 계약법 교과서에서 가장 중요한 부분 중 하나로 다루어진다. 그리고 20세기 초까지 미국 여성은 재산을 자기명의로 소유할 수 없었으므로 재산권에 관련된 계약에서는 여러모로 불리할 수밖에 없었다.
33) Frug, 위의 글(주 25), 71면 참조.
34) 위의 글.
35) D. Kelly Weisberg & Susan Freilich Aplleton, *Modern Family Law; Cases and Materials*(New York:Aspen Publishers, 2002), 786-795면.
36) 191 Ky. 559, 231 S. W. 45 (1921)
37) Ky. Rev. Stat.§ 404.030 (1972)
38) 191 Ky. 559, 231 S. W. 45 (1921)
39) Frug, 위의 글(주 24), 69-73면.
40) 351 So. 2d 344 (Fla. 1977).
41) Dawson, Harvey, and Henderson, *Contract*(Aspen Publishers, Inc., 4th eds.,1982). 448면.
42) Dawson의 책에 수록된 다른 예문계약의 예로는 Woodburn v. Northwestern Bell Co., 275 N.W.2d 403 (Iowa 1979) in Dawson at 476; Ellsworth Dobbs, Inc. v. Johnson, 50 N.J. 538, 236 A.2d 843 (1967) in Dawson at 469; Henningsen v. Bloomfied Motors, Inc., 32 N.J. 358, 161 A. 2d 69 (1960) in Dawson at 461; Weisz v. Parke-Bernet Galleries, Inc., 67 Misc. 2d 80, 351 N.Y.S.2d 911 (N.Y. App. Term. 1974), rev'd, 77 Misc. 2d 80, 351 N. Y. S.2d 911 (N.Y. App. Term. 1974) in Dawson at 453이 있다.
43) 351 So. 2d 344 (Fla. 1977).

44) 351 So. 2d 344, 346 (Fla. 1977).

45) 교섭력의 불평등에 대해 Ellsworth Dobbs, Inc. v. Johnson, 50 N.J. 528, 555-56, 236 A.2d 843, 857-58(1967), excepted in J. Dawson at 469, 473-74; Henningsen v. Bloomfied Motors, Inc., 32 N.J.358, 381-91, 161 A. 2d 69, 86-88(1960, excepted in J. Dawson at 461, 163-64; Weisz v. Parke-Bernet Galleries, Inc., 67 Misc. 2d 1077, 1081-82, 325 N.Y.s.2d 576, 581-82(N.Y. Civ. Ct.1971), rev'd, 77 Misc. 2d 80, 351 N. Y. S.2d 911 (N.Y. App. Term. 1974),excepted in J. Dawson at 453, 456-57.

46) Frug, 위의 글(주 25), 98면.

47) 위의 글, 99면.

48) 위의 글, 101면.

49) 여성의 사회적 성격에 대한 심리학적 분석으로는 길리건(Carol Glligan), 허란주 옮김, 『다른 목소리로』, 동녘, 1997 참조.

50) 527 F. Supp. 229 (S.D.N.Y. 1981).

51) 미국 수정헌법 13조 제1항 : "노예 또는 강제노역은 당사자가 정당하게 유죄판결을 받은 범죄에 대한 처벌이 아니면 미합중국 또는 그 관할에 속하는 어느 장소에서도 허용되지 아니한다."

52) 527 F. Supp. 229, 231 (S.D.N.Y. 1981).

53) 527 F. Supp. 229, 231 (S.D.N.Y. 1981).

54) 527 F. Supp. 229, 233 (S.D.N.Y. 1981).

55) 42 U.S.C.A. § 2000e et seq.; 42 U.S.C.A. § 1981; 미국수정헌법 제 14조 1항-"미합중국에서 출생하거나 귀화하고, 미합중국의 관할권에 속하는 모든 사람은 미합중국 및 그 거주하는 주의 시민이다. 어떠한 주도 미합중국 시민의 특권과 면책권을 박탈하는 법률을 제정하거나 집행할 수 없다. 어떠한 주도 적법절차에 의하지 아니하고는 어떠한 사람으로부터도 생명 · 자유 또는 재산을 박탈할 수 없으며, 그 관할권 내에 있는 어떠한 사람에 대하여도 법률에 의한 평등권을 거부하지 못한다. ; 이상윤, 『영미법』, 박영사, 1996. 605면에서 해석 재인용.

56) 42 U.S.C.A. § 2000e et seq.; 42 U.S.C.A. § 1981; 미국수정헌법 제 14조.

57) 507 F.2d 1084 (5th Cir. 1975) 이 사건에서 법원은, 옷이나 외관에 대하여 보편적으로 받아들여지는 기준과 같이, 남성과 여성이 중립적인 사실에 기반하여 구분되어 진다면, 피고용주 대하여 머리카락의 길이에 대한 다른 기준을 적

용할 수 있다고 하였다.

58) Katharine T. Bartlett & Angela P. Harris(ed.), *Gender and Law: Theory, Doctrine, Commentary* (Aspen Law and Business. 2nd eds., 1998) 172면, 1066면.

59) Paulette M. Caldwell, A Hair Piece: Perspective on the Intersection of Race and Gender, 1991 Duke L.J. 365, 390 (1991)

60) Bartlett & Harris, eds.,위의 글(주 58), 1067면 참조.

61) 834 F.2d 697 (8th Cir. 1987).

62) 629 F.Supp. 925 (1983).

63) 834 F.2d 697, 705 (8th Cir. 1987).

64) Civil Rights Act of 1964, §§ 701(k), 703(a), as amended, 42 U.S.C.A. §§ 2000e(k), 2000e-2(a).

65) 834 F.2d 697, 700 (8th Cir. 1987).

66) 834 F.2d 697, 701 (8th Cir. 1987).

67) 507 F.2d 611 (5th Cir.1975) :Andrews v. Drew Municipal Separate School District에서 두 명의 미혼모가 학교를 담당한 교육기관의 미혼부모의 교사직이나 교사보조직 금지 규정을 문제 삼았는데 법원은"그러한 미혼의 임산부인 교사는 가난한 역할 모델이며 그러한 모델의 교사는 십대의 임신을 부추길 위험이 있다"고 판결하였다.

68) 834 F.2d 697, 705 (8th Cir. 1987).

69) Title Ⅶ은 "피고용인의 보상(compensation), 기한(terms), 조건(conditions), 특권에 관하여 성(sex)을 이유로 차별하거나 해고하는 것은 불법이다"라고 규정하고 있다. 또한 고용평등 위원회(The Equal Employment Opportunity Commission)역시 임신을 이유로 한 차별을 금지하기 위하여 Title Ⅶ이 젠더를 이유로 한 차별을 금지한다고 해석하였다. C.F.R. § 1604.10(b) (1973).

70) 834 F.2d 697, 705 (8th Cir. 1987).

71) 834 F.2d 697, 706, 707 (8th Cir. 1987).

72) 632 F.Supp. 1056 (E.D.Va.1986).

73) 834 F.2d 697, 706, 707 (8th Cir. 1987).

74) Bartlett & Harris(ed), 위의 글(주 58). 1068-1069면.

75) 615 F.2d 1025 (5th Cir. 1980).

76) 615 F.2d 1025, 1034 (5th Cir. 1980).

77) Kimberle Crenshaw는DeGraffenreid v. General Motors, 413 F. Supp.

142 (E.D. Mo. 1976)과 부분적으로 파기송된 동 판결 558 F.2d 480(8th Cir. 1977)을 다음의 논문에서 분석하였다. "Demargunalizing the Intersection of Race and Sex: A Black Feminist Critique of Antidiscrimination Doctrine, Feminist theory and Antiracist Politics". 1989 U. Chi. Legal F. 139.

78) 649 F. Supp.770 (1986).

79) 649 F. Supp.770, 780 (1986).

80) 834 F.2d 697 (8th Cir. 1987).

5. 평등권이론의 발전과 현대적 의의: 여성주의의 관점에서

1) 존 로크, 『통치론』, 강정인, 문지영 역, 까치글방(1996), 11-21면.

2) Jeremy Bentham, *Fragment on Government*(New York: Cambridge University Press, 2008), 86-87면.

3) John Austin, *The Province of Jurisprudence Determined* (New York: Prometheus Books, 2000).

4) O. W. Holmes, "The Path of the Law," Harvard Law Review 10 (1898), 457면.

5) 김정오, 『현대사회사상과 법』, 나남(2007), 239면.

6) 아리스토텔레스, 『니코마코스 윤리학』, 이창호, 김재홍, 강상진 역, 이제이북스(2006).

7) Reed v. Reed, 404 U.S. 71, 92 S. Ct, 251, 30 L. Ed. 2d 225 (1971).

8) Stanton v. Stanton, 421 U.S. 7 (1975).

9) 대법원 2005. 7.21. 선고 2002다13850판결.

10) 헌법재판소 2005. 2. 3. 선고 2004헌가5판결.

11) 대판 2002. 5.10. 2002다4863판결.

12) 문영화, "종원의 자격을 성년남자로 제한하는 종래 관습법의 효력," 21세기 사법의 전개(최종영대법원장재임기념논문집, 2005.9), 421-432 참조; 김제완, 단체 법리의 재조명: 종중재산의 법적 성격, 인권과 정의 제355호(2006.3), 134-159면.

13) Carol Gilligan, *In a Different Voice: Psychological Theory and Women's*

Development (Cambridge, M.A. and London: Harvard University Press, 1982).

14) Catharine, A. MacKinnon, *Feminism Unmodified: Discourses on Life and Law* (Cambridge: Harvard University Press, 1987).

15) Martha Chamallas, *Introduction to Feminist Legal Theory*(New York: Aspen Law & Business, 1989).

16) 대판 2008.11.27. 2008도6949판결.

17) Michael J. Sandel, *Liberalism and the Limits of Justice*(Cambridge University Press, 1982), 5-6면.

18) Michael Walzer, 위의 글, 10-11면.

19) 위의 글, 19-20면.

20) 위의 글, 316면.

21) 위의 글, 318면.

22) Susan Moller Okin, *Justice, Gender and the Family Law*(New York; Basic Books, Inc., 1989).

23) Iris Marion Young, *Justice and the Politics of Difference*(Princeton University Press, 1990).

24) Okin, 위의 글(주 23), 8면.

25) 위의 글, 134-169면.

26) 위의 글, 133면.

27) Young, 위의 글(주 24), 238-241면.

28) 위의 글, 242면.

29) 위의 글, 246면.

30) Delores Hayden, Redesigning the American Dream(New York; Norton, 1983), 49-59면; Young, 위의 글(주 24), 246면.

31) Young, 위의 글, 248면.

32) 위의 글, 256면.

33) Carol Pateman, *The Sexual Contract*(Stanford, Calf: Stanford University, 1988).

34) Drucilla Cornell, "The Philosophy of the Limit: Systems Theory and Feminist Legal Reform," 89면 in Drucill Cornell, Michel Rosenfeld, David Gray Carlson (eds.), *Deconstruction and the Possibility of Justice* (New York: Routledge, 1992).

35) Niklas Luhmann, *Ecological Communication,* John Bednarz trans. (Chicago: University of Chicago Press, 1986).

36) 왈쩌 자신도 오킨의 저서에 대한 서평에서 배분적 정의에 대한 여성주의적 시각을 성공적으로 보여주고 있다고 극찬한 바 있다; Okin, 위의 책, 표지 참조.

6. 포르노그라피와 그 문제점: Catharine MacKinnon의 이론을 중심으로

1) Andrea Dworkin, 「포르노그라피」, 유혜련 옮김, 동문선, 1996, 297면.

2) Catharine A. MacKinnon, "Pornography, Civil Rights, and Speech," 20 Harv. C. R.-C.L. L. Rev. 1, 17 (1985).

3) 앞의 글, 1, 18면.

4) Dworkin, 위의 글 (1), 300면.

5) Catharine A. MacKinnon, "Pornography as Defamation and Discrimination," 71 BULR 793, 799 (1991).

6) 앞의 글, 802면.

7) 앞의 글, 804면.

8) Catharine A. MacKinnon, *Only Words* (Harvard University Press, 1993), at 72-73.

9) Beauharnais v. People of State of Ill, 343 U.S, at 263; Id, at 84.

10) Beauharnais, 343 U.S, at 284; Id, at 84.

11) An Ordinance of the City of Minneapolis, 139. 10 (a) (1) Special Findings on Pornography.

12) Hudnut, 771 F. 2d at 329-330; Nadine Strossen, "Hate Speech and Pornography: Do We Have To Choose Between Freedom Of Speech And Equality," 46 Case W. Res. L. Rev. 449 (1996).

13) American Booksellers Ass'n v. Hudnut, 598 F. Supp. 1316, 1377 (D. Ind. 1984).

14) Doe v. University of Mich., 721 F. Supp. 852 (E. D. Mich. 1980).

15) Margaret A. Blanchard, The American Urge to Censor: Freedom of Expression Versus the Desire to Sanitize Society-From Anthony Comstock to 2 Live Crew, 33 Wm. & Mary L. Rev. 741, 748 (1992).

16) Nadine Strossen, "Defending Pornography: Free Speech, Sex and the Fight for Women's Rights," 109 HVLR 2131, 219 (1996).
17) Catharine A. MacKinnon, Toward a Feminist Theory of the State (Harvard University Press, 1989), at 196.
18) Id, at 199.
19) Id, at 200.
20) Id, at 201.
21) 413 U.S. at 24 (1973).
22) MacKinnon, 위의 글 (주 17), 202면.
23) 앞의 글, 204면.
24) 앞의 글, 213면.
25) 앞의 글, 214면.
26) 앞의 글, 214면.
27) Nadine Strossen, 위의 글 (주16), 220면.
28) 앞의 글, 57면.
29) 앞의 글, 105면.
30) Equality Found of Greater Cincinnati, Inc.v. City of Concinnati, 860 F. Supp. 417 (S. D. Ohio 1994), rev'd, 54 F. 3d 261 (6th Cir. 1995).

7. 낙태법제에 대한 이론적 고찰

1) 양현아, "낙태에 관한 다초점 정책의 요청", 한국여성학(26권 4호).
2) 이선순, "재생산권으로서의 낙태에 관한 법여성학적 고찰", 여성학연구(제16권 제1호, 2006).
3) 오정진, "법에 나타난 낙태문제", 여성과 사회(제8호), 111-112면.
4) 이진우, "낙태-자유인가 아니면 살인인가?", 철학연구(53, 11), 128면; 이재상, 『형법각론』, 박영사(2010).
5) 대판 1985. 6. 11, 84도1958; 헌법재판소 2008. 07.31 선고, 2004헌바81 결정.
6) 이형국, "낙태죄의 제문제", 고시연구, 고시연구(95. 3,) 56면; 배종대, 『형법각론』, 홍문사(2011), 163면.

7) 이재상, 『형법각론』, 박영사(2010), 95면.
8) 『낙태의 대책과 실태에 관한 연구』, 한국형사정책연구원, 1991.
9) 이에 대해 낙태죄는 정책적 문제가 아니라 법적 문제라고 주장하는 견해도 있다. 심재우, "낙태행위의 위법성의 착오", 치안문제(55호), 53면.
10) 오정진, 위의 글(주5) 참조.
11) 410 v.s. 113(1973).
12) 서울대 BK21 법학연구단 공익인권법센터의 번역을 따름, 양현아 편, 『낙태죄에서 재생산권으로』, 사람생각(2005).
13) http://www.unfpa.org/icpd.
14) 서울대 BK21 법학연구단 공익인권법센터의 번역을 따름, 위의 책(주11), 291면 참조.
15) 2011년 보건복지부"10년 인공임신중절 실태조사 잠정분석결과"(2011. 9.23) 통계자료에 따르면 낙태의 원인으로 원치 않는 임신(35.0%), 경제상 양육 어려움(16.4%), 태아의 건강문제(15.9%), 미혼(15.3%), 가족계획(11.8%), 신체적인 질병(2.4%), 사회 활동 지장(2.1%), 10대 임신(1.1%)로 발표했다.
16) 양현아, 위의 책(주11), 233면.
17) 위의 책, 236-237면; R. Copelin & R. Petchensky, "Reproductive and Sexual Rights," 1995.
18) http://www.weforum.org/issues/global-gender-gap.
19) 참고로 세계경제포럼(WEF) 조사결과 2011년 현재 성평등지수 1위는 아이스란드, 미국은 17위, 일본은 98위를 차지했다.
20) A. Jaggar, Feminist Politics and Human Nature (Rowman & Allenheld, 1983), 198면.
21) Catharine A. MacKinnon, "Privacy v. Equality: *Beyond Roe v. Wade,*" Feminism Unmodified: Discourse on Life and Law(1988).
22) D. Kelly Weisberg, Application of Feminist Legal Theory to Womens Lives. Temple University Press, 1996, 935면 참조.
23) 위의 책, 102면.
24) A. Jaggar, 위의 책(주19), 256-267면.
25) D. Kelly Weisberg, 위의 책(주21), 935면 참조.
26) 위의 책(주19), 100면.
27) 위의 책, 100면.
28) 위의 책, 101-2면.

29) Catharine A. MacKinnon, "Reflection on Sex Equality Under Law," 100 Yale L.J. 1281, 1319 (1991).
30) Ronald Dworkin, Life's Dominion: An Argument About Abortion, Euthanasia, and Individual Freedom (Knopf, 1993), 53-56면.
31) 1953년 제정된 한국현법 제27장에서 낙태에 관해 2개의 조문을 두어 처벌하고 있다. 첫째로 부녀가 약물 기타의 방법으로 낙태한 경우와 부녀의 촉탁 또는 승낙을 받아 낙태하게 한 경우, 전항의 죄를 범하여 치상케 한 경우를 처벌하고 있다. (제287조) 의사, 의생, 산파, 약제사 또는 약종상이 부녀의 촉탁 또는 승낙을 받아 낙태하게 한 경우에도 처벌하며, 전항의 죄를 범하여 부녀를 치상케 한 경우를 처벌하고 있었다.(제288조)
32) 이에 대해 국가의 필요에 따라 인구증가증책 또는 인구감소정책에 부응하여 낙태 금지 여부가 결정외어서는 안 된다는 견해가 있다. 심재우, 낙태행위의 위법성의 착오, 치안문제 55호, 53면.
33) 이영란, "형법상 낙태죄에 관한 고찰," 아세아여성연구, 7면.
34) 오상걸, "모자보건법(형법개정안 제135조)과 태아의 생명권", 변호사(제26집), 541면; 신동일, "모자보건법 개정의 필요성과 방향", 안암법학(32권).
35) 신현호, "낙태죄에 관한 제문제", 저스티스 통권 제121호, 한국법학원, 제371면 참조.
36) 신진화, 지정토론문(낙태에 대한 죄의식이 실제 더 자주 등장하는 곳), 저스티스 통권 제121호, 한국법 원, 제426면 참조.
37) 위의 토론문, 제428면.
38) 위의 토론문, 제428면.
39) 대법원 1985. 6. 11. 선고 84도1958 판결.
40) 대법원 2005. 4. 15. 선고 2003도2780 판결.
41) 대법원 2005. 4. 15. 선고 2003도2780 판결.
42) 전지연, "낙태와 살인", 형사판례연구(14호, 2006); 이영란, "형법상 낙태죄에 관한 고찰," 아세아여성연구, 164면.
43) 대법원 1992. 5. 22. 선고 92다2127 판결; 이충상, "장애아의 출산과 낙태결정권 및 손해-대법원 1996.6.11. 선고 98다22857 판결(공1999하, 3528)-", 판례실무연구(IV).
44) 410 U.S. 113, 93 S.Ct. 705, 35 L. Ed. 2d 147 (1973)1) 서울대 BK21 법학연구단 공익인권법센터의 번역을 따름, 양현아 편, 위의 책(주11), 316면.
45) 지규철, "미국과 독일의 낙태판결에 관한 비교법적 고찰", 공법학연구(제9권 제

1호), 88면.

46) 505 U. S. 833(1992).

47) 지규철, 위의 논문(주43), 88면.

48) 서울대 BK21 법학연구단 공익인권법센터의 번역을 따름. 양현아 편, 위의 책(주11), 335-336면.

49) BVerfGE 39, 1(1f).

50) BVerfGE 88, 203(203f.).

51) 이재상, 『형법각론』, 박영사(2007), 92면.

52) 보건복지부 2011년 통계자료, "10년 인공임신중절 실태조사 잠정분석결과"(2011. 9.23).

53) 그리고 (연령) 중절률은 전 연령에 거쳐 '08～'10년 사이 감소 추세, 연령별('10년 기준)로 보면10대가 1.6%, 20대에서 36.5% 차지, 30대에서 43.0%, 40대가 18.9%를 차지하고 있다. 보건복지부 2011년 위 통계자료.

54) 보건복지부 2011년 위 통계자료.

55) 배종대, 『형법각론』, 홍문사(2011), 176면; 이형국, 『형법각론』, 법문사(2007), 118면; 황산덕, 『형법각론』, 방문사(1982), 193면; 정영석, 『형법각론』, 법문사(1986), 241면.

56) 대검찰청, 『범죄분석』, 2000년, 50-51면; 2003년, 50-51면.

57) 오영근, 『형법각론』, 대명출판사(2002), 126면.

58) 이재상, 『형법각론』, 박영사(2007), 94면.

59) 유기천, 『형법학의 제문제』, 박영사(1988), 75면.

60) 김기춘, 『형법개정시론』, 삼영사(1985), 474면, 서일교, 『형법각론』, 박영사(1967), 47면.

61) 손명세 외, 『부적절한 인공임신중절 예방사업 개발 및 법적 정비방안 연구』,보건복지부·연세대학교 산학협력단(2008).

62) 이미정 외, 『낙태행위의 사회경제적 사유 분석과 관련 정책 개선방안』, 한국여성정책연구원(2010), 91면; 김해중 외, 『인공임신중절 실태조사 및 종합대책수립』, 고려대학교 · 보건복지부(2005), 56면.

63) 보건복지부 2011년 위 통계자료.

8. 현행 입양특례법에 대한 소고

1) 김주수 · 김상용, 『친족상속법』, 법문사, 2006, 315면; 오시영, 『친족상속법』, 학현사, 2011, 318면; 대법원 1988. 5. 26. 선고. 97므25 판결; 김두헌, 『한국가족제도』, 서울대학교출판부, 1985, 263-267면 참조.
2) 김상용, "양자법의 문제점과 개정방향 –민법 『법조』상의 쟁점을 중심으로–", 『법조』, 제632호, 2009, 45면 이하; 차선자, "아동복지를 위한 입양법의 제언," 『강원법학』, 제35권, 2012, 813-814면.
3) 1953년과 1969년에 통일주법위원전문회의에서 초기 통입입양법이 만들어졌고, 이후 1994년 이 법들을 개정하여 통일입양법이 완성되어 지금에 이르고 있다.
4) D. Kelly Weisberg and Susan Frelich Appleton, *Modern Family Law*, 5th ed., Aspen Publisher (2013), 1144; Judith Areen, Marc Spindelman and Philomila Tsoukala, *Family Law*, 6th ed., Foundation Press (2012), 1485-1486.
5) Uniform Adoption Act § 2-102, Uniform Adoption Act § 2-103; 입양에서는 '아동의 최고의 복리'가 최우선적인 원칙이 법으로 정해져서 적용된다. 입양을 하기 위해서 친부모의 친권은 자의에 의해서 포기하기도 하고, 부모로서 자격을 갖추지 못했다는 부적격판단에 의해 강제로 박탈되기도 한다. 입양을 하게 되면 양부모와 양자는 새로운 법률관계를 형성하게 되며, 입양된 자는 새로운 출생증명서를 창설하게 된다. 그리고 입양에 따른 수수료가 법정되어 있기는 하지만, 입양이 상업적으로 이용되는 이윤을 남기는 것은 원칙적으로 금지된다. 입양을 하기 위해서는 친부모의 동의가 있어야 한다.
6) Uniform Adoption Act § 3- 305.
7) Uniform Adoption Act § 3-305 (b).
8) Uniform Adoption Act § 2-401.
9) 뉴욕주 법 §111. 입양에 동의할 수 있는 사람: a) 판사나 대리인이 동의를 하지 않는 경우, 14세 이상의 입양되는 아동 (b) 자를 임신하거나 낳은 부모나 현재 부모(성인이든 미성년이든 상관없이), (c) 혼인 외 자의 모(성년이든 미성년이든 상관없이), (d) 입양하는 부모와 출생 후 6개월 이상의 기간 동안 자와 같이 있었을 경우의 부(성년이든 미성년이든 상관없이): 다만 이 경우의 부는 상당한 기단 동안 반복적인 연락을 하고 있었을 경우에 한하며, (i) 부의 자에 대한 상당히 합리적인 금액의 지원이 있었을 경우 (ii) 부의 아이에 대한 방문이 물리적으로나 경제적으로 가능하다면 한 달에 한 번 정도 이루어졌을 경우

와 그러한 방문이 자에 대한 법적 보호를 하는 공인된 기관이나 사람으로부터 금지되지 않았을 경우, (e) 입양할 당시 6개월 이하인 혼인 외 자의 아버지, 단지(i) 그 아버지가 입양직전까지 6개월 동안 계속 자나 자의 엄마와 함께 살고 있었고, (ii) 그 아버지가 그 기간 동안 공공연히 자의 아버지라고 주장한 경우 그리고 (iii) 자를 임신한 동안이나 자의 출산과 관련하여 공정하고 합리적인 의료비, 병원비, 양육비를 지불한 경우, (f) 입양되는 아동에 대한 법적 보호권을 가진 사람이나 공인된 기관을 들고 있다.

부모나 아동을 보호하는 사람의 동의가 요구되지 않는 경우: (a) 아동을 6개월 기간 동안 방문하거나 접촉할 수 있었음에도 불구하고 그렇게 하지 않아서 자신의 친권이나 양육권의 포기를 명확히 표시한 사람 (b) 이 법과 사회복지법(social service law)에 따른 공인된 기관에 아동을 맡긴 경우 (c) 사회복지법에 의해 아동의 후견인이 선임된 경우 (d) 정신적 질병이나 장애에 의해서 아동에 대한 적절한 보호를 할 수 없는 (e) 임신 이후 아동에 대한 친권을 부인하는 철회할 수 없는 조치를 취한 경우

10) Uniform Adoption Act § 2-102.
11) Uniform Adoption Act § 6-101 ~ 110.
12) Department of Health and Human Services, Openness in adoption: Building relationships between adoptive and birth families. Washington, DC: U.S. Children's Bureau.
13) 982 P.2d 446 (Mont. 1999).
14) 44 Cal. App. 3d 699 (1975).
15) 10 Cal.4th 1043 (1995).
16) 662 A.2d 837 (D.C. 1995).
17) 471 N.E.2d 424, 427 (N.Y. 1984).
18) Uniform Adoption Act § 3-705.
19) 김혜영, "미혼모에 대한 사회적 차별과 배제," 『젠더와 문화』, 제6권 제1호, 2013, 8-10면; 공식적 통계에 따른다면 미혼모들의 낙태보다는 기혼자인 모의 낙태율이 비율적으로 더 높기는 하지만, 미혼모의 임신에 따른 사회적 위험은 기혼자인 모보다 더 크다는 점에서 안정적인 임신, 출산, 양육이 더 어려운 것이 사실이다.
20) 한국형사정책연구원, 『낙태의 실태와 대책에 관한 연구 편집부』, 형사정책연구원 연구총서, 2011, 13-15면; 김도경, 허윤주, "낙태에 대한 여성의 인식과 태도: 낙태 허용도와 여성의 낙태 결정권을 중심으로," 『여성학연구』, 제23권

제3호, 2013, 10면.

21) 이미정, "양육미혼모 지원 복지서비스 개선방향," 한국사회학회 2010 후기 사회학대회, 2010.12, 1295면, 1300면.

22) 강은화, "미혼모의 양육권 보장을 위한 논의," 『한국여성학』, 제22권 제3호, 2006, 40면.

23) 이화숙, 『2005 개정 가족법 해설 및 평가』, 세창출판사, 2005, 568-573면; 김정래, "아동 최선의 이익: 철학적 논의," 『한국교육』, 2000, 53-54면.

24) 권재문, 한겨레신문, 2013년 11월 28일.

25) 김상용, "베이비박스와 익명의 출산: 가족관계등록법 개정과 관련하여," 『법학연구』, 제5권 제4호, 2013, 321면.

26) 위의 글, 333면.

27) 위의 글, 333면.

28) 문은영, 김보람, "서울시 한부모가족 생활실태 및 지원방안 연구," 『서울시 여성가족재단 연구사업보고서』; 김승권, 김연우, "한부모가족정책의 실태와 정책 제언," 『보건복지포럼』, 2012.

29) 장복희, "국제입양에 관한 헤이그협약과 국내입양법의 개선," 『저스티스』. 제93호, 2006.

30) Uniform Adoption Act § 3-305 (b).

31) 이삼돌, 『해외 입양과 한국의 민족주의』, 소나무, 2008, 310면.

32) 강지원, "국제비교를 통해서 본 한국의 한부모가족정책," 『보건사회연구』, 제29권 제2호, 2009, 36면.

33) 박인선, "미혼모에 대한 사회복지적 접근," 한국모자보건학회 제3차 1998년도 춘계학술대회 연제집, 1998.2, 55면.

34) 김유경, 조애자, 노충래, 『미혼모의 출산 · 양육환경 개선을 위한 사회적 지원방안』, 한국사회보건원, 2006.

35) 천혜정, 배선희, 송말희, 송현애, 전길양, "미혼모 보호 시설에 거주하는 10대 미혼모의 경험에 대한 연구," 『한국가정관리학회지』, 제20권 4호, 2002, 2면.

36) 김유경 외, 앞의 책(주 34), "미혼모의 학력은 고등학교 이상이 1990년대 74.9%, 2000년대에는 84.9%로 증가하였고 대학교 이상도 19.2%로 미혼모의 고학력화 현상을 보인다"고 하며 "미혼모의 직업은 1990년대에는 무직이 48.7%, 학생이 8.7%에서 2000년대로 오면서 무직이 48.2%로 감소하고 학생이 16.7%로 증가하였으나 다양한 직업으로 확대되고 있다."고 한다.

37) 이삼식, "미혼모 증가와 정책방향," 『보건복지포럼』, 제26호, 1998, 61면.

38) Nancy E. Dowd, "A Feminist Analysis of Adoption," in *Sex, Violence, Work, and Reproduction*, edited by Kelly Weisberg, Temple University Press (1996), 1160-1162.

9. 동성애자에 대한 사회적·법적 고찰

* 이 논문은 2006년 한국학술진흥재단의 지원을 받아 수행된 연구임

** 숭실대학교 법과대학 전임강사, 법학박사

1) 플라톤, 박희영 역, 『소크라테스의 변명』, 문학과 지성사. 2003, 230-231면.

2) 윤가현, 『동성애의 심리학』, 학지사, 1997, 243면, 274면.

3) 한인섭 · 양현아, 『성적 소수자의 인권』, 사람생각, 2002, 28면.

4) Alan T. Watters, "Heterosexual Bias in Psychological Research in Lesbianism and Male Homosexuality," J. of Homosexuality, Fall86, Vol. 13 Issue 1,35-58면 참조 (1977): 그 소책자에서 케르트베니는 남성 간의 성관계를 범죄로 추가시킨 형법 제143조의 제정을 반대하면서, 보다 합리적인 대응을 요구하였다.

5) 미셸 푸코, 이규현 역, 『성의 역사 1』, 나남출판사, 2004. 130면; 미셸 푸코, 박정자 옮김, 『비정상인들』, 동문선, 2001.

6) 미셸 푸코, 박정자 옮김, 『비정상인들』, 95면.

7) 위의 책. 61면.

8) Richard R. Troiden, "The Formation of Homosexual Identities," In Linda Garnets & Douglas C. Kimmel, eds. *Psychological Perspectives on Lesbian and Gay Male Experience* (New York: Columbia University Press, 1993), 191-217면.

9) Consioreck JC. "Mental Health Issues of Gays and Lesbian Adolescents," *J. of Adolescent Health Care, 9.* 114-122면 (1988).

10) 한 개인이 생물학적 차원에서의 성(sex)을 유지하지 않고 바꾸어 버리는 경우를 성전환자이다. 이는 자신의 생물학적 성을 그대로 유지하면서 동성애 관계를 유지하는 동성애와 다르다. 성전환자도 성적 소수자로서 성전환 후 호적상의 성을 정정하는 판결을 받은 경우도 있고 그렇지 않은 경우도 있다; 광주지방법원가사부 1995. 10. 5 자95브10 결정; 부산지방법언 2002. 7. 3 선고 2001호파 997.

11) Joseph J. Wardenski, "A Minot exception?: The impact of Lawrence v. Textas on LGBT youth," 95 J. Crim. L. & Criminology 1363, 1364 (2005); Laurie Schaffner, Violence and Female Delinquency: Gender Transgressions and Gender Invisibility, 14 Berkeley Women's L.J. 40, 61면(1999); John A. Russ IV, "Shall We Dance? Gay Equality and Religous Exemptions at Private California High School Proms," 42 N.Y.L. Sch. L. Rev. 71, 122면 (1998); Elvia R. Arriola, "The Penalties for Puppy Love: Institutionalized Violence against Lesbian, Gay, Bisexual and Transgendered Youth,"J. Gender Race & Just. 429, 437–438면 (1998).

12) 클로디아 카드 지음, 강수영 옮김, 『레즈비언 선택』, 인간사랑, 2004, 29면 참조.

13) Elvia R. Arriola, "The Penalties for Puppy Love: Institutionalized Violence against Lesbian, Gay, Bisexual and Transgendered Youth," J. Gender Race & Just. 429, 437–438면 (1998).

14) Joseph J. Wardenski, 앞의 글(주 14), 1364면.

15) Tekkjohann, S., & Price. J. A qualitative examination of adolescent homosexuals' life experience: Ramification for secondary school personnel. *J.* of *Homosexuality,* 26, 41–56면(1993).

16) Lawrence v. Texas, 539 U.S. 558 (2003).

17) Wardenski, 앞의 글(주 14), 1374면.

18) 엑스존 사건(http:// exzone. com); 서울행정법원 2002. 8. 14 선고 2002구합1519.

19) Thomas A. Mayes, "Confronting Same-Sex, Student-to-Student Sexual Harrassment: Recommendations for Educators and Policy Makers," 29 Fordham Urb. L. J. 641, 677면 (2001); Eric Rofes, "Opening Up the Classroom Closet: Responding to the Educational Needs of Gay and Lesbian Youth," 59 Harv. Educ. Rev. Vol 59. 444, 445면 (1989); John D. Anderson, "School Climate for Gay and Lesbian Students and Staff Members," 76 Phi Delta Kappan 151, 151면 (1994).

20) Baker v. Nelson, 191 N.W.2d 185 (Minn. 1971).

21) Deborah A. Wildiss et al, "Exposing Sex Stereotypes in Recent Same-Sex Marriage Jurisprudence," 30 Harv. J. L. & Gender 461, 488면 (2007).

22) Judith Stacey & Timothy J. Bibliaz, "Does the Sexual Orientation of Parents Matters?" 66 Am. Soc. Rev. 159, 176면 (2001).
23) Wildiss et al, 앞의 글(주 21), 491-492면.
24) 위의 글, 492-493면.
25) 위의 글, 494면,
26) Arriola, 앞의 글(주 13), 437면; William N. Eskridge & Darren R. Spedale, *Gay Marriage: for Better of for Worse?: What We've Learned from the Evidence* (New York: Oxford University Press, 2006); Annamarie Jagose, *Queer Theory: An Introduction* (New York: New York University Press, 1997); Donald Cantor, *Same-Sex Marriage: The Legal and Psychological Evolution in America* (Middletown, CT: Wesleyan University Press, 2006); 김진, 『동성애의 배려윤리적 고찰』, 울산대학교 출판부 2005; 한국외대 외국학종합연구센터, 『세계의 혼인문화』, 한국외국어대학교출판부, 2005.
27) 1969년 New York주에서 경찰이 게이바에 있는 게이를 급습한 후, 수 백 명의 동성애지지자들이 동성애자 권리보호와 게이바 합법화를 주장하며 시위를 벌인 사건이다.
28) Lawrence v. Texas, 539 U.S. 558 (2003).
29) Bowers v. Hardwick, 478 U.S. 186 (1986).
30) Baehr v. Lewin, 74 Haw. 650, 875 P. 2d 225 (1993).
31) Baker v. Sate, 744 A. 2d 864 (Vt. 1999); Vt. Const. ch. 1, art. 7.
32) Vt. Stat. Ann. tit. 15, 1201. 1204 ; "미국 버몬트주 한 작은 도시에서 법적으로 이성부부와 동등한 권리를 인정받은 최초의 여자 동성애 부부가 탄생했다(2000년 7월1일). 캐롤린 콘래드와 캐서린 피터슨은 5년 전부터 사귀었으며, 이날 밤 시청 앞 광장에서 70여명의 동성애자들이 지켜보는 가운데 결혼식을 가졌다. 버몬트주의 동성애 부부들은 지난해 법적인 지위를 인정하지 않는 주정부에 대하여 소송을 제기하였으며, 이성 부부와 동등한 권리를 줄 수 있도록 법을 개정하라는 대법원의 판결을 받아냈다. 하워딘 주지사가 지난 4월 동성애 부부의 법적 권리를 공식적으로 인정하는 법안에 서명함으로써 합법적 부부로 인정받은 동성커플은 일반적으로 미국 부부가 갖는 것과 동등한 권리와 의무를 누리게 된 것이다.": 김진, 앞의 책(주 26).
33) Civil Union Law, Conn. Pub. Act 05-10.
34) Goodridge v. Dep't of Public Health, 798 N. E.2d 941 (Mass. 2003).

35) Brause v. Bureau of Vital Statistics, 1998 WL 88743 (Alaska Super Ct., 1998).

36) Hawaii Const. art1, 23.

37) Chuck Stewart, *Homosexuality and the Law* (California: ABC-C:IO, Inc., 2001), 179면.

38) 1 U.S.C. 7.

39) 28 U.S.C. 1738C.

40) Andrew Koppelman, *Dumb and DOMA: Why the Defense of Marriage Act is Unconstitutional*, 83 Iowa L. Rev. 1 (1997); Charles J. Butler, "The Defense of Marriage Act: Congress's Use of Narrative in the Debate over Same-Sex Marriage," *New York University Law Review*, Vol. 73 (1998).

41) Mark Strasser, *On Same-Sex Marriage, Civil Unions, and the Rule of Law* (Westport, CT: Praeger, 2002).

42) 798 N. E.2d 941 (2003) ; 윤진숙, "동성 간의 혼인에 관한 판례연구," 「법과사회」, 제33호, 2007.

43) In re Marriage Cases, 43 Cal.4th 757, 183 P.3d 384 (2008).

44) Strauss v. Horton, 46 Cal.4th 364, 207 P.3d 48 (2009).

45) 744 A.2d 864 (Vt. 1999).

46) Haw. Rev. Stat. § 572 C-2 (2000).

47) 구약 창세기 19장 소돔과 고모라의 이야기, 레위기 18장 22절, 레위기 20장 13절, 신약 로마서 1장 26절과 27절, 고린도전서 6장 9절, 디모데전서 1장 10절, 요한묵시록 21장 8절, 22장 15절 참조.

48) 에릭 마크스 지음, 컴투게더 옮김, 『커밍 아웃』, 박영률 출판사, 2000.

49) Strasser, 앞의 책(주 41), 121면.

50) 위의 글, 119면; Lyng v. Northwest Indian Cemetery Protective Association, 485 U.S. 439, 452 (1988).

51) Strasser, 앞의 책(주 41), 124면.

10. 조선시대 균분상속제도와 그 의미

1) 장병인, 『조선전기 혼인제와 성차별』, 일지사.
2) 권순형, 『고려시대 혼인제와 성차별, 혜안』, 172-174면.
3) 박미해, "16세기 부권과 부권의 존재 양식: 미암일기에 나타난 유희춘과 안덕봉의 사례를 중심으로," 한국여성학 제18권 1호(2002) 참조.
4) 장병인, 앞의 책(주1), 123면; 권순형, 앞의 책(주2), 173면 참조; 마르티나 도이힐러, 이훈상 역, 『한국사회의 유교적 변환』, 아카넷, 317면.
5) 이수건, "조선전기의 사회변동과 상속제도," 역사법학 제129편, 40면; 세종실록 권97, 세종 24년 8월 신축조.
6) 장병인, 앞의 책(주1) 참조.
7) 이수건, "조선전기의 사회변동과 상속제도," 역사법학 제129편, 35면.
8) 중종실록 권 23, 중종 11년 정월 정미.
9) 한국외국어대학교 외국학종합연구센터, 『세계의 혼인문화』, 한국외국어대학교 출판부, 7면.
10) 장병인, "조선시대 여성사 연구의 현황과 과제," 여성과 역사, 32면.
11) 장병인, 앞의 책(주1).
12) 한국의 대표적인 여류문인인 신사임당도 혼인 후 오랜 기간 동안 자신의 친가에서 율곡 이이를 비롯한 자녀들을 낳고 길렀다. 조용욱, 『우리 역사문화의 갈래를 찾아서, 태백문화권』, 역사공간(2011); 신사임당이 율곡 이이를 낳은 곳인 오죽헌에 대한 재산상속과 제사승계도 딸을 통해서 이루어졌다. 조용욱, 『우리 역사문화의 갈래를 찾아서, 태백문화권』, 역사공간(2011).
13) 장병인, 앞의 책(주 1), 123면 참조.
14) 균분상속에 관한 법조문은 경국대전이 시행되었던 조선 500년 동안 폐지되지 않았다.
15) 경국대전 형전 사천; 정긍식, 『경국대전주해』, 80면.
16) 문숙자, "조선시대 분재문기의 작성과정과 그 특징," 영남학 제18호(2010), 234면 참조; 김민정, "조선초기 상속법제에서 유언 자유의 의미," 법사학연구 제37권, 9면 참조.
17) 조선전기에는 노비가 주된 상속의 대상이 되는 재산이었지만, 17세기 이후에는 토지가 주된 상속재산이 된다. 이수건, "조선전기의 사회변동과 상속제도," 역사법학 제129편, 45면.

18) 물론 장자를 우선하여 상속하는 제도는 고려 말 이후 조선시대에도 공적으로는 추구되기는 하였지만, 사회에서 현실적으로 균분상속의 전통이 강하게 남아 있어서 경국대전에도 명문으로 규정되게 된 것이다. 최홍기 외,『조선 전기 가부장제와 여성』, 아카넷, 56면 참조.
19) 경국대전 형전 사천.
20) 경국대전 형전 사천.
21) 조은, "가부장적 질서화와 부인권의 약화: 조선전기 재산상속 분쟁사례를 중심으로," 한국여성학 제16권 2호(2000), 10-13면 참조.
22) 이수건, "조선전기의 사회변동과 상속제도," 역사법학 제129편, 59면; 이기담, 『조선의 재산상속풍경』, 김영사(2006).
23) 정약용, 『흠흠신서』. 법제처; 진희권, "정다산 법사상의 현대적 의의," 한국학논집 47.
24) 이수건, "조선전기의 사회변동과 상속제도," 역사법학 제129편, 71면; 안동권씨성화보(1486).
25) 경국대전 형전 사천.
26) 대전회통 형전 사천.
27) 대전회통 형전 사천.
28) 경국대전 형전 사천.
29) 문숙자, 『조선전기 재산상속과 가족』, 경인문화사, 229면 이후 참조.
30) 위의 책, 241면.
31) 마르티나 도이힐러, 앞의 책(주 4), 310면.
32) 위의 책, 309면.
33) 문숙자, 앞의 책(주29), 241면.
34) 위의 책, 129면.
35) 이후영 분급문기(초본, 1713), 이시영남매 화회문기(1746): 문숙자, 위의 책, 241면에서 재인용.
36) 정긍식, "생양가 봉사 관습에 대한 소고," 저스티스 통권 제124호(2011.6), 205면.
37) 마르티나 도이힐러, 앞의 책(주4), 312-315면.
38) 위의 책(주4),
39) 대명률; 박병호, 『법제사』, 민속원, 245면.
40) 비록 우리나라 이외에도 베트남에서 균분상속이 이루어졌다고는 하지만 강력한 유교 이데올로기에 반하는 조선시대 사회의 힘은 중요한 함의를 지닌다; 밀,

서병훈 역,『여성의 종속』, 책세상 참조.

41) 장병인, "조선시대와 일제시대 여성의 법적 비교," 호서사학 제36권.

42) 정긍식, 『(국역)관습조사보고서』, 한국법제연구원(1992).

43) 속대전 형전 사천, 속대전 형전 문기; 장병인, "조선시대와 일제시대 여성의 법적 비교," 호서사학 제36권, 213면.

44) 문숙자, 앞의 책(주 29), 115면.

45) 경국대전 형전 사천.

46) 이수건, "조선전기의 사회변동과 상속제도," 역사법학 제129편, 65면.

47) 이황, 『증보퇴계전집』, 27면; 마르티나 도이힐러, 앞의 책(주 4), 315면.

48) 종법제는 고려 후기 성종 5년(985) 오복제도를 채택하면서 도입되기 시작하였고 조선시대에도 공식적으로 받아들여졌으나 현실적으로 정착되기까지 상당한 시간이 걸렸다; 최홍기 등, 조선전기 가부장제와 여성, 아카넷, 19면 참조.

49) 김주수, 『친족상속법』, 법문사.

찾아보기

저자 소개

윤진숙 교수는 경남 고성에서 태어난 후 연세대학교 법과대학 법학과, 대학원 석사, 박사 학위를 취득하였고 미국 아메리칸 대학교에서 법학석사, 워싱턴 대학에서 법학박사를 받았다. 2006년부터 숭실대학교 법과대학 법학과 교수로 재직하고 있다.

저자와의
협의하에
인지생략

여성주의 정의론

2016년 5월 1일 제1판 1쇄 인쇄
2016년 5월 9일 제1판 1쇄 발행

저 자 윤 진 숙
발행인 김 광 식
조 판 아 람 기 획

04162
발행처 서울특별시 마포구 대흥로2길 5, 202호
도서출판 **탑 북 스**
등 록 2009.12.21 제 2013-000101 호
전 화 02)365-2223 팩스 02)365-2224

정가 18,000원

ISBN 979-11-87343-01-1-93360